AF536115

Gedrängte Wochenübersicht

Jochen Malmsheimer

Gedrängte Wochenübersicht

Ein Vademecum der guten Laune

Schnurren und Possen

WortArt

9. Auflage 2024

Lektorat: Renate Kampmann

Layout und Satz: Friedemann Weise, inbeige

Umschlaggestaltung: Friedemann Weise, inbeige

Umschlagabbildung: Porträt des Dogen Gioacchino Mangiacasa, den Corno tragend, um 1501, Tate Britain, London

Druck und Bindung: CPI Books GmbH, Ulm

Printed in Germany

ISBN: 978-3-942454-15-5

Dieses Bändchen widme ich, wie alles, was ich tue und lasse, in tiefer Liebe meiner Frau Heide und meinen Söhnen Jakob und Aaron, die mir das Wichtigste sind im Leben, Kraftquell, Inspiration, Ansporn und Sinn gleichermaßen, ohne die ich nichts kann und nichts bin.

Und ich widme es meiner Großmutter Nellie Winter, die das, was sie am Samstag als Nahrungsmittelüberbleibsel der vergangenen Woche im Kühlschrank fand, in eine Pfanne lud, reichlich Zwiebeln dazugab, ein paar Eier drüberschlug, kräftig würzte und mit etwas Sahne löschte und das Ganze dann als »Gedrängte Wochenübersicht« der vielköpfigen Enkelschar servierte, die es, glanzaugig, rotwangig und laut mundwässernd, kaum abwarten konnte. Dieses Rezept habe ich dann in meiner Studentenzeit zur »Grunzpfanne« weiterverfeinert, ein Begriff, der wiederum auf einen linguistischen Kriminalroman zurückgeht, das zu erläutern jetzt aber zu weit führte und sicherlich nicht auf einen zukünftigen zweiten Band hinwiese. Hinweiste. Hinwos.
Damit auch das klar ist.

Inhaltsverzeichnis

Ermpftschnuggn trødå, oder:
Hinterm Staunen kauert die Frappanz!

Nachreichungen und Dreingaben

Stil- und Fingerübungen, sonderbar und abwegig

Vorwort

Dieses Buch hätte eigentlich nie geschrieben werden sollen.
Ich bin Buchhändler, nicht mehr in der Ausübung, das ist richtig, aber sagen wir: im Wartestand, daher immer noch mit Leib und Seele und als solcher weiß ich, daß nur das vermiedene Buch ein wirklich gutes sein kann, weil es schon viel zu viele Bücher gibt und von denen, die es gibt, nur wenige die Lektüre wirklich lohnen, die meisten stellen doch einen ungeheuerlichen Raubbau an natürlichen Ressourcen wie Wasser, Holz und Nervenkraft dar und ihr Fehlen würde niemand bemerken und wenn's denn jemand täte, würde dieses von nur wenigen betrauert werden.
Nein, bei diesem kleinen Band handelt es sich um ein »book on demand«, um in das Fachidiom jener zu verfallen, die niemals »Buch auf Verlangen« sagen würden, weil ihnen der Begriff »Verlangen« nichts sagt.
Dabei stimmt es wirklich.
Dieses Buch ist verlangt worden, und zwar ein ums andere Mal, und das inzwischen so häufig, daß ich diesem Verlangen nun entsprechen will.
Ich wurde von vielen Menschen, die meinem Tun positiv gegenüberstehen, gebeten, ihnen meine

Texte doch auch schriftlich zugänglich zu machen. Vieles ließ sich über das den Programm-CDs jeweils beigelegte Büchlein bewerkstelligen, doch um alles getreu wiederzugeben, reichte der Platz dort nicht hin. Meinen durchaus berechtigten Einwand, es fände sich kein Verlag, der solches Spezialinteresse zu befriedigen sich bereit erklärte, fegte das Haus WortArt mit einer einzigen Bewegung vom Tisch und dank dieser Wischbewegung, unimanu ausgeführt von den herrlichen Frauen Rose und Kampmann, deren Lied zu singen ich fortan nimmer müde werde, halten Sie dieses kleine Büchlein nun in Händen.
Und ich freue mich auch dran. Es soll begleiten, es soll der Nach- wie Vorbereitung dienen, es soll stützen, nicht zuletzt durch Unterschieben, einen vielleicht wackelnden Tisch, und es sollte neben dem Lokus liegen, jenem besonderen Ort kontemplativer Sammlung wie kathartischer Erleichterung, die dortigen, so heilenden Prozesse heiter zu verbrämen, kurz: Ein Freund soll es werden, denen, die eines Freundes noch bedürfen.
Ich kauf' mir auch eines.

Ach, und hier noch ein Hinweis in ureigenster Sache an alle Partiturmitleser und Neigungskorrektoren:
Die Rechtschreibung in diesem Buch ist nicht »Die Neue«, sondern ganz die meine und gehorcht damit ausschließlich meinem Sinn für das Gute, Schöne

und Rare. Ich danke meinen verständnisvollen Korrektorinnen Astrid Roth und Bernadette Joos für ihre diesbezügliche freundliche Nachsicht.
Alles steht hier so, wie ich will, daß es hier steht.
Wenn Ihnen also irgendetwas aufstößt, schicken Sie mir bitte keine Korrekturangebote, sondern vertrauen Sie darauf, daß hier alles so seine Richtigkeit hat.
Und dann schlucken Sie einmal.

Ich grüße Sie herzlich.

Wenn Worte reden könnten, oder: Vierzehn Tage im Leben einer Stunde

Der Handwerk

Schweißmariniert und am ganzen Leibe zitternd schrecke ich aus unruhigem Schlaf, sitze zitternd im Bett, die Augen starren schreckgeweitet in die mosaische Finsternis, die mich hautnah umgibt, körperhaft, fast kitzelnd, wie eine schwarze Federboa. Kein Laut, nur mein Atem, rasselnd, flach, gehetzt.

Wieder dieser Traum. Der Regen peitscht in nicht nachlassender prasselnder Intensität ans Fenster, während der böige Wind an den Läden rüttelt. Oder umgekehrt. Ich kann das nicht genau ausmachen, ich sitze ja immer noch im Bett, bewegungslos im unbarmherzigen Schraubstock der Urangst, die mir den Atem zu nehmen gewillt ist. Ich lausche angespannt ins Dunkle. War da nicht was? Oder foppt mich das Rasen des eigenen Herzens, welches in fiebrigen Wirbeln von innen gegen den Käfig meiner Rippen trommelt, als begehre es, herausgelassen zu werden, nach langer, dunkler, qualvoller Haft? Nachtmahre, Succubi und andere lepröse Ausgeburten einer überreizten Phantasie scheinen einen phosphoriszierenden, obszön-bacchantischen Reigen um mein zerwühltes Lager zu tanzen. Sie lachen mir Hohn! Kein Zweifel, der Irrsinn streckt seine fiebrig-klammen Finger nach mir aus, der elektrische Austausch zwischen meinen Neuronen wandelt sich immer mehr zum Kurzschluß, meine Geistesgegenwart versagt zunehmend unter dem zermalmenden Alpdruck dieses miasmatischen Schreckens, der mich Nacht um Nacht, nun schon seit Wochen, heimsucht.

Dabei begann alles ganz harmlos. Wir hatten einige Schönheitsreparaturen an unserem alten Haus zu machen. Das meiste konnte ich selbst erledigen, aber das eine oder andere gehörte in die Hände eines Fachmannes. So habe ich Kontakt zu einem Installationsbetrieb aufgenommen, der zusagte, noch im Laufe der Woche jemanden vorbeizuschicken. Ich war erleichtert und erzählte das auch einem Freund. Der wurde schlagartig totenblass, als ich ihm mitteilte, ich hätte einfach einen Sanitärbetrieb angerufen ...

»Du hast ... *was?* Du hast einen Fachbetrieb für Gas- und Wasserinstallation angerufen, du läßt sie *in dein Haus?* Weißt du, was du da getan hast? Himmel hilf!«

»Ja aber ...«, stammelte ich, nicht ahnend, womit ich meinem Freund einen solchen Schrecken eingejagt hatte.

»Du hast *ihn* geweckt, *ihn*, der so lange in Fesseln lag, in Acht und Bann genommen von besseren Männern, als wir es je sein werden, vor langer Zeit. Doch nun ist *er* frei und *du* hast *ihn* geweckt!!« Seine Stimme war laut geworden und splitterte in irrem Diskant.

»*Wen* denn, um Gottes Willen, wen habe ich geweckt, es war doch weit *nach* elf, als ich anrief!?« In meiner

Torheit hatte ich immer noch nicht begriffen.
»Den *Handwerk*!!«, schrie er quellenden Auges und Speichelnebel näßte mir monsunisch das Antlitz, bevor dessen Züge mir endgültig entglitten.
Der Handwerk. Entfesselt. Von mir. Gott sei uns allen gnädig.
Ich begriff nichts. »Entschuldige ...«, hub ich an, »ich begreife nichts ...«
Mein Freund, der in einem tiefen Zug aus einer Flasche inselig-schottischer Destillierkunst nicht wenig Trost gefunden zu haben schien, setzte sich, nahm erneut einen guten Schluck, der ihm wieder ein wenig Röte ins wächserne Gesicht schob, und erzählte mir, zu meinem immer größer werdenden Schrecken, das Folgende:
»Der Handwerk! Schon die Heilige Schrift besingt dieses ghulische Wesen irgendwo in der Schöpfungsgeschichte. Erst kommt eine Menge über Kerle, Rippchen, FKK, Reptilien und Obst, was nicht weiter interessiert, wichtiger ist, daß in fast allen Übersetzungen der folgende Passus fehlt: *Und als ER sah, daß den Menschen wohl Hände eigneten, es denen aber an allen Fähigkeiten mangelte, die jenseits des Apfelpflückens warteten, und sie sich trefflich dämlich anstellten, als es galt, die Pforten des Paradieses zu schmieren, um das gottserbärmliche Quietschen zu vertreiben, da ließ ER abermals einen großen Schlaf auf die Menschen fallen, entnahm vom Steiße des Weibes ein Stück und formte den Handwerk ...*«

»Den Handwerk!«, flüsterte ich.
»DEN HANDWERK! Ja. *Er hauchte ihm Leben ein, sandte ihn aus, das Tor zu richten, und ärgerte sich erstmalig schwarz, als ER die Rechnung in Händen hielt.* Was später aus diesem ersten Handwerk wurde, weiß heute jedes Kind: Er bekam den Namen Luzifer, was übersetzt ›der das Licht trägt oder bringt‹ bedeutet, und war demnach Elektriker, deren Schutzheiliger er noch heute ist. Auch ›Satan‹ ist nichts als ein Akronym für ›*Sa*ni*t*är*a*nlage*n*bau‹.«
Diese Gottesgeißel ist selbst für das ungeübte Auge leicht an seinem Gesicht zu erkennen, das immer so aussieht, als habe ein dicker Mensch dringesessen, und das genauso ausgebeult ist wie die dunkelblaue Arbeitslatzhose mit Phasenprüfer in der Brusttasche. Auch hat der Handwerk goldene Hoden. Zudem führt er ständig kleine Kastenwagen mit sich, welche bis an das Dach mit merkwürdigen alchemistischen Zutaten und hermetischen Werkzeugen, die nicht werken noch zeugen, gefüllt sind. Darauf stehen meist rätselhafte Aufschriften, wie zum Beispiel: ›*Fugentechnik Erckenschwick Naßausbau Dengelei Lötmann: alles aus einer Hand, rufen sie: 788 344.*‹ Als ob einen das Rufen einer Zahl jemals weitergebracht hätte.«
Ich warf ein: »Ja, ich erinnere mich, ich fragte einmal einen Gas- und Wasserinstallateur, der das Nachbarhaus verwüstete, was er da im Einzelnen mitführe, und bekam darauf unlustig merkwürdige Gebilde aus Gummi und abstrusen Bimetallen gezeigt,

die so seltsame Namen trugen wie ›rapperte Bördelmuffe‹, ›kollernder Simmering‹, ›speiberter Straml‹, ›krepelnde Sackfalte‹ und ›knarrende Nuß‹.«

»Da hast du's!«, rief er triumphierend. »Es kommt aber noch schlimmer: Um den täglichen Kleinkrieg mit der lästigen Kundschaft bestehen zu können, ist der gemeine Handwerk mit einem widerwärtigen Vorrat nebulöser, unpräziser und verschleiernder Ausdrücke ausgerüstet: ›*Das* kann man *so* nicht machen‹, ›*Das* macht Ihnen *keiner*‹, ›*Dafür* kommt keiner raus‹, ›Kann ich nicht machen, und *wenn*, dann nich' für 'ne kleine Marie‹, ›Bis *Samstach* können Se abschminken!‹. Und, natürlich, die Variation der Variation: ›Da krich' ich keine Teile für.‹«

Ich erinnerte mich plötzlich: »Ich erinnere mich plötzlich ... ich wollte mal ein Loch in der Wand haben. Ich erklärte diesen Sachverhalt dem anwesenden Handwerk so: ›Ich möchte ein Loch in der Wand haben ... da!‹ Daraufhin schaute der Mann mich an, als hätte ich ihm mein Geschlechtsteil präsentiert, aufwendig beleuchtet und mit Musik. Es folgte dann natürlich ein schrumpeliges ›*Das* macht Ihnen keiner‹. Doch ich bröselte nicht und ließ Hartnäckigkeit in der Verfolgung meines Lochzieles erkennen. Nun zeigte mir der Mann, unheilig erzürnt, in lockerer Folge mehrere Handwerkszeuge, die er *dabei* hatte und mit denen sich *alles* machen ließ, *nur* kein Loch in die Wand. Er hielt eine Oberfräse gegen die Wand. ›Geht nicht.‹ Er rollte eine Parkettabschleifmaschine von der Größe des Emslandes herein. ›Geht auch nicht.‹ Einen Flaschenzug, samt Lok. ›Geht schon mal gar nicht.‹ Ich zeigte zaghaft auf den am Boden ruhenden Bohrhammer, auf den Thor stolz gewesen wäre, hätte er ihn sich auch nur einmal leihen dürfen.

Das Gesicht des Spezialisten verdüsterte sich. ›Ach, Heimwerker, was?‹, kam es schneidend. ›Sie kennen sich wohl aus, was?‹

Ich errötete und murmelte schnell und in entschuldigendem Tonfall: ›Nein, nein, aber ich dachte, ein Loch ... warum nicht mit einer Bohrmaschine ...!‹

Das gab dem Fachmann den Rest. ›Wenn Sie alles besser wissen, warum machen Sie es dann nicht selber, anstatt mir hier eine Hobelbank an die Backe zu lallen? Hä? Ein Loch, in die Wand ... mit einer Bohrmaschine, haha!, wo gibt es denn so was? ... Hier so *einfach* rumbohren, wissen *Sie* vielleicht, was *unter* dieser Tapete ist, hä ...?‹

›Äh, Mauerwerk?‹

›Mauerwerk!‹, dröhnte die Koryphäe. ›Mauerwerk!! Natürlich ist da vielleicht *auch* Mauerwerk drunter, wenn Sie Glück haben, aber vor allem Leitungen, Strom, Gas, Wasser, Scheiße, Moniereisen, Hohlräume, vielleicht Grabkammern mit Beigaben und dem Fluch der Pharaonen, Sondermüll, Landminen, Stadtminen, Blindgänger, Taubsitzer, ein Faß Amontillado, oder vielleicht auch ein mumifizierter Vormieter, der hier zur Strafe für Dummschwätzerei gegenüber einem

Kollegen eingemauert werden *mußte*, wissen Sie das? Wissen Sie genau, daß sich nichts von alledem unter dieser widerwärtigen Tapete verbirgt, *außer* Mauerwerk, natürlich?‹
›Nein, ich ...‹
›Sie wissen es *nicht*!! Und dann wollen Sie *trotzdem*, daß ich so *einfach*, mir nichts, dir nichts, mit einer *Bohrmaschine*, mit einer *Bohrmaschine*, in diese Wand hineinbohre und womöglich den ganzen Stadtteil pulverisiere? Wollen Sie das wirklich? Wollen Sie das!!?‹
›N... Nein, nein, ich ...‹
›A-ha! Sie wollen das gar nicht *wirklich*, und dafür holen Sie mich hier kilometerweit aus der Stadt heraus, verprassen meine Zeit, schmälern meine Umsätze böswillig, entscheiden Sie sich erst mal, was Sie eigentlich wollen, und wenn Sie *das* wissen ... *rufen Sie mich nie wieder an!!*‹, herrschte er mich an, machte auf dem Absatz kehrt und verschwand in einem weißlichen Blitz und unter Zurücklassung eines leichten Schwefelgeruches, den ich jedoch der defekten Therme zurechnete.
Ich stammelte: ›Aber ein Loch ... ich wollte doch nur ein Loch ...‹
Dann wurde es Nacht um mich. Und in dem Viertel, in dem ich wohnte.«
»Du hättest es also wissen können!«, raunzte mein Freund mich an.
Ich nickte unter Tränen.
»Wann ist der Termin?«

»In einer ... Viertelstunde.«
»Was??!!«, schrie er und sprang auf. »... das heißt, wir haben noch ein paar Minuten, um ungesehen zu verschwinden! Los, pack das Nötigste zusammen!«
Doch als wir mit der Segeltuchtasche im Flur standen, hörten wir schwere Schritte auf der Treppe und das Dengeln eines stählernen Werkzeugkastens gegen das Geländer. Mit Augen, in denen die Panik tanzte, sahen wir uns ins Gesicht. Dann ging das Licht im Haus aus.
Seitdem schlafe ich nicht mehr.

Finis

Der mit dem Hund tanzt

Zwangsleinen und Körbe voll Maul

Kontaktbereichsbeamter (KBB): *(streng)* »Guten Morgen ...«

Herr 1: »Guten Morgen, Herr Wachtmeister.«

KBB: *(strenger)* »Oberwachtmeister!«

Herr 1: »Herr Oberwachtmeister ...?«

KBB: *(am strengsten)* »Ist das dort Ihr Hund?«

Herr 1: »Äh ... nein.«

KBB: *(geradezu inquisitorisch)* »Aha, haben Sie eine Leine für diesen Hund?«

Herr 1: »Äh, nein, ich wußte nicht, daß man für Hunde, die einem nicht ...«

KBB: »So, so, dann wissen Sie vermutlich *auch* nicht, daß das Führen von Hunden in öffentlichen Anlagen, auf Straßen und Plätzen, in Wäldern, Wiesen, Auen, in Gemarkungen und Tobeln, auf Autobahnen, Bundesstraßen, Gemeindestraßen, in Sackgassen und auf Wirtschaftswegen, Pflasterstraßen und Knüppeldämmen nach der Gemeindeordnung der Stadt Bochum sowie unter Berücksichtigung der Vorschriften zum Bewegen von Caniden im fließenden Verkehr und der Haager Landkriegsordnung von 1861 *ohne* Haltevorrichtung, sprich: Leine, strengstens untersagt ist?«

Herr 1: »Nein ... öh ... das wußte ich nicht. Was, bitte, sind Caniden ... kleine Ruderboote?«

KBB: »Nein, Hundeartige.«
Herr 1: »Artige Hunde?«
KBB: »Nein, dem Hunde Ähnliche!«
Herr 1: »Aha, also Dingos, Schakale, die ganze Richtung ...«
KBB: »... auch Füchse ...«
Herr 1: »Und Mähnenwölfe?«
KBB: »Auch Mähnenwölfe ...«
Herr 1: »Und die müssen alle an die Leine?«
KBB: »Unbedingt!«
Herr 1: »Weil sie ihm ähnlich sind, dem Hunde.«
KBB: »Ganz richtig.«
Herr 1: »Ganz richtig ... vermutlich auch Dachse!«
KBB: »Ja, auch Dachse müssen an die Leine, solange es keine Dienstdachse in Ausübung ihrer Pflicht sind, wie etwa Drogendachse beim Zoll, die müssen natürlich frei laufen können ... auch Wachdachse auf Industriegeländen, an der Leine nicht denkbar.«
Herr 1: »... oder Lawinendachse ...«
KBB: »Ganz richtig.«
Herr 1: »... oder Blindendachse.«
KBB: »Ge-nau!«
Herr 1: »Ge-nau ... aber wie ist es mit ... Bibern?«
KBB: »Haben vier Beine, scharfe Zähne und apportieren Holz, sind also dem Hunde ähnlich und gehören dementsprechend an die Leine!«
Herr 1: »Okapis?«
KBB: »An die Leine!«
Herr 1: »Nasenmulls?«
KBB: »Leine!!«

Herr 1: »Ameisenbären?«
KBB: »Leine!!!«
Herr 1: »... dann gehört vermutlich auch der Tapir ...«
KBB: »An die Leine. Rufen Sie jetzt endlich Ihren Hund!!!«
Herr 1: »Aber das ist doch gar nicht ...«
KBB: »RUFEN SIE IHN ...! SOFORT!!«
Herr 1: »Jawohl, äh, wie denn jetzt ... öh ... Hundi, Waldmann, Whisky, Soda, Rex, Ona, Bello, Gallico ... nun *komm* doch hierher, blöder Canide, dämlicher Ähnlicher ... äh ... so ist's, äh ... fein ... ja.«
KBB: »Seh'n Sie, da ist er ja und jetzt halten Sie ihn fest am Halsband und das nächste Mal haben Sie eine Leine dabei. Diesmal will ich noch beide Augen zudrücken, aber sollte das noch mal vorkommen, dann muß ich das eventuell bei Ihnen tun!«
Herr 1: »Ja, Herr, natürlich, ich ...«
Herr 2: »Hallo, halloho, was machen Sie da mit meinem Hund?
(zum KBB) ... Herr Wachtmeister ...«
KBB: »Ober...«
Herr 2: »Nein, Kellner tragen andere Uniformen, netter Spaß hier am Rande, Herr Wachtmeister, dieser Herr hier will offensichtlich meinen Hund entwenden, da, er hält ihn schon am Halsband fest!«
Herr 1: »Was? Ich habe doch nur auf Weisung des ...!«
Herr 2: »Lassen Sie auf der Stelle meinen Hund los, *(zum Hund)* ... Maupassant, geh' spielen!«
Maupassant: »Ouiph!« *(französisch für »Wuph!«)*

Herr 1: *(entrüstet)* »Ich habe Ihren Hund doch nicht entwenden wollen, wie kommen Sie denn auf so was?«

Herr 2: »Das weiß doch ein jeder, daß hier allüberall Hundeentführer unterwegs sind, um die Versuchslabors zu bestücken oder sich an den erpreßten astronomischen Lösegeldern gesundzustoßen, die gehen richtig professionell vor, erst lenken sie die Herrchen und Frauchen ab, etwa durch einen Kinderwagen, der in den Weg rollt ...«

KBB: *(sinniert)* »Das kenn' ich nur von der Schleyer-Entführung ...«

Herr 1: »Phhh, Schleierentführung? Wer würde denn so etwas tun? Für Textilien zahlt doch keiner was, es sei denn, man ist Grotesktänzerin und steht kurz vor der Salomé-Premiere und dann würden ein oder mehrere Schleier von Unbekannten aus der Garderobe ...«

Herr 2: »Reden Sie doch keinen Unsinn, in Deutschland wird doch alle naselang jemand entführt: Puddingsöhne, Tabakenkel ...«

KBB: »Dann ist das also Ihr Hund ...«

Herr 2: »Das ist Maupassant!«

Herr 1: »Verzeihung, aber ich glaube, das heißt: ›En passant‹!«

Herr 2: »Mischen *Sie* sich nicht ein, Sie Dognapper!«

Herr 1: »Aber ich ...«

KBB: »Entschuldigen Sie, aber heißt es nicht ›in flagranti‹?«

Herr 2: »Was wissen Sie denn schon, ein Beamter,

das heißt *natürlich* ›auf Flagranti‹, es heißt ja auch ›auf Korfu‹!!«

KBB: »Also, Moment, dieser Hund heißt ›auf Korfu‹ und ist Ihrer?«

Herr 2: »Nein, der Hund war schon mal auf Santorin, wenn Sie das interessiert. Er heißt aber Maupassant. Man muß nicht zwingend so heißen wie der Ort, an dem man sich aufhält, ich heiße zum Beispiel Hanglage, wohne aber in Wetter, das geht!«

Herr 1: »Ich wohne in Bochum und meine Enkelin sagt ›Oppa Grumme‹ zu mir. Das ist ein Stadtteil, also Grumme. Nicht Oppa. Auch schön. Mal so gesagt.«

Herr 2: »Das gehört doch gar nicht hierher! Maupassant, wir gehen!«

KBB: »Ah! Richtig, beinahe hätten wir's aus den Augen verloren, der Hund muß an die Leine ...«

Herr 2: »Kommt gar nicht in Frage, wir fühlen uns an der Ruhr sehr wohl.«

KBB: »Was meint er?«

Herr 1: «Daß er sich an der Ruhr sehr wohl fühlt. War, fand ich, gut zu verstehen.«

KBB: »A-ha …! Schön, daß es Ihnen hier gefällt, aber der Hund ...«

Herr 2: »Maupassant, er heißt Maupassant, wie der Dichter.«

KBB: »Dichter? Was für ein Dichter?«

Herr 2: »Na, so einer wie Hölderlin!«

KBB: »Ach, wie Hölderlin. Na sicher. Wie wer?«

Herr 1: »Verzeihung, ich störe nur ungern, aber kann ich jetzt gehen? Ich habe noch einen Fußpflegetermin nächste Woche und ich möchte nicht ...«
KBB: »Sie bleiben so lange hier, bis Sie Ihren Hölderlin an die Leine gelegt haben!«
Herr 1: »Wie sollte ich das denn wohl machen, Hölderlin an die Leine ... der ist längst tot und begraben ...«
KBB: »Was?«
Herr 1: »Ja, seit dem siebten Juni 1843.«
KBB: »Das ist doch nicht möglich, er springt doch da vorne ...«
Herr 1: »Unsinn, Hölderlin wurde 73, ein schönes Alter, aber ich glaube nicht, daß er da vorne rumspringt ...«
KBB: »Ja, bin ich denn von allen guten Geistern verlassen, was läuft denn da Ihrer Meinung nach über die Wiese, ein Geist? Was wedelt denn da mit seinem Schweif, eine Erscheinung? Wer scheißt denn jetzt da auf den Rasen, eine Fata Morgana? Hä?«
Herr 1: »Also auf die Entfernung würde ich sagen, das ist Maupassant, der da rumspringt und wedelt und scheißt ...«
KBB: »Na immerhin ...«
Herr 1: »Es könnte natürlich auch Rambo sein, oder Rimbaud ...«
Herr 2: »Der Philosoph?«
Herr 1: »Nein, eine Dogge, schönes Tier ...«
KBB: »Eine Dogge! Ich verliere jetzt langsam den Verstand, eine Dogge! Eine Dogge! Was macht ein

venezianischer Fürst hier auf der Hundewiese?«

Herr 1: »Entschuldigung, das ist eine Dose. Ein Venezianischer Fürst ist eine Dose, der berühmte Dosenpalast! Das da ist eine Dogge, ein Hund!«

KBB: »Aber ich ...«

Herr 1: »Sie haben Ihr Revier wohl nicht im Griff, was, Herr Förster?«

KBB: »Oberförster ...«

Herr 1: Ist das vielleicht Ihr Hund?«

KBB: »Nein, ich ...«

Herr 1: »Haben Sie eine Leine für diesen Hund?«

KBB: »Nein, hab' ich nicht, warum denn, ich habe doch auch keinen ...!«

Herr 2: »Weil das Tragen von Kanuten ...«

Herr 1: »Es heißt Caniden ...«

Herr 2: »Ach so, weil das Führen von Caniden in der Öffentlichkeit auch durch Ordnungskräfte ohne die entsprechenden Sicherungs- und Haltemaßnahmen sämtlichen Gesetzen widerspricht, und wenn Sie keinen Hund haben, der an die Leine gehört, dann beschaffen Sie sich eben einen, das kann doch nicht so schwer sein, Sie sind doch Beamter!«

KBB: »Ich. Einen Hund beschaffen. Sofort.«

Herr 1: »Und dann an die Leine.«

KBB: »An die Leine. Natürlich.«

Herr 2: »Nun schwirr'n Se schon ab, Mann!«

KBB: »Jawoll! Abschwirren! Wo kriege ich jetzt auf die Schnelle einen Hund her ... he, Sie da vorne ...!«

Oma: »Ja, junger Mann?«

KBB: »Was haben Sie da um den Hals?«

Oma: »Einen Nerzkragen, ein Geschenk meines verstorbenen ...«
KBB: »Her damit, ich brauche einen Hund!«
Oma: »Aber!«
KBB: »Keine Widerrede, der Hund ist konvertiert!«
Oma: »Das heißt konfisziert ...«
KBB: »Das ist doch völlig egal, wie das heißt, das ist eine Amtshandlung, geben Sie her, wie heißt der Nerz denn?!«
Oma: »... Nerz.«
KBB: »Nerz, hallo Nerz, ich könnte dir ganz schön Ärger machen, weil du hier ohne Leine rumspringst, aber du hast Glück, du kannst als Spürnerz bei mir anfangen, 400 die Woche bei freier Kost und Logik, wie findest du das? O.k.? Na prima, und wegen der Leine drück' ich einfach ein Ohr zu, bist ja im Dienst, gelle?«

(beide nach rechts ab)

Früher

Früher war alles besser. Das wissen wir von Omi und Opi. Früher war alles besser, obwohl es ja nichts gab. Oder gerade deswegen. Das gilt aber nur für ganz früher.

Danach, also nicht so sehr früh, also etwas später, aber immer noch früher, war zwar auch alles besser als heute, aber nicht mehr ganz so gut wie ganz früher. In jedem Fall aber merkwürdiger. Am merkwürdigsten waren die Siebziger. Die Sechziger waren früher, also besser, aber eben nicht so merkwürdig. Es wird also alles schlechter, dafür aber auch merkwürdiger, obwohl die Siebziger an Merkwürdigkeit kaum zu übertreffen sind.

Als Kind erschließt sich einem die Welt besonders über das Werbefernsehen. Da kann man dann ganz genau merken, ob zu Hause alles richtig gemacht wird. Das Werbefernsehen steht für das ständige Bemühen, alles doch noch irgendwie besser zu machen, trotz Opis Genöle im Hintergrund, daß das nicht ginge, weil ja früher alles besser gewesen sei.

Wenn ich die Werbung zwischen so großartigen Sendungen wie »Turn mit« mit Kareen Zebroff in schwarzer Gymnastikstrumpfhose (20 DEN) mit Zwickel, also nicht mit dem Gewerkschaftsboß, sondern einem Abnäher und einem Medizinball und ihrer wehrlosen dreijährigen Tochter, die heute deswegen bestimmt drogenabhängig oder dritte Nebenfrau im Jemen ist, oder »Schau zu, mach mit«, wo man lernte, aus einem Einmachgummi, einer Büroklammer und einem Apfelsinenpapierchen einen funktionierenden Kurzwellenempfänger mit Sendersuchlauf und Rauschunterdrückung zu basteln, wenn ich also dazwischen die Werbung schaute, dachte ich manchmal, daß Opi vielleicht doch recht hatte und früher, sehr früher, alles doch irgendwie besser war.

Zum Beispiel war in den siebziger Jahren die Kriminalität sehr hoch. Viele Frauen wurden umgebracht. Reihenweise. Von zu strammen Unterhosen.

Die hießen Mieder und brachten sie um, wenn sie nicht schnell etwas unternahmen und einen BH von Playtex anzogen, der hatte nämlich das Zauberkreuz in der Mitte und dann war alles gut und die böse Hose hatte keine Chance mehr und die Brüste stanzten spitz kleine Löcher in die Häkelpullis und der Papa war abends, wenn er von der Arbeit kam, ganz stolz auf die steil gestützte Mutti und fluchte erst in der Nacht, weil es ein Kreuz war, die Mami von demselben wieder herunterzuholen, also sie auszuwickeln für »Turn mit« für Erwachsene.

In den Siebzigern war es extrem wichtig, sich in allem spiegeln zu können. Also in Badezimmerarmaturen, Kacheln, Fliesen und auch in Langhaarteppichboden. Da mußte man ganz schön rubbeln, bis das klappte.

Damit auch der Boden spiegeln konnte, mußte »Glänzer« ins Wasser und dann durfte keiner mehr ins Haus, alle saßen so lange im Garten, bis der Boden, so nach drei, vier Tagen, von selbst wieder beschlug, dann durfte man wieder rein, um ihn zu wischen. Die Familie blieb so lange draußen. Vor allem Kinder, Hunde und Dreiräder. Oft jahrelang. Und Frauen trugen auf spiegelnden Böden immer Hosen, was ich damals schade fand.

Und wenn sie schöne Hände haben wollten, weil die vom vielen Spülen natürlich rissig werden wie alte Einweckgummis, dann gingen sie in einen Schönheitssalon, wo nie was los war, da saß dann eine mauvefarbene Dame mit Bauschaumfrisur vor einer Untertasse mit grünem Zeug und da tauchten die Spülopfer dann die Fingernägel rein und dann wurde die Haut plötzlich glatt bis zum Ellenbogen und man konnte sich im Unterarm spiegeln.

Auch dachten die bedauernswerten Dinger immer, das Zeug in der Untertasse sei irgendeine teure Substanz aus dem Orient oder wenigstens von Bayer und wenn sie rauskriegten, daß das Spülmittel war, was auch nicht so schwer war, stand doch die angebrochene Flasche direkt daneben (»Du badest gerade deine Hände darin ...«), dann waren sie zuerst ganz erschrocken und wollten die Hände wieder rausnehmen, aber dann tätschelte die Dame, die übrigens Tilly hieß wie der deutsche Feldherr aus dem Dreißigjährigen Krieg und die auch genau so aussah, nur die Spülhand und drückte sie wieder in die Untertasse und, zack!, spiegeln.

Von Tilly weiß ich noch, daß sie beim Sprechen immer so knackte, weil sich feine Speichelbläschen hinter ihrer Oberkieferprothese verfingen und dann beim Reden dort platzten. Und ihr Lächeln ging einmal um den Kopf und wenn sie dabei denselben in den Nacken geworfen hätte, wäre die obere Hälfte vermutlich runtergefallen. Das ist Physik.

Das Knacken im Mund kannten wir von Ahoi-Brause, neben Prickel Pit im Goofy-Spender der ganz große Hit, und wenn ich meinem besten Freund ein kleines Häufchen dieser Brause in die Hand schüttete und ihm dann da draufspuckte und er auf meines und es dann ganz toll knackte und wir es dann wegleckten, war das fast wie Blutsbrüderschaft. Spuckbrüderschaft eben.

Auch das Wäschewaschen war nicht so einfach. Ständig belehrte einen eine kleine, dralle Oma in weißer Latzhose und rotkariertem Hemd, die, vermutlich weil sie unter Orangenhaut litt, Klementine hieß, darüber, daß ein himmelweiter Unterschied zwischen sauber und rein bestünde. Das habe ich damals nicht so recht verstanden, denn ich wußte nur, daß es einen Unterschied zwischen sauber und schmutzig und rein und raus gibt, aber ich habe so einiges nicht recht begriffen, ich war ja auch noch klein.

Eine der wesentlichsten Erfindungen des Hygienesektors war allerdings die der Prilblume. Findige und skrupellose Werbefachleute waren auf die genial zu nennende Idee verfallen, ablösbare und wieder selbstklebende Blumen in allen denkbaren (und un-

denkbaren!) Farbschattierungen auf die Spülmittelflaschen zu applizieren, die dann von findigen Kinderhänden unter den nichtsahnenden Mütteraugen an die Küchenkacheln geklebt wurden, wo sie bis zum Atomschlag haften werden, denn die gewählte Klebesubstanz entstand, wie das Teflon oder Joachim Bublath, als Abfallprodukt der Weltraumforschung und dient heute dazu, die Wärmeschutzkacheln an Spaceshuttles zu befestigen. Dies wiederum erklärt die den Prilblumen innewohnenden Adhäsionskräfte und deren Resistenz gegen Ablösung.
Oft verfolgte ich als Kind den Abriß großer, alter Wohnhäuser in unserer Straße und konnte nicht selten bemerken, daß, wenn die Abrißbirne ihrer destruktiven Aufgabe zur Gänze nachgekommen war, dort, wo sich einst die Küche befunden hatte, noch Sekunden nach dem Abriß einzelne Wandkacheln regungslos in der staubigen Luft verharrten, nur gehalten von einer bereits verblaßten Prilblume. Und das ist nicht Physik, das ist Magie!
Wenn wir nicht fernsahen, spielten wir draußen. Meistens bis sechs Uhr, dann war Abendbrotzeit. Zuvor eilten wir noch alle auf den Parkplatz, um der sehr kleinen Frau aus der Nachbarschaft zuzugucken, wie sie versuchte, mit ihrem wunderschönen cremefarbenen Borgward Isabella rückwärts in die Garage zu fahren. Sie war wirklich sehr klein, also die Frau, und schaute knapp über die Mittelspeiche des Lenkrades und wenn sie sich umdrehte, sah sie nur die Rückenlehne des Fahrersitzes, die aber sehr deutlich.

Das war spannend und endete immer damit, daß sie nach einunddreißig Rangierversuchen das Auto völlig entnervt in absurdem Winkel vor der Garage stehen ließ, den ganzen Parkplatz blockierte und daß dann ihr Mann, bevor er auf dem Balkon seine Atika rauchen durfte, den Wagen in die Garage fahren mußte.

Wir hatten keine Garage, aber einen grauen Käfer und meine Mutter keinen Führerschein. Das heißt, eigentlich doch, aber ihr Fahrlehrer war so einer, der ihr nur das Knie tätschelte und »Nu, nu« sagte, es beschissen fand, daß »Frauen jetzt auch noch Auto fahren sollen, wo soll das denn hinführen, am Ende gehen sie sogar noch in die Politik oder werden Astronautinnen«, und der ihr deshalb eigentlich nur das Nötigste beibrachte. »Hier Schlüssel rum, da läuft er, oben drehen, rechts links, unten treten schneller oder stopp, bei Rot immer anhalten ...«

Das hätte er mal nicht sagen sollen, denn als meine Mutter unseren Käfer zum ersten Male anließ und die rote Startlampe aufleuchtete, weigerte sie sich, den Parkplatz durch Wegfahren zu verlassen, so sehr mein Vater auch erst argumentativ, dann durch simples Schreien auf sie einteufelte. So kam es, daß, bis heute, mein Vater fährt, Mutter jedoch die Richtung angibt. (Links, links, das andere Links!)

Weil meine Mutter weniger Auto fuhr, hatte sie aber auch mehr Zeit, mir Jeanskeile in die Hosenbeine zu nähen, was den Schlag der Hose erheblich ausstellte.

Anhand der Hosenschläge wurde das Sozialprestige des Trägers festgemacht, obwohl wir das damals noch nicht so nannten. Es war einfach astschocke. Man konnte in diesen Hosen nicht so recht gehen, was kein Unglück war, denn in den Schuhen darunter ging das ja auch nicht, man machte aber in den Schulpausen eine gute Figur. Bei Windstille.
Wenn einem allerdings ein Windstoß ins Beinkleid fuhr, wurde man entweder verweht oder die Schläge fuhren hoch und man sah aus wie zwei Regenschirme, was ein schöner Indianername ist, aber beknackt aussieht. Wichtig war, daß die Schultasche, meistens ein ausgemusterter Patronenbeutel der US-Streitkräfte, mit den Namen favorisierter Musikgruppen beschriftet war, neben den Beinkeilen ein weiteres Zeichen für das Sozialprestige, dessen Höhe und Güte von den ausgewählten Gruppen abhing. Man sagte »Gruppe«, nicht »Band«. Die Gruppe Status Quo. Manfred Mann's Earth Gruppe. Bekannte man sich öffentlich zu Gruppen wie Deep Purple, Thin Lizzy und Molly Hatchet, galt man als verwegen, viril und als in sexuellen Belangen draufgängerisch, erfahren und promiskuitiv, eben als jemand, der es auch gerne unter freiem Himmel, an Bootsanlegern und auf der Wiese und in aneinandergeschlossenen Schlafsäcken tat, oder besser: erledigte, bisweilen aber zu früh kam und nur peripheres Interesse an der Befriedigung des Gegenübers hegte.
Hier galt auch: Wer zuerst kommt, prahlt zuerst!
Führte man Birth Control, Kraan, Guru Guru, Herne 3, Bertha & Friends oder die Sparks im Wappen, galt man

als an gesellschaftlichen Fragen interessiert, sozial engagiert, als Widerständler in der Schulpolitik und straffer Imperialismuskritiker, naturwissenschaftlich völlig ungebildet, linksradikal und antifaschistisch, als fröhlicher Wirkungstrinker und nicht orgasmusfixiert, aber sexuell leistungsfähig und als möglicher Eroberer der Missionarsstellung.

Leute mit Angelo Branduardi, Neil Diamond und Simon & Garfunkel auf der Tasche waren als Jasminteetrinker und Patschulischnüffler bekannt und verschrien, hatten Schwielen in den Handflächen vom Trinken überhitzten Tees aus henkellosen Tassen aus Nicaragua, trugen Arafatlumpen, Nickipullover und Opas Lederjacke, runde Brillen und Espadrilles und, was als sehr nonkonformistisch galt, ihre Schulsachen in gewebten Umhängebeuteln mit Troddeln und südamerikanischen Motiven. Sie fanden Pferde spitze und waren immer Mädchen.

Die intimste Anrede unter Freunden war »Alter« und eine Freundin war eine »Perle«, was nicht selten zu häuslichen Verwicklungen führte, denn die Eltern verstanden unter einer »Perle« eine besonders begabte Haushaltshilfe.

Wenn Worte reden könnten

Der »Satz«, die angesagteste Kneipe der gesamten Grammatik, war wieder einmal rappelvoll.
Unter der Woche trafen sich die Satzglieder, Wortarten und Partikel gerne im »Dativ« oder in der »Ausnahme«, am Wochenende jedoch war der »Satz« die einzige Möglichkeit, sich angemessen zu amüsieren. Laute Rockmusik dröhnte aus den unter der rauchgeschwärzten Decke angebrachten Boxen, die Atmosphäre war stickig, schweiß- und bierdunstgeschwängert, tabakrauchgesättigt und nur noch bedingt atembar. Alle Tische waren besetzt, vor dem Tresen standen die Worte in Dreierreihen und warfen dem Wirt, einem stämmigen präpositionalen Ausdruck in schmuddeligem Karohemd, lautstark ihre Bestellungen zu, während zierliche studentische Hilfsverben mit übervollen Tabletts durch die Umstehenden zirkelten und die Tische sowie die beiden Hinterzimmer versorgten. Der Bierverbrauch war rauschorientiert und damit beeindruckend, auch Getränke mit höherer Oktanzahl wurden in ungewöhnlich hohen Dosen ausgeschenkt und kraftvoll konsumiert. Nur die Semikola bestellten Coca. In einer Ecke knutschten völlig selbstvergessen einige Satzteile in inniger relativischer Verschränkung, gegenüber aber, am Stammtisch, ging es hoch her.

Am unteren Ende der langen Tafel lümmelten die Laute, allen voran die Vokale, die Unmengen Bier tranken, dabei natürlich immer betrunkener wurden und sich mit einigen Konsonanten, vorzugsweise mit dem Laterallaut »l«, verbrüderten, um gemeinsam zu lallen. »P«, »b«, »t«, »d«, »k« und das gutturale »g«, die Verschlußlaute, so genannt, weil man, so man sie spricht, die Luft für kurze Zeit am Ausströmen hindert, hielten gemeinsam die Luft an, bis sie rot anliefen, produzierten laufend und im Sitzen unanständige Geräusche unter der Tischplatte, blubberten mit vollem Mund oder rülpsten haltlos und schlugen sich dabei vor lauter Vergnügen auf die Serifen. Die Nasale »m« und »n« sprachen affektiert dazwischen, schnäuzten sich lauthals, schauten ins Taschentuch und verglichen die Ergebnisse. Die Reibelaute, allen voran das »s«, rieben sich an allen und versuchten, unter dem Tisch mit einem harten und einem weichen Konsonanten, die so betrunken waren, daß sie nichts mehr merkten, in der Art eines steinzeitlichen Holzbohrers Feuer zu machen, die Rauchentwicklung war beachtlich, wurde aber einem Sprenglaut zugeschrieben, der, während er über die erste germanische Lautverschiebung räsonierte, vor Erregung detoniert war.
Das »f« tat sich, alle Geschmacksgrenzen außer Acht lassend, mit einem bierseligen »p« zusammen und versuchte, eine Affrikate zu bilden, als sich dann aber beide zusammen aussprachen, entstand nur ein lauwarmer Speichelnebel, der die Umgebung näßte,

die Atmosphäre in die eines Tropenhauses verwandelte und einige zartbesaitete Diphthonge, wegen des dabei entstehenden Flatulenzgeräusches, zum Sitzplatzwechsel nötigte. Alle bildeten in dampfender Promiskuität wahllos Silben und scherten sich weder um Laut noch Klang.

An den Längsseiten des Tisches machten sich die Wortarten breit. Es wimmelte von Verben, Adjektiven, Substantiven, Präpositionen und Konjunktionen, daß es eine Art hatte. Die Verben, zumal die jüngeren, waren zwanglos im lässigen Infinitiv erschienen, während die älteren, gebeugt, meist im knitterigen Imperfekt oder, noch schlimmer, in einem ungepflegt wirkenden Plusquamperfekt gekommen waren, mit Eiresten auf dem Revers und Schuppen auf den Schultern, offensichtlich unfähig, sich noch um sich selbst zu kümmern.

Das Verbum »häckseln« etwa saß in der scheußlichen Verfassung des »er, sie, es war häckseln gewesen« im Kreise seiner drei übelgelaunten Personalpronomina, die hinter seinem »k« ungeniert Grimassen schnitten, und der beiden bereits beeindruckend betrunkenen Stammformen des Hilfsverbs »sein«, nämlich »war« und »gewesen«, die erfolglos versuchten, sich gemeinsam und ohne ihr Hauptverb in ein Passiv zu setzen, aber ständig, zu ihrem nicht geringen Mißvergnügen, im Futur oder auf der Schnauze landeten.

Daneben saßen die Modalverben »dürfen«, »können«, »mögen«, »müssen«, »sollen« und »wollen«, die sich für etwas Besseres hielten als die restlichen Verben, weil sie »modal« mit »mondän« verwechselten, die Modalverben also tranken und plapperten munter durcheinander. Um den Tisch herum tobten die Verben der Bewegung, verschütteten Getränke und verglichen ihre Zeiten.

Das Lokal war sehr voll. Das lag auch daran, daß, sobald ein Wort gesprochen war, sich dieses mit einem leisen Ploppen innerhalb der Gesellschaft materialisierte und lauthals nach Getränken verlangte, um damit sofort seinerseits wieder Worte zu bilden. Worte, die aber nach etwa zwei Minuten nicht wieder im Gespräch auftauchten, wurden durchsichtig und verwehten wieder, so daß der Laden nicht vollständig aus den Nähten platzte. Allerdings bedeutete das für den Wirt, keine Deckel anzulegen, sondern sofort kassieren zu lassen, wer wußte schon, wann welches Wort wieder ausgesprochen würde und wie lange es darob im Laden verblieb.

»Na, wie läuft's so?«, fragte das Hauptwort »Globalisierung« das neben ihm sitzende Adjektiv »mürrisch«.

»Platz da!«, schrie das sich darauf sofort materialisierende »läuft's«, bevor das »mürrisch« auch nur zu einer Antwort ansetzen konnte, und rempelte, gekrönt von seinem nach allen Seiten winkenden Apostroph, in Richtung Tresen, während das »na«, das »wie« und das »so« in Richtung Toilette wuselten und das Komma mit Anführungsstrichen und dem Fragezeichen in Richtung Hinterzimmer strebte, wo die

Satzzeichen mit freiwilligen Bindestrichen auf eine Dartscheibe warfen. Das »mürrisch« zuckte nur mit »m« und »h« und lächelte müde, entgegnete aber nichts, es wollte eine neuerliche, ungewollte Wortbildung verhindern. Die »Globalisierung« grinste verständnisinnig und wandte sich wieder ihrem Getränk zu. Nebendran waren einige Substantive in eine erregte Diskussion verwickelt.

»Ich hasse meinen Artikel, ich hasse ihn, ich hasse ihn! Nirgendwo kann man hingehen, nie ist man alleine, selbst beim Sex sitzt er auf der Bettkante, es ist zum Aus-der-Haut-Fahren!«

Das Hauptwort »Holzhammer« zitterte vor Erregung. »Ich weiß nicht, wann ich das letzte Mal ohne diesen beschissenen ›der‹ aus dem Haus war, wahrscheinlich seit Einführung der Vokale nicht mehr, verdammter Dreck!«

»Wer hat sich Vokale eingeführt?«, wollte sein Artikel wissen, der schwerhörig und trotz der auf ihn niederprasselnden Beschimpfungen gänzlich ungerührt neben ihm saß und Tee mit Rum trank, kaum Tee, viel Rum, eigentlich nur Rum, aber aus einem Teeglas.

»Halt's Maul!«, raunzte »Holzhammer«. »Hau ab, ›Morgenröte‹ an Tisch vier braucht einen Genitivartikel.«

In einer Ecke und der dritten Person Singular Präsens Indikativ stand unglücklich das Verbum »bilden«. Es hatte, als »bildet«, im Suff sein »l« verloren und sah sich nun als »Bidet« dem Spott der ande-

ren ausgesetzt. Sein »l« hatte sich mit zwei anderen Buchstaben des gleichen Lautwertes, einem desorientierten »u«, einem rüpelhaften »e«, einem »r« und einem volltrunkenen »n« zu »lullern« zusammengetan und war auf der Toilette verschwunden.
»Verdammte Zwangsartikelei!!«, brüllte »Holzhammer« wieder. »Im Englischen, alles viel einfacher, ein Artikel, man muß sich nicht in jedem Fall wieder an einen neuen gewöhnen, der einem vor dem ersten Buchstaben herumstolpert!!«
Andere Hauptwörter pflichteten ihm bei. »Genau, ganz richtig, wenn schon Artikel, dann nachgestellt und mal im Wochenrhythmus wechseln!«
»Ich will ein ›die‹!«, röhrte der »Atlas«. »Sofort!!«
»That's right!«, lispelte das »the«, welches im Zuge eines akademischen Austauschprogramms in der Grammatik weilte und sich große Portionen Gin auf das »h« schüttete.
»Fresse!«, giftete »Holzhammer« genervt zurück. Er haßte zwar seine Artikel, war aber durch und durch deutsch-lingual und die Anwesenheit ausländischer Worte war ihm ein Dorn im »o«.
»Undifferenzierter Lauthaufen, englischer!«, schnauzte er in sein Glas, hieb wütend mit »-hammer« auf den Tisch und steckte sich eine Zigarette ins »Holz-«. Der Lärm schlug über ihm und seiner Trübsinnigkeit zusammen und er grübelte noch einige Sekunden fruchtlos über der Frage, was in drei Teufels Namen seinen Artikel so bestimmt auftreten ließ, den einer Tasche hingegen so angenehm unbestimmt,

als urplötzlich die Unterhaltung abbrach, selbst die Musik erstarb, und für einen Moment war nur das Geräusch der wieder zufallenden Tür zu hören.
Alles blickte zum Eingang. Selbst am Tisch der Siechen und Schwerbeschädigten drehte ein kriegsblindes Gerundivum, an den Mitarbeiter von »Silben auf Rädern«, einen Konjunktiv II, gelehnt, den Kopf in diese Richtung und lauschte.
In der Tür stand das Wort »Oachkatzlschwoaf« (!). Namenlos Entsetzen.
Eigentlich mußte es »namenloses Entsetzen« heißen, aber vor lauter Grauen hatte das Adjektiv »namenlos« vergessen, sich durch die Endung »-es« auf »Entsetzen« zu beziehen. Wie erstarrt standen beide beziehungslos im Raum und wurden doch von allen verstanden. Niemand bildete ein Wort. Ein Backslash slashte back und sank geräuschlos an der Wand zu Boden.
So etwas Gräßliches hatte keiner der Anwesenden seit Wortgedenken gesehen.
Plötzlich bildeten alle gleichzeitig Laute, Worte, laute Worte, Fragen, Sätze, Fragesätze:
»Was ist passiert?«
»Wie scheußlich!«
»Ist das ansteckend?«
»Ich will raus, wo ist mein Pronomen?«
»Gehen Sie doch von meinem Objekt!«
»Das ist mein Perfektstamm!«
»Nehmen Sie Ihre Silben aus meinem Vokal!«
»Und Sie Ihren Bindestrich aus meiner Parenthese!!«

»Raus, raus!«
»Wer hat ›raus‹ gerufen? Ich komme!«
»Reduplizieren Sie sich doch woanders!«
»Wie konnte das passieren?«
»Erzähl' schon!«
»Kann mal einer die Wortbildung abschalten, wer weiß, welche Ausdrücke er benutzt!«
»Ja, abschalten, sofort abschalten!«
Als immer mehr Wörter verlangten, die automatische Wortbildung abzuschalten, was sonst nur bei geschlossenen Gesellschaften vorkam, wo man ganz unter sich sein wollte, öffnete der Wirt den Sicherungskasten im Rückraum des Tresens und legte einen alten roten Kippschalter um, sofort verschob sich die Atmosphäre ein wenig, das Licht wurde um ein oder zwei Lux dunkler und das ständige Ploppen der Wortneubildung erstarb. Die Worte, Silben, Buchstaben und die Satzzeichen, die nicht von der letzten Partie in der Dartscheibe steckten, bildeten einen Kreis um das verunstaltete Wort und forderten es lautstark auf, zu erzählen.
Das Exwort sprach zittrig und wie nach schwerster syntaktischer Anstrengung: »Ihr kanntet mich als ›Eichhörnchenschwanz‹!!«
Alle Umstehenden: »Ja, ja, ... als was?«
»›Eichhörnchenschwanz‹!«
»Als ›Eichhörnchenschwanz‹, aber wie konnte es zu ... ›Oachkatzlschwoaf‹ kommen!?«
Der Wortzombie konnte noch lautlos den Begriff »Dialektpresse« formen, dann gaben seine Buchsta-

ben nach und er sank bewußtlos auf den Boden, ein Finalsatz goß ihm etwas Wasser auf den Anfangsbuchstaben, um ihn wiederzubeleben, doch dieses Bemühen ging im jetzt einsetzenden Tohuwabohu unter.
»Nein, nein, um Grimms Willen, eine Dialektpresse, hier in der Nähe ...!«
Alles redete wild durcheinander.
»Was, ühii!, ist ein Dialekt!?«, wollte ein Prozentzeichen mit Schluckauf wissen.
Eine adverbiale Bestimmung der Zeit antwortete: »Dialekt wird immer dann gesprochen, wenn's physisch oder mental zur Hochsprache nicht reicht, es ist Code!«
»Code, kann man das nicht auch, ühii!, netter sagen?«
»Nein, Code, das trifft die Sache im Kern!«
»Ah-hühii! Und was ist dann Dia-lek-tik?!«
»Eine Persönlichkeitsstörung, die den Träger zwingt, an Photos zu lutschen.«
»Ah-hühii! Und was, im Namen der dreifaltigen, ühii!, Grammatik, ist eine Dialektpresse?«
»Ihr Satzzeichen habt damit, Duden sei Dank, keine Probleme. Eine Dialektpresse ist eine Maschine, die die Wörter der Hochsprache, nachdem man sie auf der Zuführlade festgebunden hat, unter Einsatz eines zentnerschweren Gewichtes in vorher einstellbare Dialektformen presst. Dabei werden die Worte natürlich bis in ihre kleinsten Bestandteile aufgebrochen und irreparabel geschädigt. Du siehst ja, was

aus einem unscheinbaren Wort wie ›Eichhörnchenschwanz‹ unter Einsatz der Dialektpresse in der Einstellung ›Oberbayrisch‹ werden kann: ›Oachkatzlschwoaf‹!! Entsetzlich, das kriegt nicht mal mehr 'ne Fachwerkstatt wieder hin.«

»Gräßlich!! Kann man nichts dagegen tun? Ühii!«

»Nein, wenn in irgendwelchen Bergvolkdialekten Wortmangel herrscht, weil die Vertreter alles weggesprochen haben, was, Grimm sei gepriesen, nur selten vorkommt, dann ziehen marodierende Dialektpresser durch die Grammatik, schanghaien unvorsichtige Wörter und stopfen sie in ihre Presse. Selten, daß mal jemand entkommt.«

Alle schauten auf »Oachkatzlschwoaf«, der in eine stabile Seitenlage gebracht worden war und bayrisch grunzte: »Mei Voter hob i derschlong, mei Muada hob i derschlong un wennst ni die Maui höist, derschlog i di a!«

Die Umstehenden wandten sich angeekelt ab. »Maui liegt doch auf Hawaii ...«, bemerkte eine vorwitzige adverbiale Bestimmung des Ortes, die hier noch niemand gesehen hatte.

»Halt's Maul!«, schnauzte eine Silbe in ungewohnt mehrsilbiger Art.

»Was wird aus solchen Dialektopfern?«, fragte ein Interrogativpronomen.

»Wenn sie erst einmal gesprochen wurden, ist alles vorbei, dann kann man nur hoffen, daß sie gut versichert waren und auch privat etwas zur Seite legen konnten, als sie noch der Hochsprache angehörten ...«

»Hoffentlich Arroganz versichert!«, warf ein Homoioteleuton ein.
»... ansonsten gibt's die Aktion Sorgenwort, die in fast allen Lokalen, wie auch hier bei uns als auch in den öffentlichen Nah- und Ferngesprächsmitteln, in der Syntax und im Vokabularium, also fast in der ganzen Grammatik, Rampen eingerichtet hat und ausgewiesene Sprachplätze für schwerbeschädigte Wörter, Benutzung allerdings nur mit Ausweis, wir sind doch hier im Deutschen!«
»Warum lassen wir uns das bieten?«, riefen die Worte erregt.
»Genau, was soll das? Wenn Dialekt gesprochen werden muß, warum dann nicht im Flaggenalphabet? Nieder mit den Dialektpressen! Keine Wortbeschädigungen mehr! Hoch die Hochsprache!«
Jetzt kam auch Stimmung unter den Schwerbeschädigten auf, die an dem Tisch saßen, der auch für Rollkonsonanten, wie das »rrr«, gut zugänglich war.
»Mir wuiln a nimmer b'schädigt sein, nicht! Mir san auch Worte, mir san keine Worte zwoater Klasse nicht!«, riefen sie im Chor.
»Ge-nau!«
»Sowieso, eh klar!«
»Sozusogn, nicht!«
»A Bier, a Musi, holladrio!«
»Ge-nau!«
»Heidadeifi, Herrschaftszeiten, Sacklzementzefix halleluja, nicht!«
»Mir wuiln wern, wos mir worn!!«

Die unbeschädigten Worte fielen mit ein: »Nie mehr ›Öchsle‹, sondern ›Ochs‹! Keine ›Deern‹, sondern ›Mädchen‹! Kein ›Uichtscherzerl‹, sondern ›Brotende‹!«

»Geht auch ›Knäppchen‹?«

»›Knäppchen‹ geht auch!«

»Duden sei Dank, das wird meinen Mitbewohner freuen, wir wohnen im gleichen Relativsatz!«

»Kein ›Aufi, gemma, aufi‹, sondern ›Los, laßt uns aufsteigen‹!«

»Wie ist's denn mit ›Kenniminemminimehr‹?«

»Klingt schmissig, kann bleiben!«

Alles drängte zur Tür, als diese aufging und sich zwei finster dreinblickende Termini technici hereinstehlen wollten, offensichtlich in der Absicht, andere Unglückliche wie »Eichhörnchenschwanz« zu kidnappen und sie in die wahrscheinlich bereits vor der Gaststätte installierte Dialektpresse zu zwingen. Sie gerieten unter einen Hagel von Verwünschungen und Beschimpfungen und es dauerte nicht lange, da flogen die ersten Buchstaben und Gläser, und während sie die Menge entfesselter Satzglieder unter Prügeln nach draußen spülte, hörte man schon, wie sich die ersten Präpositionen im Verein mit den Verben der Demontage daranmachten, die Dialektpresse, die tatsächlich bereits vor der Kneipe aufgebaut war, zu demolieren. Sie ging total zu Bruch.

Der Wirt räumte derweil die Tische ab, sammelte die Gläser ein und weckte ein Pronominaladverb, das, nachdem es die Buchstabensuppe vom Mittagessen aquavitbeschleunigt in den laufenden Handtrocknungsventilator erbrochen hatte, inmitten der geschredderten Buchstabenreste eingeschlafen war. Er zog ein Ausrufezeichen mit schmerzendem Punkt aus der Dartscheibe und löschte das Licht.

»Sauerei!«, dachte er bei sich. »Und wer macht das alles wieder sauber? Scheißgerede hier, jeden Abend.«

»Aber es macht sich bezahlt!«, scholl es aus der alten Registrierkasse im Schankraum.

Und das stimmt auch. Denn ...

Wenn Worte reden könnten.
Dann könnten Zahlen rechnen.

Ich bin kein Tag
für eine Nacht,
ein Abend in Holz

Zum Lobe des Dachdeckers

Tür auf, ein solider Mantel reifer Rockmusik, aus dem Rauch selbst gefertigter Zigaretten und der Abluft überbackener Baguettes, die ihren Belag nicht halten können, wird mir sanft um die Schultern gelegt. Die Tür fällt hinter mir ins Schloß, ich steuere auf meinen Platz am Tresen zu, bugsiere mich umständlich auf den Hocker, schaue nach rechts und links und stelle mit Erleichterung fest, daß keiner fehlt, denn wer hier fehlt, ist nicht mehr, zumindest bei sich, nicke ein wortloses »Na?« in die Runde, bekomme die Quittung in Form von mit gespitztem Munde vorgetragenem Lidschluß und weiß, daß ich angekommen und erkannt worden bin.

Und das alles wortlos. Herrlich.

Nach Sekunden, die mir wie Sekunden vorkommen, steht endlich das große Glas, mein Glas!, irischen Starkbieres vor mir und begrüßt mich lächelnd mit samtiger, sahniger Oberfläche und obsidianigem Mattschwarz darunter.

Es gibt kein Lächeln auf der Welt, das es in puncto Liebreiz und Verheißung mit dem eines frisch eingelassenen Glases Guinness auch nur annähernd aufnehmen könnte. Ich grüße zurück, tauche meine Nase in seinen Cremedeckel und fülle meine Mundhöhle bis zum Gaumendach mit jener kraftvollen sämigen Süße, der die Bitterkeit so einzigartig erfrischend hinterherzittert, daß man gar nicht schlucken möchte, sondern im Munde noch mit der Zunge umrührt, auf daß sich Flüssigkeit und Geschmack in jeder Höhlung einniste und der Genuß noch Sekunden nach dem Schlucke in der Mundhöhle, dem Echo in der alpinen Bergwelt nicht unähnlich, nachhalle. Das Glas abgesetzt, den Schnurrbart entschäumt und die gefühlte Behaglichkeit in ein saftiges Schmatzen mit subbassigem Ahhh! gegossen und die Welt ist gut.

Nirgendwo Dachdecker.

Zwei Plätze weiter rechts redet einer, dessen Barttracht eine filzgleiche Symbiose mit der restlichen Kopfbehaarung eingegangen ist, so daß man den Eindruck hat, neben einer geplatzten Roßhaarmatratze zu sitzen, die spricht. Er schüttet in kurzen Abständen immer wieder Bier in das Gestrüpp, so gekonnt an dieselbe Stelle, daß ich in dieser Gegend seinen Mund vermute. Was aber zwischen den Schlucken aus dieser Öffnung im Unterholz an Gespräch herausquillt und über seinen straff narkotisiert wirkenden Nachbarn läuft, ist sehr speziell.

Der Fachmann spricht in so einem Fall von Sprechdurchfall oder griechisch »Logorrhö«, in diesem Fall auch noch angereichert durch einen stabilen Morbus Substantivus, das heißt, er konnte sich nur in Hauptworten ausdrücken, was die Sache nicht wirklich besser macht. Außerdem beginnt jede kneipengesprächliche Einlassung aus mir völlig kosmischen Gründen immer mit »Passauf!«. Das ist besonders dramatisch, wenn der Sprecher Bartträger ist und kurz zuvor noch ein Baguette mit Eisbergsalat und Mayonnaise zu sich genommen hat. Kommunikation ist dann mitunter sehr flächendeckend.

»Passauf ... äh ... die Vorhersehbarkeit ist in ihrer Unwägbarkeit öööäääht, oder anders gesagt, was man vorher nich' weiß, weiß man nich'. Und selbst das ist nicht sicher. Kein Thema.«

Sein Gegenüber ist jetzt fest eingeschlafen und mir ist ein bißchen schwindelig. Es gibt Gespräche, für die bereits ein Schluck Bier zu viel ist, für andere ist einer definitiv zu wenig. Ich bin offenbar Zeuge eines der letzteren geworden und schütte mir nach.

Mein linker Nebenmann hebt plötzlich den Kopf von den auf dem Tresen verschränkten Unterarmen und sagt: »Mnnbllmblhhmbl!«

Darauf ich: »Was hast du gesagt?«

»Hab ich auch nicht verstanden«, lautet seine ehrliche Antwort.

So mag ich's.

Der Heuschädel, dessen flechtiger Bewuchs nun beginnt, den darunter befindlichen Shetlandpullover an beiden Schultern anzuwurzeln und haarfeine Haltefäden an den Tresen zu spinnen, holt, da er seinem Gesprächspartner die Narkose nicht abnimmt, weiter aus. Ich versuche, so schnell als möglich meine Aufmerksamkeit auf die andere Seite zu lenken.

Soeben betritt ein gedeckter Sparkassenanzug, Modell »Kreditvergabe, Buchstabe A-K«, mit Inhalt den Laden und stellt sich frech an den Tresen.
»Mach' mir ma' 'ne Latte!«, dröhnt es aus dem blankgeschabten Ministrantenschädel oberhalb des Polyamidbinders in Schwefelgelb. Offenbar soll das die Karikatur einer Milchkaffeebestellung sein, es heißt nicht mehr Milchkaffee, es heißt jetzt »Café latte«.
Ralf, der Wirt, wirft einen Blick durch den Neuankömmling und fragt: »Mit der Hand oder mit'm Mund, ohne Gummi kost' extra.«
Sollte Ralf seine Baufinanzierung über die Sparkasse laufen lassen, sehe ich für einen Umzug innerhalb der nächsten 25 Jahre schwarz. Der Typ raucht ab, ohne Latte versteht sich. Aber geschwollen und mit rotem Kopf. Na immerhin.
Von nebenan erreicht mich das Statement, daß »gerade Vielfarbigkeit in der Uniformiertheit das Monochrome als Langweiligkeit entlarvt. Kein Thema!«.
Der Typ, dem diese Erkenntnis gilt, schläft nicht mehr. Er ist inzwischen unzweifelhaft still verstorben. Wenn man den Geruch, der ihn umgibt, mit ins Kalkül zieht, allerdings schon vor einigen Wochen. Wer könnte es ihm verdenken.
Der Heuhaufen schickt sich an, noch weiter auszuholen. Ich trinke hastig. Die haarfeine Verwebung mit Pullover und Tresen gewinnt im Sekundentakt an Vielfadigkeit und Dichtigkeit. Vielleicht versucht der Typ hier eine Puppe zu bilden, in diesem Kokon

dann den Winter zu verbringen und im Frühling als Matratzenmotte zu schlüpfen. Das sind scheußliche Aussichten. Ein zweites Pint muß her.
Beim Anblick des zweiten Glases und der meinem Drängeln geschuldeten Serviergeschwindigkeit fühlt sich eine ältere Dame, bereits im Hinausgehen begriffen, bemüßigt, die pfefferminzteeselige Mütterfrage zu stellen: »Kann man denn nicht auch ohne Alkohol fröhlich sein?«
Tresenbelegschaft und Serviceteam geben die Väterantwort, seit Jahr und Tag geübt und daher wie aus einem Munde: »Fröhlich schon, aber eben nicht besoffen.«
Das ist Chemie. Die Trümmerfrau fragt hörbar, für welches Geschmeiß sie die Republik damals wiederaufgebaut habe, und bekommt als Antwort die Gegenfrage mit auf den Nachhauseweg, für welches Gezücht sie denn die Republik damals kaputtgemacht habe.
»Passauf, in der Reinlichkeit als Zwanghaftigkeit macht sich doch die Irrsinnigkeit aller Sauberseins fest, kein Thema!«, rieselt derweil die Matratzenmotte auf den Verstorbenen ein, während seine Puppe an Kontur gewinnt.
»Allen Sauberseins!« werfe ich ein, den Blick immer noch auf den Boden gerichtet.
»Was?«, fragt der Ginsterbusch.
»Allen Sauberseins. Die Irrsinnigkeit allen Sauberseins muß es heißen. Genitiv!«
»Genitiv! Was?«, fragt der Haufen Rasenschnitt.

»Nein«, sage ich, aber zu spät, durch meine Einlassung habe ich einen weiteren Rederutsch, eine Schlammlawine von Substantivigkeit losgetreten. Ich versuche, mich durch die Aufschüttung einer Guinnessbarriere zu schützen, aber gleich den Schwerölresten vor der spanischen Küste sickern auf »-keit« oder »-heit« endende, durch Partikel- und Adjektiv-Kleister vulkanisierte Wort- und Bedeutungskrüppel durch den zu dünnen Starkbierfilm in meinen porösen Schädel.
Ich versuche meine Aufmerksamkeit der anderen Seite zuzuzwingen, »Betroffenheit« und »Bewußtlosigkeit« sowie »kein Thema« dreschen auf mein Jochbein ein, daß mein rechtes Auge selbsttätig zu zwinkern beginnt. Links ist offenbar eine Diskussion im Gange. Ich wende den Kopf zu schnell und merke, wie mein Hirn mit einer der Trägheit geschuldeten Verzögerung in diese Richtung nachschwappt. Kein schönes Gefühl.
Etwas später als die NASA komme ich dahinter, daß das Heil allein im unbemannten Kneipenbesuch liegt. Bei so komplizierten Operationen ist der Mensch nur Störquelle und Risikofaktor, die Dinge regeln sich viel besser von selbst. Wir sind sowieso nur Gäste in einer Welt von Dingen. Sie haben Bestand, pflanzen sich ohne unser Zutun und ohne die leidige Sexualität fort, ich denke da vor allem an Legosteine und Playmobilmännchenzubehördetails. Haben Sie schon einmal einen Einer-Legostein durch simples Drauftreten wiedergefunden? Dabei

ist es für die Erlebnistiefe von entscheidender Bedeutung, daß dieser Einer-Legostein in dem Moment zwischen dem zweiten und dritten Glied der Zeigezehe zu liegen kommt, in dem Sie mit Ihrem gesamten Körpergewicht darüber abrollen. Wenn Sie das schon einmal gemacht haben, dann wissen Sie, daß das Land des Schmerzes ein Kontinent ist.
Selbst Wörter sind besser dran. Verben, zum Beispiel, sind uns haushoch überlegen. Sie können in allen Zeiten stehen, während wir an die Gegenwart gefesselt sind, haben in jedem Fall eine Zukunft und vor allem immer eine Bedeutung, was sie von den meisten Menschen deutlich unterscheidet. Zwei gehen zum Klo, also Menschen, nicht Verben, einem ist offenbar nicht gut. Es gibt Geräusche. Keine guten Geräusche. Die beiden kommen zurück, der eine sichtlich erleichtert, sein Kumpel auch. Damit ist bewiesen, daß man, erst wenn man mit jemandem gebrochen hat, weiß, was wirklich in ihm steckt. Das ist jetzt Physik.
Von links Gesprächsfetzen, lauthals auf mich einstürzend: »... Materie ist doch eine Substanz zweiter Ordnung, jawoll!«
»Wer sacht so was?«
»Descartes!«
»Ich spiel mit, wer gibt?«
»Descartes! Nicht de Karten!«
»Passauf, nur die Besonnenheit schafft eine Erfahrbarkeit in Ewigkeit, kein Thema!«, knödelt es stramm realitäts- und verstandesfern von rechts.

Das war's, mehr ging beim besten Willen nicht, ich stieß ein weinerliches »Zahlenbiddemussich!« aus und wurde Zeuge, wie sich die nun fast eingesponnene Heumilbe eine Zigarette in den Kokon schob. Es gab eine kurze Verpuffung und ich sah ein Äquivalent des brennenden Dornbusches, der ja damals ein Zeichen des Himmels war. Heute auch wieder, das Signal zum Aufbruch.
Und während ich noch ungelenk die Blechstücke einer mir fremden Währung doppelsichtig auf den Tresen zählte und mich wunderte, warum keiner den Buschbrand zu löschen irgendwelche Anstalten machte, exhalierte das Gestrüpp geräuschvoll und entzog damit der Umgebung jeglichen Sauerstoff, so daß der Brand innert weniger Sekunden zusammenfiel und im durchwurzelten Pullover nur noch kleine Glutnester sanft nachglommen wie Wachtfeuer einsamer Beduinen in der Wüste Namib.
Aus geschwärzten Augen traf mich ein schmerzhaft wacher Blick, der signalisierte, daß hinter den wie poliert wirkenden Glasmurmeln noch ein ganzer Schwarm verwachsener Hauptwörter darauf lauerte, wie ein Ameisenstaat während des Hochzeitsfluges auszuschwärmen und bis dato gesunde Menschenverstände zu kontaminieren. Und das alles ohne Thema!
»Brennbarkeit!«, bröckelte es aus dem noch rauchenden Unterholz. Ich mußte hier weg. Ich habe Familie und bestimmt eine Zukunft, wenn ich es nur schnell genug hier herausschaffe. Ich taumelte den

Abhang hinunter, dem Hause zu, dem warmen Bett, der samtenen Umarmung meiner Frau, die genau so lange hielt, also die Umarmung, bis ich das erste Mal ausgeatmet hatte.

Was genau habe ich eigentlich gegen Dachdecker. Nicht das Mindeste.

Und morgen spiele ich in Wipperfürth für die Westdeutsche Fleischerinnung zur Verleihung des Goldenen Bolzenschusses am Bande an verdiente Metzger. Mit Damen.

Also keine Witze über Halb und Halb, Damen, Rinderwahn, Schweinepest, Hühnerfäule und Schafspocken.

Kein Thema.

Ich passauf!

Kochen mit Jochen

»Liebe Hörerinnen und Hörer draußen an den Empfängnisgeräten, es ist mir eine besondere Freude, Ihnen daheim einen neuen Service, ein neues Service, eine neue Sendung ankündigen zu dürfen, ›Kochen mit Jochen‹, das ganz neue kulinarische Hörerlebnis, jeden Humpftag um Uhr auf Ihrem Lokalradio, hier bei Radio Bongoboulevard auf 98,6 Hektopascal.
Die Brasserie ›Bei Mutti‹ in Bochum-Hordel schickte uns ihren besten Mann, den Maître de Cousin Jean Marie Bonsoir Pascal Konopka, der natürlich ganz schön aufgeregt ist, hier zu uns ins Studio zur ersten Sendung, Jean Marie ...«
»Schraube ...«
»Jean Marie Schraube, Frage: Ganz schön aufgeregt, was?«
»Nein.«
»Nicht. Gut. Was wollen Sie unseren Hörern denn nun zubereiten ...«
»Keine Ahnung.«
»Klingt lecker. Dann wollen wir mal. Meine sehr verehrten Damen und Herren, ›Kochen mit Jochen‹ wird neue Maßstäbe im Radio setzen, wir kochen live, vor Ihren Ohren, hier in unserer improvisierten Studioküche, Jean Marie Schraube ...«

»Einfach nur Schraube. Ich kenn keinen Schengmarie. Ich helfe da nur spülen. Mittwochs.«

»Mittwochs. Na prima. Was haben Sie denn nun für uns vorbereitet? Was kochen Sie für uns?«

»Ich soll was kochen?«

»Toll! Bitte.«

»Ich kann nur Kartoffeln.«

»Was heißt das genau, Sie können nur Kartoffeln.«

»Daß ich nur Kartoffeln kann.«

»Damit ich Sie richtig verstehe, Sie können also nur Kartoffeln.«

»Ja.«

»Ein Spezialist! Er kann nur Kartoffeln! Das klingt lecker, wie wär's vielleicht mit einer Pommes brulée im Spiegel einer Sauce Rotznaise, das wäre doch wundervoll.«

»Ich kann nur Kartoffeln.«

»Toll, dann mal los!«

»Ja.«

»Was tun Sie da jetzt, unsere Hörerinnen wollen das genau wissen, auch um das zu Hause auch mal nachzukochen.«

»Ich brauch' einen Topf. Ich kann nur Kartoffeln.«

»Einen Topf. Aha. Zuerst also einen Topf, das klingt kompliziert ...«

»Nein.«

»Gut. Also einen Topf, phantastisch, und dann?«

»Wasser, da muß Wasser rein. Wie gesagt, ich kann nur Kartoffeln.«

»Wasser! Wasser in den Topf, das sind die sagenumwobenen Tricks der Nouvelle Cuisine, jetzt wird's aber spannend, wie geht's weiter?«

»Heiß machen. Das Wasser, also heiß machen eben.«

»Heiß machen, heiß machen, das ist neu, das ist ungewöhnlich, liebe Hörerinnen und Hörer, er macht das Wasser heiß, Jean Pascal Schraube ...«

»Einfach Schraube.«

»Einfach Schraube macht das Wasser heiß, und das in einem Topf! Kann das auch die Hausfrau zu Hause, also ohne ... das klingt nicht einfach ...«

»Ist es auch nicht, also ohne Herd; mit geht's leicht.«

»Das sagt sich so einfach, mit Herd, mit Herd ...«

»Stimmt: mit Herd, mit Herd. Ging leicht!«

»Sie sind ein Künstler!«

»Nein. Einfach Schraube.«

»Meine Damen und Herren draußen an den Geräten, es kann aber, und ich hoffe, ich plaudere da nicht zu sehr aus dem Bratröhrchen, es kann nicht oft genug, gerade aus Gründen der allgemeinen Sicherheit in der Küche, ein Unfall ist kein Beinbruch, es kann also nicht oft genug darauf hingewiesen werden, daß das Wasser sich zum Erhitzen IM Topf befinden muß, einfach auf die Platte geschüttet, wird es natürlich auch heiß, bleibt aber zu ... zu ...«

»Flach!«

»Genau, flach, es ist dann zu ... flach und auch schlecht, wieder zu entnehmen, gell, Schraub Pascal Marie ...«

»Schraube.«

»Schraube, bis hierher schon sehr anspruchsvoll ... was jetzt?«

»Jetzt tu' ich das Wasser in den Topf.«

»Wasser in den Topf ...«

»Ja, dann stelle ich den Topf ...«

»Dann stellt er den Topf ...«

»Auf den Herd.«

»Aha! Auf den Herd! AUF den Herd! Könnte man das Wasser nicht auch im Ofen ...«

»Braten?«

»Braten.«

»Ich weiß nicht, ich kann nur ...«

»Kartoffeln, genau und dazu paßt kein gebratenes Wasser. Sie haben doch völlig recht.«

»Danke.«

»Vielleicht Möhren, aber kein gebratenes Wasser. Ganz richtig. Und jetzt sollte das Wasser ...«

»Kochen.«

»Kochen! Das ist toll. Liebe Hausfrau, legen Sie schon mal Papier und Zettel bereit, das sollten Sie jetzt notieren, das Wasser soll kochen! Ein Hammer! Aber, Frage: Was passiert dann?«

»Die Kartoffeln rein.«

»Aha, also die Kartoffeln ...«

»Rein. Aber erst schälen.«

»Wieder eine Finesse! Die Kartoffeln erst schälen, wie macht das der Maître du Cousin?«

»Keine Ahnung. Ich nehme ein Messer!«

»Er nimmt ein Messer ...«

»Ja. Und dann schäle ich die Kartoffeln.«

»BEVOR Sie die ins Wasser werfen.«

»Ja. Man kann sie aber auch ungeschält ins kalte Wasser legen ... dann muß man sie hinterher schälen. Die Kartoffeln. Nach dem Kochen.«

»Moment, ich rekapituliere, damit unsere Kochfreunde daheim auch alles schön mitbekommen: Entweder werfen Sie die ungeschälten Kartoffeln ins Wasser ...«

»Das nicht kocht ...«

»Dann bleiben sie kalt und brauchen lang, bis sie gar sind ...«

»Etwa sechs Monate. Ohne Kochen.«

»Und dann ...«

»Kann man sie wegschütten, weil ...«

»Man den Topf braucht?«

»Für Nudeln. Kann ich auch. Ein bißchen.«

»Vielleicht in einer der nächsten Sendungen. Oder man kocht das Wasser ...«

»Auf dem Herd ...«

»Auf dem Herd ...«

»Bis es sprudelt ...«

»... und legt dann die Kartoffeln ohne Schale ...«

»Natürlich. Eine Schale paßt ja nicht mehr mit hinein.«

»Kein Wunder ...«

»Nein, kein Platz!«

»Ja. Und dann kocht man die Kartoffeln in dem Wasser in dem Topf auf dem Herd ohne Schale.«

»Genau.«

»Wie lange kocht man denn Kartoffeln?«

»Gut 500 Jahre. Das Rezept stammt von den Indianern Südamerikas.«
»500 Jahre? So viel Zeit hat doch keiner! Aber deswegen gehen die meisten ja in ein Lokal, hahaha ...«
»Ha. Ja.«
»Gut. Lachen macht lustig. So, jetzt also schälen. Die Kartoffeln, wie genau geht das?«
»Mit einem Messer. Hier. Ich nehme eine Kartoffel in die eine Hand ...«
»In die linke ...«
»In eine, die frei ist ...«
»Aha, das leuchtet ein. Und nun?«
»Das Messer in die andere ...«
»In die rechte ...«
»In die ohne Kartoffel.«
»Ihre rechte.«
»Die stehen im Grundgesetz. Hab ich gelesen.«
»Ja? Wo?«
»Im Grundgesetz.«
»Toll. Und jetzt?«
»Jetzt schäl ich ... so.«
»Das sieht einfacher aus, als es aussieht.«
»Ja, man muß nur aufpassen, daß man mit dem Schälen hinter der ... also der Kartoffel ... also da aufhört, wo auch die Kartoffel aufhört, weil, wenn ich sie so in der Hand halte, fängt ja meine Hand direkt hinter der Kartoffel an ... und da muß ich aufhören mit dem Schälen, sonst ...«
»Schälen Sie Ihre Hand. Das leuchtet ein, wem auch immer. Wie geht's jetzt aber weiter, unsere Sendezeit ist begrenzt.«

»Jetzt muß man die nächste Kartoffel schälen.«

»Noch eine? Sie haben Gäste?«

»Dienstag kommen Tube, Pommes und Spüli, Skat.«

»Und da reichen Sie gern mal Kartoffeln.«

»Wem jetzt?«

»Na, Skat, Pommes, Tube und Spüli.«

»Nein, Skat ißt nichts, das spielen wir nur.«

»Also Sie spielen Essen, weil nicht genug da ist für alle.«

»Doch, aber, wir ... wenn wir ... also, Skat, der Geber setzt aus.«

»Was es nicht alles gibt, jetzt vielleicht noch von Ihnen ein Serviervorschlag.«

»Vielleicht auf einem Teller?«

»Toll, das Auge ißt ja mit.«

»Nicht immer, mit Auge bin ich samstags auf'm Platz, pöhlen.«

»Gran-di-os! Herr ...«

»Schraube.«

»Das war ganz wundervoll, uns, liebe Hörerinnen und Hörer, bleibt nun nichts mehr, als Ihnen einen guten Appetit zu wünschen und natürlich viel Spaß beim Hinterherkochen, schalten Sie auch nächste Woche wieder ein, wenn es dann wieder heißt ›Kochen mit Jochen‹, dann mit Rabindranath Tandoori aus dem Tadsch Mahier in Altenessen zum Thema ›Reis mit Scheiß‹, den dann auch die Alten essen. Bis dahin alles Gute und Tschüß.«

Ich bin kein Tag für eine Nacht

Vivisektion eines Gesprächs

Im Kopf war es ruhig und dunkel. Schon seit gut einer Stunde war keine nennenswerte Hirntätigkeit mehr zu beobachten. Das elektrische Summen, welches die geistigen Regungen des Untermieters normalerweise begleitete, war zu einem leisen Flüstern abgeklungen. Nur ab und an erhellte ein kurzes neuronales Flackern das engmaschige Netz der Nervenfasern, die endlos scheinenden Leiterbahnen mit ihren Knoten, Kreuzungen und Verknüpfungen. Die selten benutzte rechte Hirnhälfte war komplett abgeschaltet und geschlossen. Das vielfarbige Wetterleuchten der Aurora intellectualis, welche gemeinhin die Aktivitäten von Phantasie, Vorstellungskraft, Witz und akademischer Anstrengung signalisierte, war bis auf ein leichtes, phosphoreszierendes Glühen abgeklungen. Die Montagehallen der Satzfabrik mit ihren Verbbänken, die Wortlager, Artikelmagazine und Silbensilos in den Untergeschossen waren leer und düster. Die Förderbänder, welche die Satzteile aus den Magazinen in die Satzmontage brachten, standen ebenso still wie die speziell isolierten Aufzüge für warme Worte und hitzige Erwiderungen. Keine Welle kräuselte die Oberfläche des Gelächterbeckens, der Weinkeller mit den langen Schluchzregalketten und zahllosen

Gewimmergebinden unterschiedlichster Wehklagenlagen stand trocken. Nur das leise wummernde Brummen, einige Stockwerke unterhalb der vielfaserig durchwobenen Großhirnhalle, zeigte das Wirken jenes uralten Hirnteiles, des Hirnstammes, an, welches für die vegetativen Prozesse des Untermieters verantwortlich war. Hier wurden, vollautomatisch natürlich, Atmung und Stoffwechsel gesteuert. Im Moment war hier oben nur eine Notbesatzung im Dienst, was auch ausreichte, war doch alles ruhig. Die kardanisch aufgehängte Kreiselkompaßanlage des Innenohres zeigte an, daß der Untermieter stand. Nur die Zentrale, also der Kopf, war schräg zur Seite und etwas nach vorne geneigt, was so etwas wie Aufmerksamkeit signalisieren konnte. Doch nichts davon drang zum Gehirn durch. Vielleicht schlief er ja. Die primäre Hörrinde, ein Teil des für das Sprachverstehen zuständigen Wernicke-Areals am linken Schläfenlappen, hatte sich bereits vor Stunden abgemeldet.

Im Kopf herrschten Dunkelheit und Stille. Draußen war das anders:

Hektisches Lichtgeflacker, wummernde Geräusche, schweißklebriges Geschiebe und mechanisches Gestampfe, Lärm und Dampf, Nebel, Hitzewellen und Gerüche verschiedenster Herkunft, die Apokalypse zeigte ihre häßliche Fratze in bis dato nicht gekannter Schamlosigkeit. Der Besitzer des Kopfes, ein etwas linkisch wirkender 17-Jähriger, stand an einen Vorsprung gelehnt, der wie ein Überbein aus der Wand wuchs, inmitten dieses endzeitlichen Gewimmels und gab vor, die Szenerie, die selbst Hieronymus Bosch als übertrieben zu malen abgelehnt hätte, unbeteiligt zu beobachten. Auf dem kurzgeschorenen Schädel hockte eine Art Kopfbedeckung, deren Schirm, eigentlich für die Beschattung des Gesichtes entwickelt, nun den Nacken vor herabtropfendem Kondenswasser schützte. Die Augen, von Brauen mit Metallintarsien nur knapp überragt, starrten nicht ganz so abgekärt, wie es seine Erscheinung glauben machen wollte, in das Gewimmel, der Mund stand halb offen und gab den Blick auf seine Zunge frei. Den Oberkörper verhüllte ein Sweatshirt mit dem Aufdruck: »Bei Versagen, Kopf drücken«, die unteren Extremitäten verschwanden in zwei Beinsäcken, deren Treffpunkt sich in Kniehöhe eingependelt hatte. Eine äußerst ungelenke Hosenkarikatur. Die Beine endigten sich in klobigen Fußklötzen, also Schuhdoubles, die das Stehen knapp ermöglichten, den aufrechten Gang allerdings nicht zuließen. Der Junge schien nervös. Gespannt. Der Lärm war ohrenbetäubend, so man welche hatte. Er wartete. Die Hand, die ein Glas mit einer biersimulierenden Flüssigkeit hielt, flog zum Mund und schüttete hastig eine Portion des Getränkes in den Mund. Beim Schlucken tanzte der spitze Adamsapfel lustig auf und nieder.

In einer Beobachtungszelle wandte das leitende Adrenalinmolekül der Nachtschicht den schläfrigen Blick von den Überwachungsmonitoren und biß in sein Pausenatom. Schwefel! Bah. Angewidert verzog es die Lippen, so daß seine OH-Brücke im Oberkiefer sichtbar wurde, und legte das angebissene Atom zurück. Widerlich.

Plötzlich straffte sich der Junge. Sein glasiger Blick hatte das Ziel seines Wartens gestreift, er ordnete seine Schlacksigkeit in der großvolumigen Textilhülle und trat innerhalb seiner Nike-Fußwannen unruhig auf und ab. Sein Mund fiel trocken, weil die Flüssigkeit nun dringender zum Wässern der Handinnenflächen gebraucht wurde.

Das Mädchen kam direkt auf ihn zu.

Der Junge erstarrte.

Die Atmosphäre, der Lärm, der Gestank, bekannte und unbekannte Gesichter, selbst der Bierersatz, alles trat einen Schritt zurück und damit aus dem Wirkungskreis seiner Wahrnehmung heraus.

»Hi«, sagte sie lächelnd im Näherkommen mit jener spielerischen Leichtigkeit, die denjenigen eignet, für die Lächeln und gleichzeitiges Sprechen keine besondere Herausforderung darstellt. Er mußte antworten, da ging kein Weg dran vorbei. Er wußte: So wie Männer nachher rauchen, müssen Frauen vorher reden. Er hob den Kopf und sah sie an und hinter seiner glänzenden Stirn, wo bis dato milchglasige Trübe geherrscht hatte, brach urplötzlich die Hölle los:

Das schrille Jaulen einer Sirene, verbunden mit dem hektischen Geblitz roter Rundumleuchten, zerhackte die innerkopfliche Stille! Sprechalarm! Die Instrumententafel flackerte wie irr, »Scheiße!«, entfuhr es dem leitenden Adrenalin, während es hektisch zahllose Knöpfe und Regler bediente, den Schädelgrenzschutz alarmierte, um die Blut-Hirn-Schranke zu schließen, und die Besatzungen der einzelnen Abteilungen weckte. Jetzt war Eile geboten, offensichtlich wollte der Untermieter sprechen! Und das ausgerechnet während seiner Schicht! Verdammt! Schon begann sich die Zentrale zu heben, wie das Innenohr durch schrilles Sirren bestätigte, die Reste des angebissenen Schwefelatoms und der Becher warmer Glukose rutschten über die sich nun bedenklich neigende Tischfläche und krachten auf den Boden der Wachstube, die gyroskopischen Schlingerbremsen sprangen röchelnd an und stabilisierten quietschend den Raum. »Verdammter Bockmist!«, entfuhr es dem leitenden Adrenalin, während es kurze Befehle in das Mikrophon oberhalb des blinkenden Monitors bellte.

»Sprechalarm, Sprechalarm, an alle Abteilungen, dies ist keine Übung, ich wiederhole, dies ist keine Übung, alle Mannschaften auf Gesprächsstationen, alles klar zum Gedicht, Satzmontage anfahren, Lagerräume und Silos besetzen, Transportabteilungen 2, 3, und 5 aktivieren, Wernicke-Areal absperren und Verständnisabteilungen bemannen, noch einmal: keine Übung, primäre Hörrinde durchbluten und Verbindung zu den Ohren auf Kanal 21 aufbauen, Störfilter aktivieren und weckt die Zunge, verdammt noch mal, Vollzugsmeldung aller Abteilung in 0,600 Millisekunden, over!«

»Satzmontage bemannt und einsatzfähig!«

»Ein Satz wird nicht reichen, es riecht nach Dialog, bereiten Sie sich auf ein Gespräch vor.«
»O Gott, ist es so ernst?«
»Vielleicht haben wir Glück und er will nur ein Taxi.«
»Artikelmagazin klar!«
»Silbensilos klar!«
»Verbbänke klar, Beugungskartuschen vorbereitet, Hilfsverben geladen und gesichert, Silbenschmiede bemannt und Essen angeblasen, Formen für Gerundiumsguß vorgewärmt und arretiert, Abteilung für Konjunktivkonstruktion bemannt und vorbereitet, Zeitenfolgesequenz initialisiert und auf go!«
»Die Konjunktivabteilung soll nur in Wartestellung bleiben, weiter. So schlimm wird's hoffentlich nicht werden!«
Tief in ihrem Inneren wußten alle, daß die große Zeit des Konjunktivs vorbei war. Leider ganz im Gegenteil zu anderen sprachlichen Elementen, die in letzter Zeit eine unheilige Renaissance erlebt hatten.
»Sind wir auf ein Plusquamperfekt vorbereitet? Gespräch ohne Plusquamperfekt nicht möglich, ich wiederhole, Gespräch sonst nicht möglich, bitte unverzüglich Statusmeldung des War-gewesen-Lagers!«
»Hier spricht die Hilfsverbenabteilung, War-gewesen-Lager, wir sind auf go, War-gewesen-Pumpe unter Druck, zwei 60er-Kanister angeschlossen, wir sind auf zwei, wiederhole, auf zwei Plusquamperfekte pro Halbsatz auch ohne Substantive eingerichtet,

Schmierung einsneunzig, Druck auf 8 War, keine Klumpung, keine Senkung am Hebel!«

»Verstanden, ausgezeichnet!«

»War nicht einfach gewesen!«

»Bitte keine Plusquamperfekte für den Funkverkehr abzweigen, es könnte vielleicht knapp werden!«

»Verstanden gehabt.«

Der Witzbold in der Hilfsverbenabteilung konnte sich auf was gefasst machen, war dieser Alarm erst mal überstanden, schwor sich das leitende Adrenalin. Doch die nächste Meldung riß es in die Wirklichkeit zurück:

»Unterkieferneigung 17 Grad, steigend, Rachenraum gelüftet, Gaumensegel gehisst, Wind achterlich, Stärke 3–4, zunehmend, Mandeln befeuchtet, Mundraum gewässert, Hustenzentrum gedämpft, Räuspersequenz eingeleitet, Stimmritze entschleimt und Bänder gedehnt, alles für ›boah, ey!‹ vorbereitet, nein, halt, bekomme gerade die Meldung: Zunge läßt sich nicht wecken! Erwarte Anweisungen!«

»Was?«

»Alle Systeme auf go, bis auf die Zunge!«

Das Mädchen war näher gekommen, nahm jetzt neben dem Jungen auf einem Hocker Platz und schaute ihn lächelnd von der Seite an. »Na, auch hier?«

Er schaute an sich herunter. Ja. Sie hatte recht. Er war hier. Was sollte man sagen? Zu einer Frau mit einer derartigen Auffassungsgabe? Irgendetwas Cooles! Aber was? Verzweifelt versuchte er eine Antwort, aber seiner Kehle entrang sich nur ein trockenes räus-

perndes Fisteln. Seine Zunge lag holzig, steif und trocken im halbgeöffneten Mund. Während er das Mädchen hilflos anstarrte, wurde ihm warm. Sehr warm.

»Wie sollen wir ohne Zunge sprechen, Sie Algorithmus, wecken Sie sie, aber dalli, und kann mir mal einer sagen, mit wem wir eigentlich sprechen, außerdem brauch ich dringend Anweisungen, worum's eigentlich gehen soll!! Wo genau sind wir? Augen? Seid ihr auf? Außenbereich auf den Schirm, Terrainerkennung, Bildvergleich, Hörrinde, Geräuschanalyse, ich will einen Bericht.«

Die Monitore, welche die Bilder der Augen anzeigten, flackerten und lieferten zuerst unbestimmbare Konturen. »Nicht schielen!«, blaffte das leitende Adrenalin ins Mikrophon und schon näherten sich die Bilder an, bis sie übereinstimmend den gleichen Ausschnitt zeigten. Viele Leute, einige näher, die meisten ziemlich weit weg. Im Lautsprecher über dem Leitstand knisterte es, gleichzeitig erschienen auf dem Bildschirm vor dem leitenden Adrenalin Kolonnen aus Buchstaben und Zahlen, die wieselflink von oben nach unten durch sein Gesichtsfeld huschten. Gesprächsvorschläge aus der Verständnisabteilung.

»Warum dauert das so lange? Und warum soll ich über Tunnelvortrieb reden oder den Einsatz von Sprengstoffen in Granit? Spinnt ihr? Wo sind wir hier?«

Die Augen koordinierten ihre Signale mit denen der jetzt aktivierten Hörrinde: »Die akustischen

Informationen lassen auf einen Aufenthalt in einer Schweizer Tunnelbaustelle im Vortrieb schließen, es könnte aber auch Musik sein. Dann wär das hier auch kein Tunnel, sondern ...«

«Eine Disco, Schlaumeier! Mann, Augen! Guckt doch hin!! Was ist das da gegenüber?«

«Wenn's nicht der Vorarbeiter oder Wilhelm Tell ist, dann ist's ein Mädchen«, meldete das beleidigte Sehzentrum vom Hinterkopf her, »aber von hier hinten kann man das schlecht ... also ...«

»Verdammt, ein Mädchen, ich ahne was, was ist mit der Zunge?«

»Liegt pelzig im Mund rum, ist trocken, rissig und rührt sich nicht!«

»Ist das Brechzentrum online?«

»Hier Brechzentrum, wir hören!«

»Wir brauchen einen Aufstoßer Stärke 6 auf der nach oben offenen Brichter-Skala.«

»Kommt.«

Böahh!

Die Zunge wurde unsanft aus ihrem Dämmer gerissen und durch die krampfhaften Schluckbewegungen und konvulsivischen Kontraktionen des Halsapparates unsanft gegen das Gaumendach und die Zahnreihen geschlagen.

»Doch nicht so laut, Stärke 6, 6, ihr Idioten, verdammt, verdammt, schafft mir augenblicklich ein ›Sorry‹ aus dem Englisch-Ghetto nach oben ... die Lippen sollen das formulieren ... und macht diese verdammte Lampe aus!!«, die Stimme des leitenden

Adrenalin überschlug sich fast. Kollegen kamen jetzt in wilder Hast in die Zentrale gelaufen, jetzt das Gespräch nur nicht abreißen lassen, es weiter ankurbeln ...

»Wo bleibt das ›Sorry‹!!«

»Bobby!«, sagte der Junge etwas verwundert mit den Lippen und hielt sich artig die Hand vor den Mund. Das Mädchen hatte wegen der wummernden Bässe offenbar nichts gehört. Der Anfang war vielversprechend, aber wie ging's jetzt weiter?

Die Zunge war blitzartig wach geworden und krümmte sich knisternd. Die unter ihr liegende Speicheldrüse drüste und speichelte, was das Zeug hielt. Sie suchte, die Zunge zu nässen, und langsam, während die sich im warmen Safte suhlte, fühlte sie sich geschmeidiger, beweglicher an: »O.k., o.k., ich bin wach, ich bin wach!«, signalisierte sie der Einsatzleitung. »Was ist denn los, zum Teufel?«

»Sprechalarm, Code orange«, schallte es durch die Stirnhöhle bis hinunter in den Mundraum, »wir haben Sprechalarm, fertig machen zum Sprechen, Speichelproduktion justieren, Speisereste aus dem Mundraum entfernen, Grundstellung einnehmen, fertig für ›boah, ey‹?«

»›Boah, ey!‹ Ihr weckt mich für ›boah, ey‹? Ich bin eine Zunge, und zwar eine gute, ich kann das TH! THIZZLESWAITH!! Na? Mit mir kann man sogar tschechisch reden, KOVAC, Rasnici, Schaschlik, Kebab, Rawalpindi!! Boah, ey!! Das kann auch das

Brechzentrum erledigen, oder weckt meinetwegen den Hintern, er soll das furzen!«
»Luft hätt' ich, soll ich?«, bot das Gesäß freundlich an.
»Hier spricht die Einsatzleitung, unterstehen Sie sich, und, Zunge, hören Sie auf, da rumzuzicken, wir haben Sprechalarm, keine Blähungen, einen Code orange ...«
»Sag ich doch, eine Sache für den Hintern ...«
»Ruhe, Funkdisziplin, fertig machen!«
»Ja doch.«
»Können Sie mal über die Lippen lecken?«
»Muß das sein, da ist Zeug im Mundwinkel.«
»Stellen Sie sich nicht so an, Lippen leicht öffnen, sie werden befeuchtet!«
»Ach bu meibe Gübe!«, blubberte das Lippenpaar erschrocken, öffnete sich aber gehorsam einen Spalt weit.
»Was hast du gesagt?«, fragte das Mädchen. Der Junge blickte irritiert und gab vor, die Tanzenden zu beobachten. Hatte er was gesagt? Er merkte, wie sich sein Mund öffnete. Das hier lief anders, als die anderen immer erzählten. Er hatte gehofft, sie hier zu treffen, und dann würde sich schon alles finden. Hatte er gedacht. Daß es so schwer werden würde, hatte er nicht erwartet. Was zum Teufel war mit ihm los? Seine Lippen waren staubtrocken.
»Was trinkst'n da?«, fragte sie jetzt. Verdammt, die Dinge entwickelten sich zu schnell, zu hastig und ... was trank er eigentlich da?

Die Zunge feuchtete ihre Spitze am Sekret, welches von der Drüse unter ihr gebildet worden war, an, streckte sich und fuhr blitzschnell über die Außenseite der Lippen. Dabei bemühte sie sich, nicht die Mundwinkel zu streifen, in denen graupelige Körnchen unbestimmbarer Genese klebten.

Das leitende Adrenalin bebte vor Zorn. »Achtung, an alle! Ich kann kein Gespräch führen, wenn die einzelnen Abteilungen nicht zusammenarbeiten, wie soll ich antworten, wenn ich die Frage nicht verstehe, letzte Warnung an Augen und Ohren, wenn ihr nicht sofort eure Berichte in Klarschrift, wiederhole, in Klarschrift, kein Zerhacker, wiederhole, kein Zerhacker, hier runterschickt, schalt' ich euch ab und initiiere eine Ohnmacht, ist das klar, verdammt noch mal? Wie war die Frage?«

»Wir ha'm nichts gesagt!«, antworteten die Augen eingeschüchtert.

»Ihre Frage, die Frage des Mädchens, verdammt und zugenäht!«

»Wir ha'm nix gehört!«, entrüsteten sich die Augen.

»Ich werde jetzt verrückt, auf der Stelle!!«

«Was trinkst'n da?«, fragte die Hörrinde.

»Ich trinke nix!! Seid ihr alle fehlsinnig geworden!!«, die Stimme des leitenden Adrenalin erklomm ein Falsett, auf dem vor ihm noch niemand gewesen war.

»Sie hat gefragt, was trinkst'n da«, versuchte die Hörrinde zu beruhigen.

»Und, was trinkt er da?«

»Keine Ahnung, is' noch nich' hier!«, meldete der Hintern.

»Entschuldigung, das wäre ja dann wohl auch meine Sache!«, schaltete sich die Blase ein.

»Wenn Sie sich da mal raushalten könnten, wäre die Sache viel einfacher!«, brüllte die Zentrale.

»Das ist doch!!« Entrüstet machte der Hintern seiner Empörung Luft.

»Hier stinkt's«, sagte das Mädchen, »laß uns woandershin gehen.«

»Antworten, antworten, sie will abhauen!!«, schrie das leitende Adrenalin. »Ich brauche sofort ein Getränk! Was trinkt er da?«

»Keine Ahnung, aber wenn ich nicht wüßte, daß man Pipi nicht trinkt ...«, meldete sich der Magen.

»Kölsch, es muß Kölsch sein!«, die Stimme des leitenden Adrenalin überschlug sich fast.

»Substantivsektion, Abteilung Getränke, schafft mir ein Kölsch nach oben, aber ein bißchen plötzlich, nix anderes!«

»Ganz schön einsilbig«, mäkelte die Oberste Verständnisleitung. »Wie wäre es mit: Dieses leichte obergärige Getränk erscheint mir, tageszeitlich bedingt, am angemessensten!«

»Wie soll ich bei dieser verdammten Hektik kreativ sein, hä? Spinnt ihr alle? Quatscht mir nicht dauernd dazwischen, ich muß ein Gespräch am Laufen halten! Obergäriges Getränk! Das ist doch zum aus der Bindung fahren.«

»Kölsch is' alle!«, funkte jetzt die Substantivsektion. »Wir könnten Alt, Pils oder Weizen, Hell, Dunkel oder Kristall liefern, Kölsch dauert!«

»Wieso?«, das leitende Adrenalin war kurz davor, seine Molekülstruktur zu verlieren, ein Kurzschluß, der die elektrischen Bindungen der einzelnen Bestandteile gelöst hätte, lag in der Luft.

»Wie kann Kölsch alle sein?«

»Das ›k‹ ist okay, aber bei der Montage ist uns das ›-ölsch‹ runtergefallen. Die ›ö‹-Punkte sind unter die Stanze gerollt und das ›-lsch‹ ist ausgelaufen. Tut mir leid.«

»Ich werde *jetzt* wahnsinnig, macht ein Bier fertig und wischt das ›-lsch‹ wieder auf, aber hoppla!«

»Bier kommt!«

»Laß uns woandershin gehen«, sagte das Mädchen.

»Bier«, antwortete der Junge. Er konnte sich beim besten Willen nicht erklären, wieso er das jetzt gesagt hatte.

»Wieso hat er das jetzt gesagt?«, fragte die Obere Verstandesleitung. Das Adrenalin schwitzte pure Elektrizität. »Ich komm nicht mit, ich komm nicht mit! Ich kann so nicht arbeiten ...«

»Hier Blut-Hirn-Schranke, Kontrollpunkt 21 für Zentrale, bitte kommen!«

»Was ist jetzt?«

»Wir haben hier Hormone, eine ganze Busladung Testosterone und so Zeug, was sollen wir ...«

»Die sollen sich gefälligst noch zurückhalten, wir sind noch in der Anbahnung, over and out! Testosterone, Poppen, Poppen, nichts als Poppen im Sinn, ich führe hier ein Gespräch, ein Gespräch!!«

Das leitende Adrenalin wandte sich wieder dem nun hektischer werdenden Gezwitscher des Funkverkehrs auf der Frequenz der obersten Verstandesleitung zu.

»Wieso hat er jetzt ›Bier‹ gesagt?«, fragte es den Verstand.

»Sie hat doch danach gefragt!«

»Das war vor 1,6 Millisekunden, jetzt will sie woandershin!«

»Soll sie doch gehen!«

»So kommen wir doch nicht weiter! Ich versuche, den Faden wieder aufzunehmen! Achtung, hier Zentrale, an alle, was denkt er gerade, auf den Schirm, bitte!«

Sie war sehr hübsch und wenn er sie ansah, dachte er überraschenderweise nicht an Fußball, tiefergelegte VW-Polos und Literaturverfilmungen mit Jean-Claude Van Damme, nein, wirklich nicht. Das Mädchen schien seine Verstörung jedoch nicht zu bemerken und plauderte munter weiter: »Coole Musik hier, was?«

»Welche Musik?«, fragte die Hörrinde.

Die Zentrale ignorierte diese Einlassung: »Dranbleiben, dranbleiben!! Ein Doppel-Ja aus dem Zustimmungssektor, aber plötzlich!!«

Die Rohrpostanlage saugte zischend eine der Doppel-Ja-Patronen an und schoß die Information in den Mundraum.

»Ja, ja!«, antwortete Sascha tonlos.

»Stimme, mehr Stimme, Himmelherrgott! Wie soll sie das Geflüster verstehen, hä?«, bellte das leitende Adrenalin in das Mikrophon und riß zeitgleich zwei Schieberegler bis zum Anschlag nach unten, das Zwerchfell kontrahierte ruckartig und Luft wurde aus den Lungen kraftvoll durch die Stimmritze geblasen.

»Hööaaah!!«, röhrte es aus dem Jungen, daß das Mädchen beinahe seinen Kirsch-Bananen-Saft fallen gelassen hätte.

»Na, so cool ist 's ja nun auch wieder nicht«, entgegnete sie erschrocken. Ein merkwürdiger Kerl. Etwas langsam. Bei gewissen Sachen war das allerdings nicht von Nachteil.

»Hurps!«, machte ihr Gegenüber ...

»O nein, Schluckauf, verdammt!«, konnte das leitende Adrenalin gerade noch rufen, als schon der nächste Zwerchfellkrampf die Zentrale durchschüttelte, hurps!, wie besessen drehte die Besatzung nun an Manometerrädern und verstellte Schieberegler, hurps!

»Druck runter, Kehldeckel öffnen, Druckangleichung Innenohr auf 4, Zwerchfell glätten ...«

Hurps!, die Zentrale wackelte beängstigend, der Inhalt der Wandregale und Spinde stürzte auf den Fußboden, hektisch bediente die Besatzung die Armaturen und versuchte, den Krampf unter Kontrolle zu bringen, hurps!

»Kontraktionshemmung abfahren, Herrgott, Atmung auf kurz ...«, endlich ließen die Erschütterungen etwas nach ...

»Geht's besser?«, fragte sie und legte ihm ihre kühle Hand auf den Arm. Ihm ging es besser, schlagartig.

»Körperkontakt!!«, brüllte das leitende Adrenalin. »Schnell ein ›Danke‹, Kontrollpunkt 21, kommen, Hormone durchwinken, keine Kontrollen, ich wiederhole, keine Kontrollen, einfach durchwinken, wo bleibt das ›Danke‹?!«

Und während die Förderbänder jaulend ansprangen, das Gewünschte aus den selten benutzten Höflichkeitskatakomben emporzufördern, hagelte es bereits Befehle an die anderen Körperpartien, denen vielleicht ein Einsatz bevorstand.

Jetzt nur nichts anbrennen lassen: »Herzschlag beschleunigen, Blutdruck hochfahren, Lendenbereich fluten, Skrotum vorwärmen, Schweiß ankurbeln, Blick schärfen, Gesicht verlässigen, leichtes Lächeln, Stärke 3, Atemluft erhitzen, Stimme runterfahren, Tremolo zuschalten ...«

»Danke«, sagte der Junge zittrig und merkte, wie ihm wieder warm wurde. Hatten die die Heizung hochgedreht?

»Sollen wir nicht doch vielleicht woandershin gehen?«, fragte sie, wobei sich ihre Brust bei jedem Atemzuge hob. Obwohl Atmen nicht neu für den Jungen war, konnte er den Blick nicht abwenden.

»Stopp, stopp!«, knarzte es plötzlich in bisher ungehörter Manier aus den Lautsprechern.

»O Gott, die Sitte!«, entfuhr es dem Adrenalin, während es auf Empfang ging. »Gesprächsführung, Leitstand 3, kommen!«

»Hier spricht die Abteilung Sitte, Anstand und Moral, brechen Sie sofort ab, ich wiederhole, brechen Sie sofort ab!«
»Warum das denn nun?«
»Seine Mutter hat ihm vor vier Stunden extra eingeschärft, nicht mit der Erstbesten ins Bett zu steigen!«
»Erstens sind wir noch gar nicht so weit, wir sind in einer Disco, hier gibt es keine Betten, und zweitens hätte die Mutter selber da mal vor 16 Jahren drüber nachdenken können, dann hätten wir das Problem heute nicht!«
»Wir warnen noch einmal ...«
Das Adrenalin hatte den Schalter umgelegt und die Verbindung damit unterbrochen.
»Idioten«, murmelte es und dann lauter: »Frage an den Kreislauf, haben wir noch Alkohol im Blut?«
»Kreislauf hier, nicht nennenswert, wir trinken ja Kölsch!«
»O.k., pumpt alles, was ihr habt, in die Abteilung Sitte, Anstand und Moral, ich will von da nichts mehr hören, Ohren, wo sind wir?«
»Sie will woandershin gehen!«
»Dranbleiben, Gelächterbecken, feinsinniges Lächeln abschöpfen und auf den Weg damit, Zustimmungston abfahren, Mund auf, Zähne zeigen ...«
»Wir sind dafür nicht angezogen!«, protestierten die Zähne noch in ihrer Spange, als sich der Mund bereits zu einem zustimmenden Grinsen verzog.
»Maul halten!«, bellte das Adrenalin jetzt. »An den Adverbabbau, ich brauche ein ›gerne‹ in der Dring-

lichkeitsstufe 2, mit angeflanschter Zustimmungsdopplung, läßt sich das machen?«

»Unterwegs!«

»Gerne«, sagte der Junge, rührte sich aber nicht.

»Wo ist die Zustimmungsdopplung, zum Kuckuck?«

»Wurde offensichtlich umgeleitet oder abgefangen, Anstand und Sitte haben in Sektor 7 moralische Schranken aufgebaut ...«

»Leitendes Adrenalin an Kreislauf, mehr Alkohol in die Sitte!«

»Kommt.«

»Leitendes Adrenalin an Anstand und Sitte, halten Sie sich da raus, das ist ein Befehl!«

»Du hassuns ga' nix ssu sagen, wir werden diesen Akt ssu verhindern wissen, seine Mutter ...«

»Laßt mich mit seiner Mutter zufrieden, herrje, und geht aus der Leitung ...!!«

»Hier Satzmontage, die Sitte hat die Förderung umgeleitet und ... wir haben keine Kontrolle!!«

Laute Störgeräusche überlagerten die letzten Mitteilungen.

»Das darf doch alles nicht wahr sein.« Die Besatzung des Leitstandes war aufgesprungen und verfolgte das Geschehen über die Monitore, das leitende Adrenalin blätterte entfesselt in den Dienstvorschriften, die aber für solch einen Fall keine Lösung boten. »Das ist Meuterei!! Was sagt er?«

»Laß uns zu mir gehen, da ist es ruhiger«, sagte das Mädchen gerade. Der Junge fühlte sich unwohl, einerseits begann er die Wirkung des Kölschs zu spüren

und er fand das Angebot sehr verlockend, andererseits erinnerte er sich immer deutlicher der Mahnungen seiner Mutter, die diese ihm vor seinem Aufbruch mit auf den Weg gegeben hatte. Er stellte das Glas weg, riß seinen Blick von ihrem T-Shirt los, was nicht einfach war, und wollte gerade sagen, daß sein Bus in wenigen ...

»Er entgleitet uns, er entgleitet uns, schnell, schnell, nun tut doch was, Satzmontage: Umleitungen einrichten, die Sitte wird negiert, ich wiederhole, nicht durch die Sitte, Förderbänder drum herumleiten, Triebzentrum, Triebzentrum, moralische Schranken durch Libido-Pioniere abbauen lassen, wenn das nicht geht, soll die Leichtfertigkeit sprengen, dann Pontonbrücke aus Gleichgültigkeit errichten und ›Ich will, ich will!!‹ drüberschicken ...«

»Ich ... ich ...«, kam es aus seinem Mund, während er sie glasigen Blickes zu fixieren suchte, was war nur los mit ihm, er hatte das Gefühl, als kämpften die Worte in seinem Kopf, er konnte sich kaum mehr konzentrieren.

Das Mädchen schaute ihn mit einem feinen Lächeln an. »Ja?«, fragte sie sanft.

»Jetzt! Jetzt!! Wo bleibt ›Ich will‹?«

»Hieriss die Sidde, Aufstand und Oral, wir machen dassich mid! Midduns nich! Nich midduns!! So! Attagge!!«

Es knarzte und fiepte schmerzhaft obertonig. Der Funkkontakt war offensichtlich unterbrochen worden. Mit lautem Rumpeln und Geknirsche wurde die Zentrale kräftig hin und her geschüttelt, offenbar versuchte der Untermieter auf Geheiß der meuternden Abteilung, durch Kopfschütteln stimmlos zu verneinen. Im Untergrund waren jetzt Detonationen zu hören, die Libido-Pioniere sprengten in Zusammenarbeit mit der Leichtfertigkeit eine Gasse in die Moralbarrikade, Rauchschwaden zogen durch die Zentrale, das hektische Geflacker elektrischer Entladungen tauchte die Szenerie in geisterhaftes Licht. Die Bedingungen innerhalb und außerhalb des Kopfes begannen, sich anzugleichen.

»Schadensbericht!«, bellte das leitende Adrenalinmolekül in das Mikrophon. Dunkle Schweißränder begannen sich zwischen seinen Bausteinen abzuzeichnen.

»Satzmontage zum Teil in der Hand von Onkel Sam ...«

»Wer, zum Teufel, ist Onkel Sam?«

»Sitte, Anstand und Moral, kurz SAM, keine Verbindung zu den Abteilungen Fremdworte, Charme, Witz und Ironie, sie versuchen, die Zugänge zum Gelächterbecken zuzumauern und die Vitrinen mit den charmanten Anzüglichkeiten im Flirtmuseum zu plündern, Moralmarodeure und Tugendtaliban rücken auf die Modalverbmagazine und die Substantivschmieden vor, keine Meldung vom Plusquamperfekt, sie versuchen offensichtlich, das Gespräch zu übernehmen!«

»Haut se, haut se, immer auf die Schnauze!!«, meldete sich der Hintern zu Wort.

»Halt dein Rectum, üb' lieber Arschgeige!«, brüllte das Adrenalin. Hilflos mußte es auf seinem Monitor mit ansehen, wie die Förderbänder ansprangen und die ersten Satzteile aus den von SAM eroberten Arealen in die Antwortsektion transportierten. Was hier ankam, war nicht mehr zu stoppen. Die einzige Möglichkeit, das Ganze vielleicht doch noch herumzubiegen, bestand darin ...

»Macht die Logik dicht! Die Logik dichtmachen!«, das leitende Adrenalinmolekül setzte alles auf eine Karte. »Sofort die Logik abriegeln, leitet die Sätze der Sitte nicht, ich wiederhole, nicht durch die Verständnisüberprüfung und die Logikfilter, alles sofort runterfahren, verbrettern und abschalten, Glukosezufuhr sperren!«

»Ist gesperrt, aber Chef, wenn wir seine Antworten nicht durch die Verständnisüberprüfung laufen lassen ...«

»... redet er Mist, genau, aber das könnte als Witz mißverstanden werden und nicht zwangsläufig zum Abbruch der Operation führen. Vielleicht kommen wir heute doch noch ins Bett. Das ist unsere letzte Chance! Also los!«

Die Besatzung des Leitstandes wandte ihre ganze Aufmerksamkeit jetzt der Unterbindung des Verstehens zu. Mehr konnten sie nicht tun. Was auch immer den Mund des Untermieters ab jetzt verließ, hatte dieser weder gedacht noch verstanden. Aus ihm sprach allein und ohne jeden Filter der betrunkene Onkel SAM, die Abteilung für Sitte, Moral und

Anstand, Wernicke-Areal, drittes Ventrikel, zweimal Klingeln, keine Sprechstunden.
Das Mädchen schaute ihn mit einem feinen Lächeln an. »Ja?«, fragte sie sanft.
»Ich ... ich ...«, stotterte er, unfähig auch nur einen klaren Gedanken zu fassen.
Sie war jetzt näher gekommen, so nahe, daß er das leichte Frühlingsaroma, das sie zart umwehte, deutlich wahrnahm. In seinem Kopf begann etwas zu tanzen. Seine Mutter, der Bus, die Musik, das Kölsch, das Mädchen, seine Mutter, das Mädchen, seine Mutter ... plötzlich brach es aus ihm heraus:
»Ich ... ich ... ich bin kein Tag für eine Nacht!«
»Cool«, entgegnete sie, »aber du brauchst dir keine Gedanken zu machen, einmal Vögeln macht noch keinen Sommer.«
Und sie hakte sich unter und gemeinsam strebten sie dem Ausgang entgegen. Ein Vorhang aus Geräusch fiel sanft hinter ihnen zu und verbarg ihren Rückzug.

»Ja!!«, das schweißüberströmte Adrenalin ballte einen Tyrosin-Baustein zur Faust. »Bingo!! Wir ham's!! Hahaha!! Ich bin kein Tag für eine Nacht!! Was ein Schwachsinn, wem fällt so was ein! Unglaublich!! Lügen haben kurze Wege! Morgenurin ist Gold im Mund, ich pack es nicht!! An alle Gesprächsstationen, der Alarm ist beendet, Feuer einstellen, alle Mannschaften wieder in die Unterkünfte, Reparaturen während der Schlafphase durchführen, es ist vorbei, Männer, wir gehen ins Bett!«

Vielstimmiger Jubel durchzog den Kopfraum und während sich der Junge einer warmen Umarmung ergab und sich seine Zunge, auch ohne zu sprechen, eine Menge Bewegung verschaffte, raffte das leitende Adrenalinmolekül die Reste seiner Abendmahlzeit vom Boden, druckte das Gesprächsprotokoll aus, warf einen letzten Blick auf das Tohuwabohu und löschte das Licht. Just in diesem Moment sank die Zentrale sanft in die Waagerechte und man konnte hören, wie viele Stockwerke weiter unten hektische Betriebsamkeit ausbrach. Aber das war nun nicht mehr seine Sache.

Über den dunklen Monitor tanzte der Bildschirmschoner.
Man soll am Tag nicht vor dem Abend lieben war da zu lesen.
Im Kopf wurde es ruhig und dunkel.

Jugend trainiert für Olympia

Schwimmen für den guten Zweck

Daß Kinder etwas lernen sollen, ist allgemeiner Konsens unter denjenigen, die, in Ermangelung eines ernsthaften und befriedigenden Berufes, genau davon leben müssen, also unter Lehrern. Auch, daß das Lernen keineswegs immer unfreiwillig vonstattengehen muß, sondern durchaus auch unter Zwang stattfinden kann, ist eine landläufige Übereinkunft.

Allgemeine elterliche Grundüberzeugung scheint es zu sein, zuallererst die körperliche Ertüchtigung des Neugeborenen anzugehen, weil doch an so einem Würmchen deutlich mehr Körper als Geist dran sei. Welch fatale Verkennung der Sachlage! Sei es, wie es sei, kaum war mein Sohn da, hagelte es Ratschläge derart, daß ich mit dem Kinde dringend schwimmen gehen solle, das sei ihm durch den mehrmonatigen innermütterlichen Aufenthalt noch vertraut, es besitze da Grundfertigkeiten, die ich nur herauskitzeln müsse, und wenn es erst das Schwimmen beherrsche, stehe einer hochdotierten Karriere als Vorstandsvorsitzender absaufender Industriegiganten quasi nichts mehr im Wege.

Schwimmen ist, so man sich im Wasser aufhält, sicher nützlich, an Land hingegen ist es reizfrei. Dort halten wir uns bevorzugt auf. Ich war also der Auffassung, daß es für unser Kind dringend notwendig ist, das Setzen, Stellen, Legen ebenso zu lernen wie das Sitzen, Stillen, Liegen, aber natürlich auch das Gehen. Dem Schwimmen maß ich eine eher geringere Bedeutung bei.

Doch der Chor hauptamtlicher Eltern und nebenamtlicher Schwimmlehrer, der sich darauf gleich einer Wasserhose erhob, war so mißtönend und derart gewaltig, daß ich mich eines Vormittags mit meinem Sohne in einem durchgefliesten, wasserdichten Kubus, einer sogenannten Schwimmhalle, einfand, in der offenbar das ganze Jahr über Warmbadetag herrscht und wo man bisweilen eine vergessene Unterschenkelprothese aus Weichplastik schmatzend von der Wärmebank lösen kann, an der sie infolge der in der Bank wütenden Temperaturen festgeschmolzen war. Wundsekretgenäßte Mullbindenreste lugten vorwitzig aus der sonst den Stumpf bergenden Höhlung wie Mettfettfasern aus einem hohlen Zahn. Hier sollten wir nicht sein, eilte es mir durch den Kopf. Just in diesem Moment betrat ein Paar jener Badelatschen den Raum, deren Fixiersteg so häßlich zwischen Groß- und Zeigezehe emporwächst, um sich oberfußig blumengleich mit den seitlichen Halteriemen zu vereinigen, und die zu tragen ich zeitlebens aus ästhetischen Gründen vehement abgelehnt hatte.

Deren Füllung erwies sich als die Schwimmeisterin, die ich schon deshalb sofort mit Inbrunst und zur Gänze ablehnte, weil ihre Berufsbezeichnung mittlerweile straflos mit drei »m« geschrieben werden darf. Sie stellte sich und damit uns als Hilde vor, wobei ich bis heute der Meinung bin, Gerhard oder Klaus hätte besser gepaßt. Sie hatte sich schon vor Jahren vom Kopf bis zu den belatschten Füßen in eine Ganzkörperneoprenfrischhaltepelle einschweißen lassen, welche ihre weiblichen Attribute, wegen des völligen Fehlens derselben, nicht extra zu betonen brauchte. Wahrscheinlich waren die bei Frauen nicht selten anzutreffenden Erhebungen im oberen Brustbereich einer radikalen Windkanalraison geopfert worden. Oder sie hatte im Zuge einer in den siebziger Jahren erfolgten Vorbereitung auf die Olympische Spiele ihre 100 Meter Brust routiniert abgewickelt, es jedoch versäumt, diese nach Ende der Bewerbe sorgfältig wieder aufzurollen, kurz: Sie machte den Eindruck, das Wasser nur in Ausnahmefällen, wie etwa zum Sterben, zu verlassen und diesem Element in beeindruckender Weise angepaßt zu sein.

Sicherlich spannten sich zwischen ihren Fingern und den Zehen Schwimmhäute, dort natürlich mit einer Aussparung, um den Latschensteg aufzunehmen, sie konnte bei Bedarf von der Lungen- auf Kiemenatmung umstellen, wenn ich die Hautfalten hinter ihren Ohren richtig interpretierte, und ein glasiger Blick nebst Barteln auf der Oberlippe, die beim Gründeln nach Nahrung im Schlamm sicher unschätzbare Dienste leisteten, rundeten das Bild ab. Schöne Aussichten!

Die maritime Erscheinung freute sich verbal über unser aller Erscheinen, fixierte mich schollig und sagte: »Sie, blubb!, sollten sich jetzt, blubb!, ausziehen!«

Nun war ich aber von der Geschwindigkeit, in der die Dame unsere Beziehung entwickelte, doch ein wenig überrascht, man bedenke: Wir kannten uns erst zwei Minuten, doch Gott sei Dank meldeten sich doch noch rechtzeitig Reste meines gesunden Menschenverstandes und ließen mich erkennen, daß man sich auch zum Schwimmen seiner Kleidung bis auf einen letzten Rest entledigte. Alle übrigen Anwesenden waren bereits solcherart gewandet und trugen nackte Kinder auf den Armen.

Ich murmelte irgendetwas und begab mich in die »Umkleide«. Ja. So heißt so was. Mein Computer kreidet mir, während ich dies schreibe, einen Grammatik- oder Stilfehler an, indem er das Wort »Umkleide« grün unterschlängelt. Er war eben nie schwimmen.

Ich ziehe mich übrigens ungefähr genauso gern aus, wie ich schwimme. Ich bin der Auffassung, daß mich nur noch Leute, deren Blick emotional stark getrübt ist, oder jene, die mir größere Summen Geldes schulden, äußerlich als reizvoll betrachten. Dieser Personenkreis ist inzwischen sehr übersichtlich, er läßt sich ohne Mühe an einem Finger einer Hand abzählen, ohne die dafür ins Feuer legen zu wollen. Ich zeige mich nicht sehr gerne nackt in der Öffentlichkeit. Sollte ich überhaupt über Vorzüge verfügen, lassen sich diese jedenfalls nicht mit dem bloßen Auge erkennen.

Doch meine Miteltern an diesem Vormittag schienen durch keinerlei Schamhaftigkeit angekränkelt und

präsentierten ihre aufreizend wohlgeformte Körperlichkeit, wenn man den Massengeschmack zu Grunde legt, in geradezu schmerzhafter Direktheit.
Als Aaron und ich die Schwimmhalle wieder betraten, erstarb das Geblubber der Anwesenden und für einen Moment wünschte ich, ich hätte mir beizeiten eine andere Badehose zugelegt. Die meine hatte die Farbe alten Spinats und trug am Bund noch den Seepferdchenaufnäher, auf den ich vor nicht einmal dreißig Jahren so stolz gewesen war. Dieser war allerdings nur zu einem Drittel sichtbar, da er von der leichten korporalen Ausstülpung, welche für Unkundige und Interessierte meine Körpermitte markiert, verdeckt wurde.
Dafür habe ich allerdings sehr dünne Beine.
Das mögen nicht viele.
Auch halte ich einen Waschbrettbauch für eine weithin sichtbare Mangelerscheinung des Charakters, doch der Hüne, dem ich meine diesbezüglichen Überlegungen mitteilte, maß mich mit einem Blick, der mich zoologisch auf eine Stufe mit den Fadenwürmern stellte, kratzte sich so ostentativ am Ohr, daß ich seinen fast sexuell anschwellenden Bizeps, der zur Bestückung meiner beiden Oberschenkel locker ausgereicht hätte, eingehend betrachten konnte, und warf dann seine Tochter in hohem Bogen ins Wasser. Das Kind tauchte ab und nicht wieder auf. Vielleicht hatte er zu Hause noch einige andere baugleiche Exemplare, so daß der Verlust dieses einen nicht so sehr schmerzte.

Ich nannte ihn im Stillen Mark Spitz. Außer ihm waren noch die zombieesken Wiedergänger von Franziska aus Almsick, Michael Groß, Johnny Weissmüller, Esther Williams und Großadmiral Dönitz mit ihren Kindern anwesend.

Wir beide, mein Sohn und ich, waren die beiden einzigen nicht maritimen, ganz und gar unaquanautischen Lebewesen in der Schwimmhalle. Die Schwim(m)-meisterin war bereits, ohne auch nur eine Kräuselung der Wasseroberfläche verursacht zu haben, also gleich einer Muräne, in das Becken getaucht und nun warfen die anderen Meeresbewohner ihren Laich ins Wasser.

Kleinkinder haben, glaubt man der Fachliteratur, einen Tauchreflex, der es ihnen ermöglicht, automatisch die Luft anzuhalten, geraten sie mit dem Kopf unter Wasser. Dummerweise wissen Kleinkinder davon nichts, weil sie nicht lesen können. Könnten sie lesen, läsen sie keine Fachliteratur. Auch geraten sie nur mit dem Kopf unter Wasser, wenn völlig verantwortungslose Elternteile sie untertauchen.

Ich sage es mal ganz langsam: Der Mensch hat die Meere der Welt bereits vor etlichen Millionen Jahren verlassen und dafür gab es damals sicher etliche gute Gründe. Und die haben bis heute nichts von ihrer Güte eingebüßt. Aber erklären Sie das mal einem Michael Groß.

Ich prüfte, mit meinem Sohn auf dem Arm, die Wassertemperatur durch Eintauchen der großen Zehe und stellte fest, daß diese knapp über der einer handelsüblichen Urinprobe lag. Erfrieren würden wir also vor dem Ertrinken nicht. Das war tröstlich.

Ich stieg ins Becken, meinen Sohn an mich gepreßt, während dieser mich mit dem Blick »Papa, wir sollten da nicht reingehen!« ansah. Allein die Nixe kommandierte uns blasenwerfend in die Mitte des Beckens, wo wir im Kreise der Mitschwimmer das Lied von den zehn kleinen Zappelmännern zu singen hatten. Irre Submarine pflügten im Gleichtakt durch das aufgewühlte Naß und hielten ihre vor Schreck starren Nachkömmlinge abwechselnd über und unter die Wasserlinie, wobei ihre Gesichter jene Verzückung widerspiegelte, die der Seekuh eignet, wenn sie Kelp abweidet.

Kinderlieder sind schon auf dem Trockenen schwer auszuhalten, besonders wenn sie aus der Feder eines Mentalverstorbenen wie Rolf Zuckowski stammen, in kinntiefem Wasser allerdings, mit Kindern im Arm, denen die splitternackte Angst ins Gesicht geschrieben steht und die vom sicheren Tod durch das Singen abgelenkt werden sollen, entbehren sie jeglicher Schönheit und gewinnen im Sekundentakt an Dissonanz.

Auch war das Singen nicht die Stärke der maritimen Vorturnerin, was Wunder, tauschte sie sich sicher mit Artgenossen sonst im Ultraschallbereich aus, eine Frequenz, die aus vielen guten Gründen für das menschliche Ohr nicht hörbar ist. Dieses Geplärre, das wohl in einem Krötenteich während der Ranzzeit angebracht gewesen wäre, in Tateinheit mit hektischem Gehopse, das ja, dieweil es im Wasser stattfand, Seegang generierte, und der Anwesenheit von 16 Kubikmetern Urinersatz in Stahlblau nährte in uns den dringenden Wunsch nach einem Landgang. Allein die Berufsschwimmerin durchkreuzte unsere diesbezüglichen Pläne, indem sie uns, meinen Sohn und mich, als Vorturner für die nächste Übung auswählte.

Wir mußten in die Mitte des Kreises rudern, wofür ich eigentlich recht dankbar war, hatte doch der Sproß von Johnny Weissmüller dem fließenden Umsäuseln in Körpertemperatur nicht länger standhalten können und sich in die ihn und uns umgebende Flüssigkeit gelöst. Eine warme Wolke umwehte mich, und das in einer Ausdehnung, daß ich auch hinsichtlich der Manieren des Vaters Vorbehalte zu entwickeln begann. Aber das soll ja gut für die Haut sein, wenn man Carmen Thomas glauben will, die ja den Mittelstrahl endlich wieder gesellschaftsfähig machte.

Im Kreis der Thomas-Jünger angekommen, wurde mir mein widerstrebender Sohn aus den Armen gewunden und zum Entzücken aller, außer meinem, in die Luft gehalten und anschließend fallen gelassen. Sein Angstschrei verklang gurgelnd, als er hinabtauchte.

Das war des Schlechten entschieden zu viel, ich tauchte ihm nach und konnte ihn eben davor bewahren, in den Schredderrotor der Filteranlage des Beckens gesogen zu werden. Er klammerte sich an mich und war in diesem Moment so gar nicht für die Schönheiten der Unterwasserwelt zu begeistern, obwohl sich hier dem Auge allerhand bot. Einzelne alte Heftpflaster segelten, dem großen Manta in seiner Eleganz nicht unähnlich, in ruhiger Majestät durch das sich brechende Licht, feine Haarbüschel zeichneten zarte Arabesken auf die bemoosten Kacheln des Bodens und Hautschuppen bildeten mit Fußnägeln komplizierte Muster im Sediment.

Ich bemühte mich, den Boden nicht zu berühren, um nichts aufzustören, was sich der Beschreibung vielleicht entzog, und suchte, dem Beinkäfig, in dem wir uns immer noch befanden, zu entkommen. Ich schwamm unter Großadmiral Dönitz hindurch, der seine Beine freundlicherweise gespreizt hatte, noch ohne sich zu lösen, und tauchte weit hinter dem Elternschwarm wieder auf.

Mein Sohn hielt sich prächtig. Er mußte auf irgendeine Weise von dem Tauchreflex erfahren haben. Ans Ufer zu gelangen war unmöglich, auf dem Weg dorthin hielten die Petri-Jünger nach wie vor ihr Thing ab.

Der Rückweg also war versperrt. Blieb nur das offene Wasser. Ich schulterte meinen Sohn und begann, in kräftigen Zügen zu schwimmen. Die Küste Hollands konnte nicht weit sein.

Eine Schule junger Tümmler umtanzte uns auf unserem Weg nach Norden. Ein russischer Frachter kam auf, grüßte uns mit einem tiefen Hornton und passierte uns. Der Kapitän winkte von der Brücke. Ich grüßte zurück. So machte man das auf See. Man war höflich zueinander und stand sich bei. Obwohl das Beistehen in tiefem Wasser für Nichtschwimmer nicht ungefährlich ist.

Aaron wird es lernen. Irgendwann.

Und warum nicht in Holland.

Flieg Fisch, lies und gesunde! Oder: Glück, wo ist dein Stachel?!

Mensch und Tier

Um hier gleich mit einem schweren Irrtum ein für alle Mal aufzuräumen: Der Mensch hält sich ja selbst für die Krone der Schöpfung.
Nach intensiver Anschauung mehrerer, verschiedener Exemplare, über Jahre verteilt und in wechselnden Zusammenhängen bin ich zu der in Kunstharz verblockt zu nennenden Auffassung gelangt, daß der Begriff »Krone« wenn überhaupt nur dentistisch zu verstehen ist, also die mühsam die Natur kopierende Ausbesserung eines erosiven Oberflächenschadens meinen kann.
Böswillige Gemüter könnten mich für einen Misanthropen halten, was natürlich ein Unsinn ist, ich hasse einfach Menschen.
Aus diesem Grund habe ich Kinder, und die Beobachtung derselben läßt rasch erkennen, daß Kinder mehrere Entwicklungsphasen bewältigen müssen, bis sie endlich auf das sittliche und intellektuelle Niveau ihrer Eltern herabgestiegen sind.
Hat das Kind auch noch die Fähigkeit erworben, komplizierte und teure technische Geräte durch das Einführen von altem Brot, Brocken vergorener Milch und Spielzeugautos zu ruinieren und Tapeten und Möbel durch eine komplizierte Ornamentik aus Eigenstuhl und einer eigens zu diesem Zweck er-

brochenen Möhren-Kartoffel-Broccoli-Emulsion zu verschönern, tritt im Normalfall eine Phase der Entwicklungsruhe ein, die bei manchen bis zur Führerscheinprüfung, bei anderen bis zur täglichen Nutzung jenes Gels dauert, welches einem garantiert, auch morgen noch kraftvoll zubeißen zu können.
Mit wessen Zähnen auch immer.
Im Falle meiner Kinder allerdings schloß sich an die obige Liste der fast zwanghaft zu nennende Wunsch an, unbedingt und ab sofort mit Nagetieren zusammenleben zu wollen.
Mit Nagetieren!
Ich zögerte anfänglich und als ich auch noch auf die Frage meines Sohnes »Papa, magst du keine Meerschweinchen?« antwortete, daß ich sie mir sogar sehr gut in einer Sahnesauce mit frischen Gartenkräutern und Kartoffeln der Saison vorstellen könne, war der Familienfrieden tiefgreifend gestört und es bestand keinerlei Zweifel daran, wen sich meine Söhne sehr gut in einer Sahnesauce mit frischen Gartenkräutern an Kartoffeln der Saison vorstellen konnten.
Doch bevor sie im Verbund mit ihrer Mutter, die sich tunlichst aus allem rausgehalten hatte, an die Zubereitung ihres Vaters gehen konnten, gab dieser klein bei und seine Zustimmung zur Anschaffung von zwei mehrfarbigen argentinischen Kleinstnagern mit dem IQ einer Tube Rasiercreme. Also beide zusammen, wobei man mit diesem Vergleich der Rasiercreme vermutlich unrecht tut. Aber ich bestand, um wenn schon nicht das Gesicht, so doch wenigs-

tens das Gesäß zu wahren, auf artgerechter Unterbringung, also ausreichend großen Stallungen und geschütztem Freilauf, um der Gefahr häuslicher Tragödien, die durch den freßfeindbedingten Abgang einzelner Pampashasen ausgelöst werden würden, vorzubeugen.

Was aber heißt in einem solchen Falle artgerechte Haltung? Nun, zum Beispiel, daß Tieren, die zum Verstecken neigen, die Gelegenheit zum Verstecken eingeräumt wird. Und das wiederum heißt, daß sie dann nicht zu sehen sind. Dazu hätte man sie aber nicht erst anzuschaffen brauchen.

Nicht sehen kann ich Meerschweinchen auch, wenn sie sich, sagen wir, in Argentinien verstecken. Und die Kenntnis von der Anwesenheit eines Tieres belebt einen leeren Käfig nur gefühlt. Aber kommen Sie Kindern mal mit Logik oder irgendetwas anderem, wenn sie Meerschweine wollen.

Kinder lernen am besten durch direkte eigene Anschauung, daher ist der Zoobesuch, will man Kenntnisse über seine Mitgeschöpfe und deren artgerechte Haltung erlangen oder vermitteln, durch nichts zu schlagen. Gerade dort trifft man auf jede nur denkbare Art und Spezies, kann Nahrungsaufnahme und Balz ebenso studieren wie den Nestbau, mit etwas Glück sogar den Wurf und die Aufzucht der Jungen, Revierstreitigkeiten zwischen auffälligen Männchen oder Auseinandersetzungen derselben um ein begehrtes Weibchen. Und obendrein gibt's auch noch jede Menge Tiere!

Nach Überwindung der Einlaßformalitäten und dem Erwerb des Familientickets II, welches erstaunlicherweise noch ohne biometrische Daten auskommt, aber zum Besuch eines Unterhaltungsprogramms mit Kleinwalen berechtigt, zieht es den vor zoologischem Allgemeininteresse beinahe berstenden Nachwuchs zur Parzelle des Sibirischen Tigers, welcher, wie die Brut der mehrsprachigen Informationstafel entnimmt, höchstselbst ziemlich miesepetrig im Aussterben liegt. Was man auch irgendwie verstehen kann, beansprucht doch so ein Tiger in freier Wildbahn einen Großteil Sibiriens als Revier, während er hier einen platt getretenen Hügel mit drei blaßgrünen, armselig klappernden Bambi sein Eigen nennt, was seiner Laune selbstredend eher abträglich ist. Natürlich ist hierzulande erschlossener Baugrund auch um ein Vielfaches kostspieliger als in Sibirien. Immerhin werden in Nordrhein-Westfalen täglich 35 Hektar Fläche versiegelt, das Schlimmste hingegen, was der Fläche in Sibirien geschehen kann, ist, daß einer mal lang hinschlägt und dann eine Stunde liegen bleibt. Dabei von Versiegelung sprechen zu wollen, hieße, die Sachlage stramm zu verkennen.

Allein den Tiger kümmert solches nicht, er ist hier und nicht in Sibirien, ein Schicksal, das er übrigens mit allen anderen Zoobewohnern teilt, wobei die das aber nicht so hart ankommt. Er aber ist darob streng verstimmt und zeigt sich deshalb nicht. Immerhin ist der Pfad, den die depressive Katze misanthrop

maunzend in den vorfrühlingsweichen Lehm hospitalisierte, schön sauber und damit ein Fest für die Anhänger aufgeräumten Vorgarten- und Kulturlandschaftsbaus, regelmäßiger Straßenreinigung sowie lehmiger Leblosigkeit, also aller deutschen Vorgartenbesitzer. Für Großkatzeninteressierte oder Freunde von Bewegung, welcher Art auch immer, ist das höchst unbefriedigend.
Doch während der Vater noch über jene Sackgasse der Schöpfung nachsinnt, zu der sich der Entwicklungsweg asiatischer Großkatzen in den letzten Jahrtausenden gemausert hat, stürmen die Ergebnisse seiner nun zehn und acht Jahre zurückliegenden, unbeholfenen sexuell motivierten Gymnastik bereits weiter, vorbei an mit aufwendig beschrifteten, polychromen Hinweistafeln versehenen wiewohl offensichtlich tierleeren Behausungen, wobei den Kindern die Absens der Bewohner keinerlei Kopfzerbrechen bereitet; sie finden für jede Spezies die passende, artgerechte Entschuldigung. Von Winterschlaf über Dienstreise bis zu überschwerer Bejagung oder Tierarztbesuch zur Impfauffrischung wird alles zur Erklärung herangezogen und widerspruchslos akzeptiert. Glückliche Kindheit.
Für den Vater stellt sich die Wirklichkeit anders dar. Er weiß einfach aus Erfahrung, daß die Zibetkatzen keine Dienstreisen unternehmen und Pinguine keinen Winterschlaf halten. Die triste Leblosigkeit aufwendig gestalteter, nach neuesten zoologischen Kenntnissen errichteter Außengehege

erinnert fatal an eine höchst bewegende Filmsequenz Spielberg'scher Provenienz, in der sich ein leer geglaubtes Großechsengehege überraschend, und mit für einige Teilnehmer der Szene abrupt letalem Ausgang, als bewohnt herausstellte. Doch noch steht die artgerechte Dinosaurierhaltung nicht im Fokus der zoologischen Gärten des Ruhrgebiets und nirgendwo ist eine Köderziege angeleint. Gott sei Dank, flüstert der Vater unhörbar in sich hinein. Dennoch wirkt die Umgebung seltsam unzooisch, eher gärtnerisch, gartend, ja abgartend. Verschiedene rigoros unbewohnte Gehege kümmern hier still vor sich hin, schüchtern bemooste Betonwannen veralgen sanft, solitäre Findlinge hocken mürrisch in mit stabilem Gitterwerk versehenem Sandbett, obwohl sie gar nicht den Eindruck machen, als wollten sie das Areal selbstständig und ohne Erlaubnis verlassen. Nichts repräsentiert geronnene Ruhe überzeugender, ja monolithischer, als ein Granitblock oder Gneisklotz, der vor Äonen von einem Gletscher aus Norwegen nach Osnabrück moränös verschoben wurde und erst vor wenigen Jahren den Rest der Strecke auf einem Tieflader zurücklegte. Nie war Bewegung weiter entfernt und deshalb ein bewegungsvereitelndes Gitter nie sinnfreier.

Der Vater kommt aus dem Grübeln nicht mehr heraus. Wo ist sie hin, die noch am Eingang mehrstimmig besungene exotische Tierwelt? Hat das Artensterben, das viel beklagte und so medienpräsente, vielleicht *hier* vor Zeiten seinen Anfang genommen?

Im Herzen des Ruhrgebietes? Oder ist das vielleicht gar kein zoologischer, sondern ein botanischer Garten stark japanischen Gepräges?
Wie der Vater sich schmal erinnert, hält der Japaner ja Steine für Pflanzen, weswegen japanische Gärten so an europäische Steinbrüche erinnern. Photographiert der Japaner deswegen den Kölner Dom so ausdauernd, weil er ihn für einen großen Baum hält? Oder gar für eine Hecke?
Und bedeutet artgerechte Tierhaltung nicht eigentlich, daß man sie da läßt, wo sie hingehören, also die Tiere? Und erzwingt das nicht wiederum eigentlich leere Gehege?
Und *scheinen* vielleicht die ganzen Anlagen hier nicht nur tierleer, sondern sind es wirklich? Weil sich der Zoo seiner Verantwortung den Mitgeschöpfen gegenüber bewußt wurde, ganz im Gegensatz zu den Besuchern?
Fragen, Fragen, Fragen und nirgendwo zeigt sich jemand, der einem mit den passenden Antworten aushülfe, beispränge, Erkenntnis brüchte. Dafür Leute, jede Menge Leute! Der gesamte umgekippte Kegelstumpf, der die Alterspyramide, die ja aus Altersgründen ausscheiden mußte, ersetzt, ist anwesend. Der offene Kinderwagen, von Eingeweihten als Buggy bezeichnet, kinderlich gefüllt und teeflaschenbehängt, dominiert die Transportszene.
Und wie im richtigen Leben, in dem ja das zur Verfügung stehende Gelände im selben Maßstab abnimmt, in dem die Industrie Fahrzeuge anbie-

tet, die in eben diesem Gelände besonders tauglich sind, wurden die zu meiner Zeit noch gebräuchlichen »Sportwagen«, die so hießen, weil man das Verdeck herunterklappen und eine aufrechte Sitzposition einnehmen konnte, durch outdoortaugliche, grobstollbereifte Aluminiumfahrgestellkonstruktionen mit teflonbeschichteter Cordura-Bespannung ersetzt, die auch einem Beschuß mit automatischen Waffen aus nächster Nähe standhält. Gerade das wird ja auch für die heutigen Kinder immer wichtiger, denen ja als Eltern nicht nur mental wie sexuell überforderte Kindernazis mit Resignationshintergrund, etwa in Mecklenburg-Vorpommern oder Sachsen, drohen, sondern als Ergebnis von deren paleopädagogischen Bemühungen und der Wegsicht des zuständigen Jugendamtes ein kühles Grab unter Geranien auf Balkonien.

Oder wahlweise auch, wenn richtig Pech im Spiel ist, eine Lebendbestattung in der Gefrierkombination zwischen Prinzeßböhnchen und einer 60er-Box »Kleiner Feigling«, dann aber in Baden-Württemberg. Oder es droht ihnen eine Kindheit und Jugend, Erwachsenenalter und Vergreisung in ein und demselben Kellerraum im malerischen Voralpenland.

So viel zu artgerechter Haltung bei Völkern in durch geographische Besonderheiten erzwungener, isolierter Lage, die den Anschluß an Kontinentaleuropa nur im Gleichschritt vollziehen wollen und die Hinwendung zu Aufklärung und Humanismus bislang verweigerten, weil das wohl mit Sex und Latein zu tun hat. Unter diesen Umständen wird das Überleben schon im Kinderwagen umso wichtiger. Geschoben werden diese Kindercastoren, gefüllt mit bis zur Unkenntlichkeit gefütterten Lukassen und Lenanen, von ihren Großeltern, die die 32 Lebensjahre bereits hinter sich gelassen haben, oder von älteren Geschwistern, sehr viel älteren Geschwistern mit ungelenk tätowiertem Zahnfleisch. Die Unterhaltung zwischen Vorwuchs, Beiwuchs und Nachwuchs wird vornehmlich in einer Lautstärke geführt, die es auch den Daheimgebliebenen problemlos ermöglichen sollte, dieser dennoch zu folgen, auch wenn sich dieses Heim in erklecklicher Entfernung zum Gesprächsort befindet.

Vielleicht sind auch deshalb die Gehege leer, weil die empfindlichen Tiere schon vor langer Zeit durch einen akustisch ausgelösten Schrecktod vom Aste geblasen wurden oder an durch das infernalische Gebrüll prekärer Erziehungsüberforderter ausgelöster Hirnschmelze verstarben.

Wir drei flüchten uns ins Aquarium, in der verzweifelten Hoffnung, hier nicht nur schattige Kühle, sondern auch mattige Stille zu finden. Die Hoffnung stirbt bekanntermaßen zuletzt, aber sie stirbt, wobei mir angesichts eines solchen Ergebnisses der Zeitpunkt herzlich egal ist. Auch wir werden Zeuge des Unfalltodes unserer Hoffnung, ist es doch im Aquarium keinen Deut besser.

Doch, halt, das stimmt nicht ganz. Zwar sind auch hier alle Behältnisse aufopfernd bepflanzt und kenntnisreich bis offen künstlerisch gestaltet und dennoch leer, doch trifft uns das nicht so hart, weil dies ja schon im Begriffe steckt, heißt es doch sachlich völlig richtig »Aquarium«, womit also eine Wasserausstellung gemeint ist, denn »Aqua« heißt auf Deutsch »Wasser« und davon gibt es nach einem schnellen Blick in die Runde reichlich und in allerlei mannigfaltigen Behältnissen. »Fisch« heißt auf Lateinisch »pisces«, also müßte ein Raum mit Fischen eigentlich »Piscerium« heißen. Heißt er aber nicht und so hat für uns alles seine Ordnung. Anders da das Terrarium, dessen Bezeichnung sich von lateinisch »terra«, »Erde«, ableitet und das nicht eine Sekunde mehr sein will als eine Vitrine mit Erde drin. Eben nur mit Erde. Mit verschiedenen Erden, also nicht gestorbenen, sondern unterschiedlichen. Verschiedene, seltene Erden. Auch Mergel. Torf. Löß. Und Dreck.

Humusfreunde würden hier wahrscheinlich gar nicht genug bekommen, ähnlich wie Sandliebhaber, Kiesenthusiasten, Geröllgenießer und Schotterfans. Auch Menschen, die toten Ästen ästhetischen Wert zumessen, kommen voll und ganz auf ihre Kosten. Spinnenfreunde und Menschen, die zum Wohlfühlen Lurche, Agamen, Fettschwanzosekis oder den hochgiftigen Pöterskorpion brauchen, sollten aber vielleicht mal zu Hause im Keller nachgucken.

Will man allerdings etwas über die amorphe Masse der sogenannten Periphermenschen erfahren, Mitmenschen ist mir zu familiär, die hier um uns herum an die wassergefüllten Glaskästen schwappt, muß

man ins Affenhaus gehen, welches seinen Namen in jedem Fall zu Recht trägt, egal auf welcher Seite des Gitters sich gerade jemand aufhält.
Als wir eintreten, ist erstaunlicherweise jemand da. Also jenseits der Stäbe.
Während ich das ignoriere, was mir immer wieder die mit Spikes beschlagenen Roverreifen einer Langlaufvariante des oben beschriebenen Buggys mit irgendeiner inmitten durch Eigendruck übergekochten Windelwerks brütenden Saskia an Bord in die Achillessehne rennt, ist mir plötzlich klar, warum mich der Anblick eines Gorillas so tröstend ankam. Ich nehme das in Augenschein, was ich für Saskias Mutter halte, und schaue wieder zu dem herrlichen Affen. Ich frage mich, wessen Stammbaum eigentlich an irgendeiner Stelle der Evolution abgebogen ist und ob ich oder der Affe auf der richtigen Seite des Abzweigs stehe. Und je länger ich unseren Vettern dabei zuschaue, wie sie ihren Vormittag herumbringen, umso mehr scheint mir die Einordnung »Cousin« einen zu großen verwandtschaftlichen Abstand zu beschreiben.
Zwei gutaussehende Weibchen mittleren Reifegrades rupfen mit in Jahrtausenden kristallisierter Ausdauer, die etwas fast Vorpommer'sches hat, Fäden aus einem Holzwolleknäuel, ein Jugendlicher starrt entgeistert auf seine sinnlose Erektion, ein Einjähriges spielt mit einer der mütterlichen Brustwarzen, die dadurch inzwischen so langgezogen ist, daß sie beim Turnen durchs Gitterdach auch als Haltegriff

Verwendung findet, ähnlich jenen, die in öffentlichen Verkehrsmitteln von der Fahrzeugdecke baumeln, während sich der imposante Silberrückenmann still in die gewaltige Hand erbricht und anschließend penibel Feststoffliches, also Muttern, Gummibänder und Kleiderschrankschlüssel, aus dem Ergebnis heraussortiert.

Hier wende ich mich ab. Vielleicht ist »Cousin« doch auch zu nah.

Dann sehe ich Saskias Mutter wieder, stelle mir vor, wie sich die Tochter an der ledrigen, wurmigen Brustwarze ihrer Mutter zu schaffen macht, während sich ihr Vater vor dem wahrscheinlich im Hintergrund blökenden flatscreenplasmeusen Prekariatsfernsehen genau in die Hand kotzt, die er dann im Kreistag Bautzen zum völkischen Gruß erhebt, und muß dringend hier raus, Verwandtschaft hin oder her. Kein Wunder, daß so wenige etwas mit der eigenen anfangen können.

Während ich noch den Fragen der Kinder so gut als möglich aus dem Weg zu gehen suche (»Papa, sind Affen eigentlich Wiederkäuer?«), zieht es uns endlich zu den Kleinwalen, die uns ja, was Größe und Gewicht des Hirns angeht, um einiges voraus sind. Leider werden die Tiere von einem Eimer tragenden Fischwerfer mit Vokuhilaminipli kommandiert, der die Tiere zum Beweis ihrer Intelligenz nach Bällen springen läßt, die an Strippen über dem Wasser baumeln. Wenn das zum Besuch einer Hochschule qualifizierte, sähen deutsche Abiturienten ganz schön alt aus.

Aber Größe scheint wirklich nicht alles zu sein, denn es ist wohl ihr Hirngewicht, das sie immer wieder ins Wasser zurückfallen läßt, anstatt sich mit wedelnden Flippern zum Firmament emporzuschwingen und eine Welt hinter sich zu lassen, die es intelligenten Wesen zumutet, zum Broterwerb nach Bällen zu springen, während sich ein Haufen Jonas-Eltern das eine als Indiz für das andere verkaufen läßt.

Die Kinder fragen, was der Kerkermeister den Tieren zur Belohnung zuwirft.

»Meerschweinchen«, antworte ich. Mein Jüngster tritt an den Ahab-Epigonen heran und fragt, ob Delphine in Ausnahmesituationen auch wegen erwiesener Grausamkeit ausgemusterte Väter fräßen, was der Schädelplissierte mit einem Blick auf mich rundheraus bejaht. Offensichtlich hat er den »Eimer tragenden Fischwerfer« mitbekommen und rächt sich nun im Rahmen seiner Möglichkeiten. Der Blick, den mir meine Söhne zuwerfen, der leere Fischeimer und das fordernde Gekecker der offenbar hungrigen Zahnwale läßt mich die Halle recht schnell räumen.

Wir haben jetzt vier Meerschweinchen in einem Stall im Garten, wenn es die Temperaturen zulassen. Im Herbst kommen sie in unser Schlafzimmer. Ich schlafe dann draußen, ob es die Temperaturen zulassen oder nicht.

Und denke über die Anschaffung weiterer Tiere nach. Egal welche, Hauptsache sie fressen Meerschweinchen.

Hör' zu, red' mit!

Ich habe das Radio als Medium immer geliebt. Und natürlich auch als Gerät. Bei meinen Eltern war es erst ein weißer Kasten von SABA mit magischem Fächer, an den ich nur unter Aufsicht durfte und in dem oft Sendungen liefen, in denen Frauen das gar nicht so schlecht spielende Orchester zu überschreien versuchten, was, Gott sei Dank, nicht immer gelang.

Daß die Frauen so schrien, schien meine Eltern nicht zu beunruhigen; es war Anfang der sechziger Jahre des vorigen Jahrhunderts, da konnte man als Frau schon mal die Nerven verlieren. Wenn die Frauen ihr Nervenkostüm wieder im Griff hatten oder einfach aufhörten, weil sie heiser waren, gab es sterbenslangweilige Cello-Konzerte, zum Beispiel von einem Mann aus Rußland, der vorne irgendwas mit »Mist« hieß und hinten was mit »Witsch«.

Meine Eltern fanden das sa-gen-haft, aber ich hielt Rußland für ein scheußliches Land, wenn es seinen Leuten solche Namen gab und sie zu so einer Musik zwang. Ich war ja noch klein.

Dann kamen zur vollen Stunde immer Nachrichten, bei denen alle mucksmäuschenstill sein mußten, weil nicht klar war, was Chruschtschow vorhatte. Damals sagten die Sprecher immer noch erst den

Namen der Stadt, in der was passierte, damit man, wenn man »Bonn« hörte, aufstehen und zum Klo gehen konnte. Zumindest machte ich das so, weil immer, wenn »Bonn« kam, meine Eltern und meine Oma anfingen, sich sehr laut zu unterhalten.

Bei uns mochte keiner diesen Kiesinger, einen erfahrenen Nazi mit Lex-Barker-Frisur, dessen Gesicht erst in Bewegung geriet, als ihm Beate Klarsfeld da reinschlug. Ich war sieben und fand das toll.

Meine Eltern und die Oma waren deutlich älter, fanden das aber auch toll. Deshalb fand ich wieder meine Eltern und meine Oma toll. Ich bin nicht so sicher, ob Beate Klarsfeld das beabsichtigt hatte, aber deshalb von hier aus noch einmal einen Gruß. Jedenfalls funktionierte, was sie beabsichtigt hatte, sehr gut, indem sie nur einen Nazi schlug, wurde über all die anderen, die es in Verwaltung und Regierung geschafft hatten, nachgedacht, auch bei uns zu Hause, und Oma sagte, wenn Beate Klarsfeld alle Nazis im Deutschen Bundestag in die Fresse hauen wollte, müßte sie wohl vier Wochen Urlaub nehmen, denn mehr als 20 schaffe man nicht am Tag und irgendwann schmerze einem ja auch mal die Hand.

Adenauer lernte ich erst auf seiner Beerdigung kennen, also der im Fernsehen, wovon der naturgemäß auch kaum Notiz nahm. Erhard war allen Frauensleuten viel zu dick, Wirtschaftswunder hin oder her, es schickte sich einfach nicht, allen zu zeigen,

wie gut es einem selber ging, und die Verbindung dünn und gesund war damals noch nicht so tragfähig wie heute.
Und Willy Brandt war gerade im Kommen, wie meine Oma sagte. Ich wußte nicht, wo Kommen lag und was passieren würde, wenn Willy Brandt da erst mal raus wäre, aber ich wußte ja auch noch nicht, wer Willy Brandt war und wie der da reingeraten war. Ins Kommen.
Und dann gab es Magazine, Diskussionsrunden, bei denen geraucht und auch schon mal ein Asbach oder ein Riesling eingeschraubt wurde, um den Argumentationsfluß viskoser zu gestalten, dann wieder Musik mit RIAS-Tanzorchester, das ich immer für einen Genitiv gehalten habe, aber wer diese Ria war, hab ich nie rausbekommen, und so weiter, und so weiter, bis zum Sendeschluß. Ein wunderbares Wort für eine wunderbare Einrichtung.
Alles war ziemlich eindeutig geregelt. Es gab Sender und es gab Empfänger, der Sender sendete und der Empfänger empfing, und das hieß vor allen Dingen: Er hielt den Mund und hörte, daher der wunderbare Begriff »Hörer«.
Der Hörer hörte, Punktum!
Oder lag der Länge nach auf der Gabel. Wenn er was zu erzählen hatte, ging er zum Friseur oder in die Kneipe, am Radio aber galt: Mund halten, zuhören!
Ich weiß, daß früher nichts besser war, aber das war gut!!

Und heute, wie sieht es heute aus?
Zum Erbarmen!
Das Radio verkommt zu Dauerlärm mit Hausfrauengebrumm, Frührentnergewinsel und Schlagzeugendlosschleife unter den Verkehrsnachrichten!
Und alle dürfen auch noch mitreden! Während der Sendung!
Merke: Die Wurst wird nicht besser, wenn das Schwein vorher mit dem Metzger redet!
Der Beweis für das eben Gesagte sind die vormittäglichen Diskussionssendungen mit Hörerbeteiligung und Studioexperten, dieses Expertentum ist ja inzwischen ein eigener Studiogang, Grundstudio, Hauptstudio, Studioexperte, davor ein lächerliches elektronisches, als Sendezeichen mißbrauchtes Gezirpe, welches aus dem Gesamtlärm so deutlich herausragt wie ein Zäpfchen aus einem Hintern, nämlich gar nicht. Dann kommt der Jingle, so nennt man die am Rechner mühsam montierten Tonscherben, dann spricht der Ansager in etwa so:
»Aus dem Studio 4 des Westdeutschen Rundfunks begrüßt Sie, liebe Hörerinnen und Hörer, nun Heribert Saßmann zu einer neuen Runde von ›Hör' zu, red' mit!‹«
Jetzt wieder ein Tusch, natürlich nicht von echten Blechbläsern, nein elektronischer Platinenmist, dann spricht ein Moderator …
Saßmann: »Liebe Hörerinnen und Hörer, ich begrüße Sie daheim an den Empfängnisgeräten zu einer weiteren Sendung aus der Reihe ›Hör' zu, red'

mit!‹, heute zum Thema ›Hebe-Kipp-Fenster oder Schiebe-Dreh-Tür: preisgünstiger Terrassenersatz für jedermann?‹, mein Name ist Heribert Saßmann und wir begrüßen im Studio als Experten in der Hebe-Kipp-Dreh- und Schiebethematik sowie in allen Fensterfragen Herrn Dr. Aorist Reinschneier vom Friedemann-Popp-Institut im oberbayerischen Dalegstdinieder, seines Zeichens einerseits Chefkurator der Leptosomensammlung des Charaktermuseums in Dortmund-Bumsheim, aber eben auch Honorarexeget sowie Generalpropädeut der ›Sammlung Deutscher Hebelgesetze‹, erschienen seit 1978 als Fortsetzungswerk im Bockverlag Beck, im Beckverback Lock, im Lookback-Verlag Bums … aahhh …«

Reinschneier: »Im Backpack-Verlag Buck, Herr Saßmann, bei Bonn-Beuel.«

Saßmann: »Na also! Bevor Sie uns, liebe Hörerinnen und Hörer, unter der Nummer 0221 220 93...6..., aahhh, die Nummer hat unsere Hotline, zuerst also vielleicht ein paar grundlegende Erläuterungen zum Thema durch unseren Gast Herrn Dr. Reinschneier, Herr Dr. Reinschneier …«

Reinschneier: »Ach lassen Sie doch den Doktor weg …«

Saßmann: »Aber dann hätten wir doch gar keinen Experten hier im Studio …«

Reinschneier: »Nein, ich meine den Titel, ich würde den Titel weglassen …«

Saßmann: »Dann hätten Sie damals nicht promovieren dürfen, wenn Ihnen der Titel nicht paßt …«

Reinschneier: »Ich meinte doch nur …«
Saßmann: »Natürlich. Herr Dr. Reinschneier, die Geschichte des Hebe-Kipp-Fensters ist ähnlich wie die der Schiebe-Dreh-Tür eine Geschichte voller Irrtümer …«
Reinschneier: »Richtig! Lassen Sie mich Ihnen kurz die Anfänge skizzieren, es war einer jener kalten, verregneten Novemberabende des Jahres 1872, als Hans-Günther Hebe und sein Schwager Friedemann Kipp …«
Saßmann: »So! Und da haben wir auch schon unsren ersten Hörer in der Leitung: Guten Tag nach ... Ihre Erlebnisse mit Hebe-Kipp-Fenstern.«
Hörer 1: »Guten Tag in die Runde. Auch von meiner Frau. Ich rufe aus Brakel an. Meine Frau auch …«
Saßmann: »Wie ist denn Ihr Name, bitte …«
Hörer 1: »Helmuth. Meine Frau heißt Jadwiga.«
Saßmann: »Nein …«
Hörer 1: »Doch. Das können Sie doch gar nicht wissen …«
Saßmann: »Ich weiß …«
Hörer 1: »Eben nicht!«
Saßmann: »Herr, wie lautet Ihr Nachname, damit Herr Dr. Reinschneier und ich Sie korrekt ansprechen können …«
Hörer 1: »Wir haben zwei …«
Saßmann: »Natürlich. Sie und Ihre Frau. Ha. Ha.«
Hörer 1: »Nein. Eins im Bad und eins in der Küche!«
Saßmann: »Was?«
Hörer 1: »Ja. Hebe-Kipp-Fenster.«

Saßmann: »Aber das tut doch jetzt gar nichts zur Sache …«

Hörer 1: »Vielleicht lassen Sie dazu mal Herrn Dr. Reinschneier Stellung nehmen …«

Reinschneier: »Bitte? Gern. Es war einer jener kalten, verregneten Novemberabende …«

Saßmann: »Herr Dr. Reinschneier, ich bitte Sie …«

Hörer 1: »Nun lassen Sie den Mann doch mal ausreden! Wir haben auch noch eine Schiebetür zum Garten! Was sagen Sie jetzt?«

Saßmann: »Das ist so interessant nicht, aber, wenn ich Sie richtig verstanden habe, besitzen Sie zwei Hebe-Kipp-Fenster in Bad und Küche …«

Hörer 1: »… richtig …«

Saßmann: »… und eine Schiebetür zum Garten.«

Hörer 1: »… richtig.«

Saßmann: »Toll. Vielen Dank nach Brakel. Einen wunderschönen guten Tag zu Frau Hainbüchel nach Solingen-Ohligs …«

Hainbüchel: »Guten Tag …«

Saßmann: »Sie besitzen ebenfalls ein Hebe-Kipp-Fenster oder denken über die Abschaffung nach?«

Hainbüchel: »Nein?«

Saßmann: »Ja, aber warum haben Sie ... ich meine … vielleicht wollten Sie über Ihre Schiebetür …«

Hainbüchel: »Wir wohnen Hochparterre, unsere Türen schwingen, außerdem, wieso sollte ich beim Tierarzt wegen unserer Türen anrufen, das ergibt doch überhaupt keinen Sinn, nicht unsere Türen können das Wasser nicht halten, sondern unser Froufrou und ...«

Saßmann: »Frau Hainbüchel ...«

Hainbüchel: »... da wollte ich Ihren Dokter mal fragen, ob das am Alter liegt oder vielleicht an der Ernährung, obwohl er nur beste Sachen kriegt ...«

Saßmann: »Frau Hainbüchel, ich ...«

Hainbüchel: »... mal ein Mettendchen, aber auch Porree und hin und wieder Kohlraben, weil mein Mann die nicht ißt, ums Verrecken nicht, er sagt, ich kann die so oft kochen, wie ich will, er kriegt sie nicht runter ...«

Saßmann: »Frau Hainbüchel ...«

Hainbüchel: »... und da wollt' ich Ihren Dokter fragen, ob das wohl die Kohlraben sind, weil der Froufrou ...«

Saßmann: »Frau Hainbüchel, Dr. Reinschneier spricht ausschließlich über Hebe-Kipp-Fenster und -Schiebetüren ...«

Hainbüchel: »... da sollten Sie aber schleunigst was unternehmen, das ist doch nicht gesund ...«

Reinschneier: »Bitte? Gern. Es war einer jener kalten ...«

Saßmann: »Einen Moment, bitte.«

Reinschneier: »Ich habe diesen Satz meines Wissens noch nicht einmal zu Ende gebracht ...«

Hainbüchel: »Da hat er recht.«

Saßmann: »Herrgott noch mal, dann sprechen Sie ihn halt zu Ende!«

Hainbüchel: »Und danach sagen Sie mir dann, ob Froufrou wegen der Kohlraben ständig in den Flur macht ...«

Reinschneier: »Aber erst sag ich meinen Satz …«

Saßmann: »Dann sagen Sie ihn doch endlich, Ihren vermaledeiten Satz!!«

Reinschneier: »Nicht in diesem Ton! Ich habe mich Ihnen nicht aufgedrängt, ich wurde eingeladen, als Experte für Hebe-Kipp-Fenster und Schiebe-Dreh-Türen, über die, seit ich hier im Studio bin, noch kein einziges Wort verloren wurde …«

Hainbüchel: »Da hat er recht …«

Reinschneier: »Danke.«

Hainbüchel: »Keine Ursache, vielleicht hätten Sie jetzt Zeit, kurz über Froufrou …«

Reinschneier: »Gern. Was macht er denn so?«

Hainbüchel: »In den Flur.«

Reinschneier: »Ah, richtig und Ihr Mann?«

Hainbüchel: »Der nicht.«

Reinschneier: »Nun, dann bitten Sie doch Ihren Mann einfach, sich dazuzusetzen, dann wird es auch für Froufrou nicht mehr so unangenehm sein …«

Hainbüchel: »Das wäre schon eine Riesenerleichterung, herzlichen Dank, Herr Dokter.«

Reinschneier: »Gern geschehen. Na, Herr Saßmann, was sagen Sie jetzt?«

Saßmann: »Sie haben doch nicht ein Wort über diese Fenster verloren …«

Reinschneier: »Viele Details erklären sich eben von selbst, nehmen Sie nur den Schnappriegel, bumms und zu!«

Saßmann: »Bumms und zu?«

Reinschneier: »Bumms und zu!«

Hörer 1: »Hallo?«

Saßmann: »Was ist denn, Herrgott?!«

Hörer 1: »Wir sind's.«

Saßmann: »Ah, Herr …, der Herr aus Brakel …«

Hörer 1: »Und meine Frau, richtig. Wir verfolgen die Sendung schon eine ganze Weile …«

Saßmann: »Wenigstens einer …«

Hörer 1: »Zwei, meine …«

Saßmann: »Richtig, ich vergaß Ihre Frau, aahhh …«

Hörer 1: »Genau, richtig hellhörig wurden wir aber, als Ihr Experte sagte, man solle sich dazusetzen … zum Machen!«

Saßmann: »Was?«

Hörer 1: »... er sagte, wenn man sich dazusetze, dann mache es sich leichter, auch im Flur, und da sagten wir uns, warum nicht, wir sind auch schon 20 Jahre verheiratet und da ist man ja für jede Anregung dankbar, in diesen Dingen, weil die erste Hitze ja mittlerweile verraucht ist …«

Saßmann: »Hitze? Welche Hitze??«

Hörer 1: »... und warum nicht im Flur, wir haben Laminat und da wollte ich …«

Saßmann: »Was denn für Laminat, zum Kuckuck?«

Reinschneier: »Lassen Sie mich mal, und wie lautet jetzt genau Ihre Frage?«

Hörer 1: »Na, wir wollten wissen, ob Sie da vielleicht ein paar Anregungen haben, Beleuchtung oder so …«

Reinschneier: »Sie sollten viel trinken …«

Hörer 1: »So? Aha.«

Reinschneier: »Genau, dann geht es Ihnen leichter von der Hand, das … Machen ...«

Hörer 1: »Von der Hand. Aha.«

Saßmann: »Bitte, bitte, bitte, es handelt sich doch hier um eine Sendung über Heb-Kipp-Fenster und irgendwelche Schiebetüren …«

Reinschneier: »Schiebe-Dreh-Türen …«

Saßmann: »Schiebe-Dreh-Türen eben! Das ist zwar ein völlig verkacktes Allerweltsthema, aber deswegen muß man doch nicht gleich ... machen? Im Radio?!?!?!?«

Hörer 1: »Nein. Im Flur. Und außerdem haben Sie doch damit angefangen.«

Reinschneier: »Da hatter recht!«

Saßmann: »Ich habe was …? Wenn mich da draußen jemand hört: Bitte, rufen Sie nie im Radio an. Sie hören ja, wohin das führt, plötzlich macht Ihnen jemand in den Flur und außerdem: Wer seine Meinung für sich behält, hat auch noch eine nach der Sendung. Und nun weiter mit den Nachrichten … bitte!«

(Tudümm tudüdü dümm dümm …)

Sprecher: »Es ist mümpf Uhr, Sie hören die Nachrichten: Bonn …«

Der silbern' Gast

Der Mann im Bad, allein

Ich werde offensichtlich älter. Das ist ein für mich völlig neues Gefühl, welches ich so bis dato nicht kannte. Ich bin bis letzten Monat eigentlich nicht älter geworden, sondern immer nur anders, reifer, eben besser. Frauen kennen das, die reifen ja durch.

Aber von mir kannte ich das so nicht. Gut, erste Veränderungen zeichneten sich ab, als ich dem Rauchen entsagte. Ich wurde stattlicher. Männer werden stattlicher. Frauen werden dick. Nun, in irgendetwas muß man sich ja unterscheiden. Das wirklich Schlimme am Älterwerden ist ja gar nicht das Älterwerden, sondern, daß man offenbar gezwungen wird, beige zu sein. Beige!

Der Friedhof der Farbe! Erbrochenes und Scheiße sehen so aus. Wer zwingt ältere Menschen, auszusehen wie Erbrochenes und Scheiße?

Reicht es nicht, dick, faltig, undicht und dement zu werden, muß man dabei zu allem Überfluß auch noch beknackt aussehen? Ich frage Sie jetzt und hier: Warum müssen Senioren so aussehen, wie Senioren eben aussehen, nämlich beige. Beige! Beige!

Die sandfarbene Omma wie der matschfarbene Oppa sind aus dem Straßenbild deutscher Großstädte nicht mehr wegzudenken. Und es werden ja auch immer mehr. Also Ommas und Oppas, nicht Großstädte.

Was im Luftbild den Eindruck vermittelt, der Kölner Dom sei von einer Wanderdüne umspült, entpuppt sich bei näherem Hinsehen als eine Gruppe Dormagener Senioren, die hellbeige bejackt, mephistobeschuht, popelingewandet und rollatorgestützt, mit grauem Kopfpudel unter durchsichtiger Frischhaltefolie, der eigenen Zukunft durch einen Besuch im Hause des Herrn das Ungewisse zu nehmen hoffen.

Warum aber ist das so? Gibt es ein Grünverbot für Leute über 60? Wo sind sie geblieben, die Farben Rot oder Gelb? Ist Blau nur noch Besenreisern und Krampfadern vorbehalten? Wo sind die changierenden Zwischentöne edler Halstücher, das irisierend Bunte plissierter Seidenroben, der kunstvoll bestickte, lockende Ausschnitt? Wo das lange offene Haar, die gewagte Welle, das tänzelnde Pony, wo?

Das Elend nahm vor über hundert Jahren seinen Anfang. Im Jahre 1906 entwickelte der deutsche Friseur Karl Ludwig Nessler, bevor er später für Nestlé den löslichen Kaffe erfand, für seine Omma die unlösliche Frisur, die sogenannte Dauerwelle, also die Möglichkeit, die bis dato unbändige Haarpracht gereifter Matronen durch den Einsatz von Hitze, Schellack, Bitumen und schnell bindender Hartgrundversiegelung zu jener Haarhaube zu veredeln, die Senioren bis heute beim Führen von Krafträdern, dem Fallschirmspringen, in der Höhlenforschung und beim Bergsteigen von der Helmpflicht befreit. Das Nessler'sche Fontanellenlaminat schlug ein wie eine Bombe, vor allem weil es die Dame nach einer kurzen Einführung durch einen Parkettspezialisten auf dem eigenen Kopf selber verlegen kann und sich so wirksam vor Fallobst, Hagelschlag und Meteoritenschauer schützen konnte.

Ende der fünfziger Jahre gelang einem Lackierbetrieb in Bochum der endgültige Durchbruch, als man das vorherrschende distinguierte Silbergrau des Schädelparketts Stiepeler Seniorinnen durch einen Lilastich ins fast Esoterische erhob. Die Ommas gerieten völlig aus dem Häuschen, ja bisweilen aus der Stadt, lilabehelmte ältere Damen strichen jubilierend durch Entwässerungsgräben und über die Marschen und entzogen sich so Kontrolle, Bevormundung, der Enkelaufzucht und Entmündigung.

Gehen Sie doch mal an einem Sonntag in die öffentlichen Naherholungsgebiete, Ommas, Ommas, Ommas, mit im Dampf ausgehärteten Haarmützen in allen nur denkbaren Blautönen bis hin zu Silber- und Aluminiumnoten, mancherorts wurde gar die einheimische Fauna wie Bisam, das Gnu, die Sattelrobbe oder der Weißspitzendödel verdrängt. Blau belockt hebt sich die Oma krass vom Straßenbild ab, was, auch aus Sorge um Flora und Fauna, so nicht gewollt war. Tarnung auffälliger Senioren tat not!

Tarnfachleute der Bundeswehr wurden hinzugezogen und empfahlen Beige zur Seniorengewandung, die amerikanische Invasionsarmee habe damit im Irak-Krieg gute Erfahrungen gemacht. Übrigens die einzige gute Erfahrung, die die Amerikaner im Irak-

Krieg machten. Flugs war der Dresscode der unwillkommenen Wüstenkrieger adaptiert, solcherart corporal verbeiget verschwimmt der ältere Mensch in der freien Wildbahn mit dem Hintergrund und verschreckt die Fauna nicht.

Das also ist der Grund: Die internationale Modemafia arbeitet mit Macht an der Verschmelzung älterer Menschen mit Möbeln und Büschen, da heißt es Augen auf, wer mit dem Hunde Gassi geht, damit die Oma anschließend keine nassen Füße hat, und Vorsicht, wenn Sie die gespülte Kaffeetasse mit Verve in den Geschirrschrank rammen, es könnte auch der Mund Ihrer Schwiegermutter sein. Oder meiner. Männer gelten ja vollkommen zu Recht als vollkommen. Ruhig und gelassen. Doch setzt uns der Alterungsprozeß mindestens ebenso zu wie Frauen, nur dürfen wir uns das nicht anmerken lassen.

Nur im Badezimmer sind wir allein und für uns. Und hier nimmt das Drama seinen Lauf und hier darf, ohne Zeugen, der Größe des Prozesses angemessen Rechnung getragen werden:

An jenem Morgen, so wie immer,
führt' mich der gewohnte Gang
in das vertraute Badezimmer
und mir wurd' im Herzen bang,
als mein Antlitz mir erschien
dort in jenem großen Spiegel,
und ich habe aufgeschrien
unhörbar hinter Schloß und Riegel ...

Irgendetwas, irgendwo,
stimmt mit meinem Bilde nicht!
Ha!
Spiegel!
Falscher Freund,
der du quecksilbrig lächelnd vorgibst,
nur zu zeigen, was die Natur dir eigenhändig formte,
ohn' jede Stellungnahme, ja, getreulich,
nur ein Abbild dessen, was du mit polierter Fläche schaust!
Stets sei deine Wiedergabe rein,
um keine Interpretation bemüht,
Zeuge sollst du sein, nicht Exeget!
Ha!
Spiegel!
Trübes Fenster!
Was änderte dein Bild,
daß Kälte greift mir an das Herz?
Wo ist der Fehler,
was rührt den Schlamm des Argwohns auf
im sonst so klaren Wasser meiner Seele?
Irgendetwas wandelte sich über Nacht,
ich fühl' es klar,
und nichts mehr wird so sein,
ja ist, als wie es war?
Doch was, zum Henker, was?

Irgendetwas stimmt im Antlitz nicht mit jenem überein,
das gestern noch zur Nacht ich wusch

mit klarem Wasser,
als wie es die Gewohnheit mir befiehlt
seit Jahr und Tag.
Obwohl all das am gleichen Platz zu sein mir scheint,
wie's tags zuvor von deiner Oberfläche widerschien.

Nun, einen Schritt zurück,
auf daß zur Gänze ich erfasse,
was bis eben noch vertraut mir schien,
doch heut' durch Zauberei und Blendwerk fremd mir ist,
fremd, wie die Höhenzüge Syriens
oder die Altstadt von Bayreuth!
Ich kenn' mich selbst nicht wieder!

Ja, selbst der Klang der eig'nen Stimme
scheint urplötzlich schrill
und aller Wärm' und jeden Timbres mir entschlagen!
Was ist es nur, daß binnen einer Nacht mich wendete und wandelte,
die Lebensfreud' beendete,
mein Antlitz mir verschandelte
und düst're Mahnung an die Wände schreibt,
gleich jenem »mene mene tekel upharsin«,
welches einst Belsazars Fest zur Katastrophe führte,
als seine Knechte ihn erschlugen in der Nacht;
von Gott ward er gewogen und für zu leicht befunden
und sein Reich gleich den Kleidern uns'res Herrn geteilet ward
und Babels Glanz erlosch für alle Zeit!

Auf immer! Wehe!

Was mag über Nacht mir widerfahren sein,
daß solcher Furor mir im Busen wütet
und der Spiegel, du, Spiegel,
du Membran zur Anderwelt,
die das Echo meiner Eitelkeit getreulich mir zurück-
warf,
all die Jahre, du, Spiegel,
nun zur blitzend' Nemesis mir wirst!
Was nur, was ist mir geschehen
im Verlauf der letzten Nacht,
was dies wohlvertraute Antlitz
mir zur Medusenmaske macht!

Rasch, zur Prüfung schreit' ich nun,
ergründen will ich 's Phänomen,
welches mir den Morgen wandelt
von eines vielversprechenden Tages quirligen
Beginns
zu von zitternd' Zagen sattem Zaudern,
zu Einbruch,
Todesahnung,
Untergang!

Wohlan denn!
Beginnen wir zuoberst
und schauen dann herab geschwind:
Noch wallt das Haar,
das braune, ungebändigt über die Kalotte,

in kühnem Schwung verschwindet's
überm Ohr im Nacken,
allwo es lockig kräuselnd mir den
Kragen hold liebkost.
Hier scheint alles bester Ordnung,
es schimmert gar der Kopfputz noch recht haarreich
und in juvenilem Glanze wellt er sich kraftvoll,
nur selten von des Barbiers Kunst,
wie der das nennt,
und dem scharfen Schnitte seiner Scher' bedroht,
die, ganz im Knebel jener Irrung,
die wir Mode heißen,
dieser Mähn' Façon zu geben ständig strebend sich bemüht.
Allein nur selten gewähr ich Zutritt ihm
zum Zuschnitt,
auf daß der Locken braune Pracht das Antlitz mir umspiele
wie den Eleven einst,
als man noch Minne sang
am Fenster einer hohen Frau,
die jenes Spiel noch wohl beherrschte,
Hingabe und Weigerung in einem Atemzuge,
so daß der Schmachtende wohl oft,
das Haupt in schmerzhafter Verzweiflung
schüttelnd,
einmal mehr nur von den eig'nen Locken an der Wang' liebkost,
als von der Dame alabasterweißen Hand dortselbst gestreichelt,

wie er's heiß vergebens hoffte.
Ach.

Die Haare also sind in Ordnung.
Bleiben Brauen als auch Augen!
Die Brauen sträuben sich wie immer munter
und auch schirmend über grau und grünen Seelenfenstern,
die, bald blitzend, bald verhangen
getreulich Auskunft geben,
was mir im Busen widerhallt.
Nun sind sie von Sorg' umwölkt.
Und Ringe seh' ich unterhalb.
Was einer kurzen Nacht geschuldet ist,
allweil ich einmal mehr im Kreise der Getreuen den Becher kreisen ließ
bis in die tiefe Nacht hinein.
Und der barg kein Wasser oder Tee,
haha! Mitnichten!
Im Rheintal, besser noch:
an dessen Hängen,
versteht man's schon seit langer Zeit,
dem kargen Boden einen Riesling abzutrotzen,
der geraden Blicks jedwedem Rebensaft entgegentreten kann,
sich nimmer zu verstecken braucht vor Muskateller noch Shiraz
und welcher fröhlich sprudelnd
erst die Kehle lärmend noch passiert
und alsbald, zeitgleich möcht' man meinen,

wiewohl sich das verschlägt,
in Bauch und Hirn solcherart sich einzustell'n beliebt,
daß alle beide,
Gedanke und Geschling, gleicherdings illuminieret seien
und ein lustig Juvirallala durch das Gehäuse tobt,
das wir bisweilen Körper heißen.
Da kömmt der Schlaf dann oft zu kurz! Gelt?
Und der schiefergleiche Augenrand
scheidet solcherart schön optisch
den faltenreichen Sack der Tränen
vom straffen Wangenfleische und
skandiert wohlfeil das oftmals so ungeordnet scheinende
Gemenge meiner Züge.
Die Ringe also sind entschuldigt und erklärt.

Weiter nun im Text!
Die Nase, die Nase!
Seit Jahr und Tag unverändert angestupst
und solcherart gebauet,
daß ein jeglicher, so er's nur will,
mir hinauf zu schau'n vermag
direkt in das Gedankenfach
und von da ans Schädeldach,
wenn das Köpflein grad mal leer,
was gar nicht so selten wär'.
Nein, die Nase ist wie immer,
nein, nicht besser, auch nicht schlimmer,

alles scheint normal zu sein,
stünde ich Kopf,
regnet's hinein.

Bleibt der Mund.
Der Mund.
Jener lippenschwer begrenzte Ausgang
alles dessen, was den Kopf verläßt,
um Platz zu schaffen im Gewölbe oberhalb der Nasenwurzel,
Mund, du, Mund,
zugleich aber auch Eingang für all das,
was in den Magen muß,
umflort von blondem Flaum, der ...
Ha!
Nein!!
HA!!!
Da!!
Ganz deutlich, Schockschwerenot!
Der silberne Gast! Der silberne Gast!!
Aaarrrrggghhhh!!!
Nun also ist alles sonnenklar!
Da!
Ganz deutlich, jetzt, nur durchs Drehen meines Kopfes
aus Zufall in das Licht gerückt, das rechte,
und es daher nicht mehr aschblond,
wie noch eben erschienen,
sondern endlich mattweiß schütter sich nun zeigend,

itzo seh' ich ihn ganz deutlich,
den in den Hornspan eingeback'nen Hinweis
auf die Vergänglichkeit der Schöpfung
und damit auch auf meine.
Das erste graue Haar!
Das erste Echo,
noch ganz schwach,
die ehernen Posaunen
des jüngsten aller denkbaren Gerichte
schallen kaum hörbar noch, und doch vernehmlich,
herüber aus der Richtung ohne Wiederkehr,
die erste Ahnung stellt sich ein,
von schwärend' Siechtum und Verfall,
von Lähmung, Altersflecken und Mykosen,
morchelnd-inkontinentem Tröpfeln,
tumbem Sabbern und debilem Greinen,
Gebißverfall, Gehörabbau,
Gesichts- und Gewichtsverlust.
Nutzlos ledern das Gemächt,
schrumpelig, erkaltet,
baumelt's tot und mürbe,
wie Herbstlaub knisternd,
zwischen Rheumaknotenknien,
im kalten Hauch, der jener Grube selbst entweht,
die's Ziel all uns'ren Mühens ist.
Nicht mehr Hilfe, sondern Gift
verspritzt der Lifta-Treppenlift!
Es ist vorbei, alles ist zu Ende jetzt!!
Der Schnitter schickt den schwarzen Fleck!
Und Schwarz ist nur ein dunkles Grau

und Grau ist nur ein dunkles Weiß
und Weiß ist nur ein helles Beige!
Beige! Beige!
Alles geht zur Neige!
Behsch, behsch!
Alles geht zur Nehsch!

Horch! Horch! Horch!
Weht nicht ein eiseskalter Hauch
unter dieser Türe durch und
hör' ich nicht schon draußen auf dem Gang
seinen leichten, leisen Schritt,
hör' ich nicht schon, wie er sich so alt
als wie die Zeit auf seine Sense stützt
und das Stundenglas erhebt,
um zu schauen, wie die letzten Körnchen
meiner kurzen Lebenszeit
durch die transparente Taille rutschen,
und hör' nicht ich, wie er, ihr Rufen,
das da singt: »Vorbei, vorbei, es ist vorbei!!«
Und steht er nicht jetzt vor der Tür
Einlaß heischend ohn' Erbarmen,
und schlägt er nicht mit knochenkalter Hand
sein Poch, Poch, Poch an dieses Sanitärverlieses dünne Tür?!!

»Jochen, brauchst du noch lange?«

Aahhh!

Reisetagebuch

Schon Christian Fürchtegott Rosencrantz, jener vollkommen zu Recht vollkommen vergessene Dichter, der einzige Vertreter der Literaturgattung des »Still und Stand«, die sich direkt an den »Sturm und Drang« anschloß, schrieb bereits Ende 1788 in der Zueignung seines schmalen Bändchens mit dem Titel »Daseinsbesichtigungen – Standreisen in Grömitz« die wesentlichen Worte: »Das Schöne am Reisen ist bekanntlich das Unterwegssein, das Schlechte am Reisen hingegen ist, daß man dazu nicht zu Hause bleiben kann.«

Andererseits führt einen das Reisen oft genug an Orte, die man nie zuvor gesehen, schlechterdings aber eben auch an solche, von denen man nach deren Besuch weiß, warum man vorher nie da war.

Dies klingt nicht nur im ungeübten Ohr nach mehreren Dilemmata, nein, auch der Trainierte sieht sich diesen Widersprüchen ständig ausgeliefert. Um die ihnen innewohnende Frust-Ration und die sich daraus zwangsläufig ergebende Frustration konsumerabel zu halten, flüchteten sich schon ganz andere Kaliber in die Anfertigung eines Reisetagebuches, welches in der Folge sowohl bei der postambulanten Verarbeitung des Erlebten Hilfestellung geben sollte, als auch Dritten gegenüber zum Beweis der unternommenen, sicherlich waghalsigen und darob bewundernswürdigen Reiseunternehmung in wohl nicht ganz uneitler Manier herangezogen zu werden sich geradezu anbot.

Goethe, Joyce oder gar Goethe seien hier nur als drei unter Tausenden beispielhaft angeführt, welche finanziell genauso wie therapeutisch gewinnbringend ihre Reiseerlebnisse, unterschiedlich gelungen, zu Papier brachten, ja nicht wenige unternahmen gar Reisen allein, um hernach über sie berichten zu können, was mich allerdings ein wenig an einen militärischen Instruktor erinnert, der sich erst selbst in den Fuß schießt, um anschließend einigermaßen glaubhaft über die Gefahren des Waffenreinigens referieren zu können.

Rosencrantz selber verließ seine Heimatgemeinde Pansendorf im Bummsland nur einmal, und zwar als Gepäck seines Bestatters, um auf dem Kirchhof im nachpommerschen Humpel an der Schlender verdiente Ruhe zu finden.

Aber das Reisen bedeutet ja nicht nur Harm und Not, nein, es ist auch Auslöser erstaunlicher Erkenntnisse und plötzlicher, bereichernder Wahrnehmungen, die sich ohne es sicher schwerlich eingestellt hätten. Beispielsweise ist die Existenz so quirliger Gemeinden wie Salzgitter-Ringelheim der schlagende Beweis für die Theorie der Kontinentaldrift, eine Theorie der Erdkrustenformung, deren allgemeine Akzeptanz, anders als Salzgitter-Ringelheim, noch kaum hundert Jahre währt.

Als die noch glühenden Magmaschollen, die auf der flüssigen Lithossphäre aufschwammen, infolge der sintflutartigen und über Zehntausende von Jahren anhaltenden Regenfälle langsam abkühlten, zog sich das Gestein infolge des durch diesen Abkühlungsprozess ausgelösten Erstarrens des Kristallgitters zusammen. Und an dieser Stelle abgekühlten Nichtses entstand Salzgitter-Ringelheim. Hier gibt der weiße Fleck auf der Landkarte die örtlichen Eigenheiten sogar farbgetreu wieder.
Als ich vor Jahren anläßlich eines Engagements den Zug ungläubig dort verließ, wo die Karte das Vorhandensein einer gleichnamigen Siedlung verhieß, stellte ich fest, daß bei der Formung dieses Teiles der Republik jene Materialien zum Einsatz gekommen waren, die bei der Anlage der Berliner Sandpfanne wegen Häßlichkeit oder dem erwiesenen Unvermögen, eine Landschaft zu formen, nicht verwendet werden konnten. Salzgitter-Ringelheim, das Bochum Niedersachsens, mochte sich zwar landschaftlich von einer erschöpften Kiesgrube nur marginal unterscheiden, allerdings hielt es andere überraschende Erkenntnisse für den, der zu sehen vermochte, bereit.
Die zeitgenössische Ägyptologie beispielsweise grübelte bereits seit den Tagen Howard Carters fruchtlos über der Frage, mit welcher Technik es erreicht wurde, daß die beeindruckende Goldmaske Tutanchamuns die Züge des jungen und allzu früh verstorbenen Pharaos so lebensecht widerspiegeln konnte.

Ein einziger Besuch Salzgitter-Ringelheims meinerseits und jenes Quäntchen Glück, welches bekanntlich dem Tapferen hilft, und schon war eine der archäologischen Schlüsselfragen geklärt. Als ich zagend dort den Zug verließ und meinen Fuß auf jenen mit geil wucherndem Eselsgras, Heuwinde und Giersch bewachsenen Streifen setzte, der die Bahnanlage von der Ringelheim'schen Tristesse schied, gewahrte ich ein rüstiges Frauenzimmer mittleren Alters, welches wohl in Erwartung von irgendetwas mir gegenüber in beiger Unbeweglichkeit ohne große Anstrengung mit dem Hintergrund verschmolz. Vor der mächtigen Landfrauenbrust hielt die Erscheinung ein Kuchenblech, welches sowohl gegen Temperaturverlust als auch gegen die feindliche Übernahme durch Wespen, Pferdebremsen oder die handtellergroße, in Ringelheim endemische Roßkopfhornisse mit Alufolie abgedeckt war.
Die Dame wertete meinen verständislosen Blick auf sie und das Blech als Indiz brennenden Interesses und sagte deutlich und in meine Richtung: »Gedeckter Apfelkuchen, nech ...« Und als wollten die Elemente jeden Zweifel meinerseits an diesen einfachen Worten ausräumen, erhob sich ein Lüftchen, griff unter die Folie und hob diese schwungvoll und damit den gedeckten Apfelkuchen nicht unelegant präsentierend dergestalt an, daß sie, nur noch von den rotwurstigen Weiberdaumen im Schatten des Brustüberhangs gehalten, mit einem knisternden »Phupp« wie eine Falltür nach oben klappte und

das gar nicht unfreundliche Landfrauenantlitz so schwungvoll blechern deckte, daß sich dessen Züge, jede Einzelheit, jede Wölbung, jede Riefe getreulich wiedergebend, reliefhaft in die Folie stempelten.
Nie werde ich den Anblick jenes ruhigen silbernen Gesichtes in der untergehenden niedersächsischen Sonne inmitten der Ringelheimer Melancholie und oberhalb eines gedeckten Apfelkuchens vergessen.
Klar ist nun auch, daß schon die alten Ägypter über Techniken zur Herstellung von gedecktem Apfelkuchen verfügt haben müssen, nur so ist die frappierende Ähnlichkeit der Goldmaske Tutanchamuns zu erklären.
Der junge König muß mit einem Blech frischen, mit Goldfolie sorgsam abgedeckten Kuchens vor der Brust in Memphis auf den Stufen des Palastes gestanden haben, die ersten tastenden Strahlen der Sonne, die Arme des Sonnengottes Ra, erwartend.
Hinter ihm der Hofstaat und der Erste Porträtist des Reiches.
Dann erhob sich leichter Wind … Phupp!
Der Rest ist Geschichte.

Bücherhaltung

Bücher sind die besten Freunde des Menschen, weil sie zum Beispiel nicht in den Flur kacken, das wissen alle, die schon mal einen Hund hatten.
Und die Bibliothek ist der schönste Raum eines Hauses.
Merke: Ein Buch ist ein Buch ist ein Buch, zwei Bücher sind eine Bibliothek, was übrigens keine überspannte Definition eines Bibliomanen darstellt, sondern die ureigenste Einschätzung der Bücher selbst ist, die sich dabei, zu meinem Leidwesen, ähnlich wie Fußballfans verhalten.
Auch Fußballfans fühlen sich ja ab der Personalstärke zwei als Block und führen sich auch akustisch so auf. Das ist aber auch der nachweislich einzige Berührungspunkt zwischen Fußballfans und Büchern.
Leider müssen wir erleben, daß Bücher in der Öffentlichkeit inzwischen zum »Medium«, also zum persönlichkeits- und wesenlosen Mittler für irgendwas degradiert und auf den Boden jener Sickergrube gesunken sind, die wir mediale Durchdringung heißen.
Bücher sind zugegebenermaßen schwer, schwierig und ihre angemessene Haltung, im Regal, nicht im Stapel, ist nicht ohne.
Ein großes Problem und sicher auch ein Moment, welches die Abwendung weiter Kreise von ihnen be-

schleunigte, ist die Tatsache, daß man, wenn man ein Buch liest, gleichzeitig nur dieses Buch lesen kann. Keine andere sinnvolle Tätigkeit läßt sich gewinnbringend nebenher erledigen. Mit einem tragbaren MP3-Player und den entsprechenden Ohrstöpseln ausgerüstet lassen sich alle denkbaren Aufgaben vom Rasenmähen bis zur Altenpflege gleichermaßen erledigen.

Wer aber jemals mit einem Buch in der Hand, lesend, den Rasen mähte, der weiß, wie schwer hernach der Gefährtin das plötzliche Verschwinden des Begonienbeetes und die Rodung ihrer Küchenkräuterparzelle zu erklären war.

Was bei der Pflege bettlägeriger Senioren alles passieren kann, wenn der Pflegende währenddessen liest, liegt auf der Hand.

Oder eben genau da nicht.

Ebenso klar ist aber, würden sich die Pflegenden weniger Ohrstöpsel in den Gehörgang dübeln, hätten sie mehr Ohren für die Belange ihrer Schutzbefohlenen und würden vielleicht sogar deren Schreie mal hören.

Auf der anderen Seite gibt es keine Tätigkeit, bei der vorheriges Lesen über sie ihre nachlektürliche, kompetente Verrichtung nicht befördert hätte. Und wir dürfen eine andere besondere Eigenschaft des Buches nicht unerwähnt lassen. Seine Strahlungslosigkeit. Es strahlt nicht.

Alles andere wie Telephone, Netzwerke und Florian Silbereisen strahlt ja.

Und zwar, bis auf den Letztgenannten, ohne daß wir es merken. Bücher hingegen strahlen nur für jene,

die im Besitz eines Detektors sind, also eines lose mit dem Herzen verbundenen und angemessen befüllten Kopfes. Für alle anderen sind Bücher nur ein Risiko, wenn sie ihnen irgendwo drauffallen, und auch nur dann, wenn die Höhe stimmt, da die schöne Zeit der eisenbeschlagenen Folianten ja leider vorbei ist.
Doch jammern wir nicht, hier soll von angemessener Bücherhaltung die Rede sein und von den abenteuerlichen Mirakeln, die auf den- oder diejenige warten, die sich der Bücherhaltung ergeben.
Kommen Sie einfach mal abends früher nach Hause, und zwar nicht angekündigt. Ihr Lebensgefährte oder die Lebensgefährtin sollten natürlich eingeweiht sein, sonst erleben Sie vielleicht die eine Überraschung zu viel, die Ihnen das Genießen der anderen ein wenig verleidet.
Erstmalig wurde ich auf die Möglichkeit, daß einer Bücherwand mehr innewohnt als in Form gebrachtes und bedrucktes Papier, in Umberto Eccos Roman »Der Name der Rose« aufmerksam, in dem, als Adson und sein Meister William zum ersten Male die verbotene Bibliothek im Obergeschoß des Turmes betraten, vom »säkularen Gewisper der Bücher« die Rede war. Vom Jahrhunderte andauernden Gewisper der Bücher.
Nun besitze ich zwar eine ganze Menge Bücher, aber sie stehen in mehreren freundlichen, lichtdurchfluteten Räumen, und das erst seit wenigen Jahren, sind nicht geheim oder gar okkult und wispern nicht.
Dacht' ich.

Als ich vor einigen Tagen morgens in die Bibliothek trat, lag ein Bändchen von Alfred Döblin auf dem Boden. Es mußte aus ziemlicher Höhe heruntergefallen sein. Ich pflege ja seit jeher ein Ordnungssystem, das diesen Titel eigentlich nicht verdient, indem ich zum Beispiel gerne Autoren nebeneinanderstelle, die sich im richtigen Leben nicht grün waren. Ich denke, daß das den Regalalltag etwas aufregender gestaltet, und so hatte ich den Döblin neben Thomas Mann einsortiert. Die haben sich gehaßt wie die Pest.

Niemand hatte seither, nach eingehender Befragung der Familie, dieses Regalbrett frequentiert. Auch mein Interesse für Mann und Döblin ruht, seit geraumer Zeit. Und nun lag es auf dem Boden, mit einem Knick im Einband. Wie war so etwas möglich?

Ich beschloß, einem Impuls gehorchend, am kommenden Abend die Bibliothek erst zu verlassen, nachdem ich lauthals auf ein imaginäres Gastspiel verwiesen hatte, welches eine spätnächtliche Wiederkehr bedinge, die Tür jedoch gegen meine Gewohnheit nur anzulehnen, in der Nacht, früher als erwartet und auf Zehenspitzen, zurückzukehren und mich an einem Tischchen in einer Fensternische an der Wand zur Beobachtung mucksmäuschenstill niederzulassen. Kaum, daß ich vielleicht fünf Minuten in der nur vom ruhigen Ticken der alten Wanduhr skandierten, bibliogenen Stille saß und die Bücher aufmerksam betrachtete, welche sich im Schein der Straßenlaterne, der zum Fenster hereinfiel, bis zur Decke, wo das Licht nicht mehr hinreichte, hinzogen, als plötzlich aus dem Nichts die folgende markige Ansage die klösterliche Ruhe zertrat:

»23:15 Uhr, Herrschaften, Sprechverbot aufgehoben, bitte unterhalten Sie sich, die Getränke sind frei, Band zwo, würden Sie die Tagesordnung verlesen, Band drei, Sie stehen auf meinem Lesefädchen.«

Ich war wie elektrisiert. Das kam eindeutig aus der Richtung des sogenannten »Kleinen Meyer«, einer dreibändigen Lexikonvolksausgabe von 1921 auf dem oberen Regalbrett, die ich schon lange nicht mehr vorgenommen hatte.

»'schuldigung ...«, stotterte es in diesem Moment offensichtlich aus der Richtung des dritten Bandes, der schob sich selbstständig ein wenig zur Seite und gab damit das Lesefädchen frei, welches sich Nummer eins im selben Moment mit Heesters'scher Eleganz über den Kopfschnitt warf.

»Danke verbindlichst.«

»Keine Ursache.«

In dem Moment, als sich offensichtlich der zweite Band räusperte – ich hörte ein leises »Hrömmm« und sah, wie eine kleine Staubwolke aus dem Kopfschnitt des Buches aufstieg und die feinen Partikelchen im Licht der Straßenlaterne tanzten –, in diesem Moment also keifte jemand weinerlich und so nahe bei mir, daß ich vor Schreck zusammenfuhr und mich dadurch beinahe verraten hätte: »Er hat meinen Einband geknickt, er hat meinen Einband geknickt!«

Ich war wie vom Donner gerührt.
Ich hatte das Büchlein von Döblin, eine Ausgabe von »Berlin Alexanderplatz« aus dem Deutschen Taschenbuch Verlag, vor mir auf dem Tischchen liegen gelassen und es nicht wieder einsortiert. Es lag keine 60 Zentimeter von mir entfernt auf dem Tisch und lamentierte!
»Er hat meinen Einband geknickt, er hat meinen Einband geknickt!«
»Ich bitte Sie ...,« versuchte Meyer 1 von oben zu beruhigen, »das war doch keine Absicht!«
»Er hat mich heimtückisch geschubst, als ich eben weggenickt war, und jetzt ist mein Einband geknickt!«
»Hört, hört, sein Einband ist geknickt! Sein Einband ist geknickt, als gebe es sonst nichts auf der Welt!«, höhnte eine Ausgabe des »Zauberberg« von Thomas Mann aus dem mittleren Regalbrett und wurde sogleich zur Ordnung gerufen.
»Herr Mann ...«
»Ich heiße Thomas.«
»Das tut doch jetzt gar nichts zur Sache ...«
»Aber natürlich, Sie haben eben Herrmann gesagt.«
»Das haben Sie falsch verstanden, ich meinte Sie ...«
»Sagen Sie immer Herrmann, wenn Sie Thomas meinen?«
»Herrgott, nein, ich wollte nur höflich sein ...«
»Indem Sie diesem Subjekt beispringen?«
»Erst knickt er meinen Einband und dann nennt er mich auch noch Subjekt!«, greinte jetzt das Taschenbuch vor mir auf dem Tischchen wieder.

»Und das ist noch viel zu höflich«, konterte die anscheinend noch ungelesene Zauberberg-Ausgabe, aus der oben noch der Kassenzettel herauslugte, offenbar eine Anschaffung für den Deutsch-Leistungskurs, die dann durch eine abrupte Nichtversetzung über Nacht unnötig geworden war und die deshalb augenscheinlich immer noch, obwohl das doch auch schon über 20 Jahre zurückliegt, beleidigt war. Der Zauberberg teufelte von oben weiter auf den auf dem Tischchen liegenden Alexanderplatz ein:
»Sie waren es doch, der nach meinem Tode gesagt hat, ich zitiere: ›Es gab diesen Thomas Mann, der die Bügelfalte zum Kunstprinzip erhob‹ ...«
Das Döblin'sche Taschenbuch war um eine Replik nicht verlegen: »Mann, elender Mann, Sie nannten mich eine Palme der Talentlosigkeit ...«
»Krüppelkiefer des Unvermögens hätte auch gepasst ...«
»Das ist eine Unverschämtheit!«, schrie die Döblin-Ausgabe und rutschte wie wild auf dem Tischchen herum.
»Kommen Sie doch herauf und holen Sie sich einen Satz heißer Seiten, wenn Sie können, Sie ungemachtes Bett!«, höhnte es von oben, so daß ich Sorge hatte, das Taschenbuch vor mir würde einer spontanen Selbstentzündung zum Opfer fallen. Das Stadium persönlicher Beleidigung, ungeachtet jedweden sachlichen Hinter- oder gar poetischen Mittelgrundes war erreicht.

Die Döblin-Ausgabe war einigermaßen in Fahrt: »Seniler Onanist!« war kein schlechter Anfang und durch das Mann'sche »Korinthen kackender Hauptstadtprolet!« nicht ganz abgefangen. Der kleine Meyer intervenierte: »Ich bitte Sie, wir haben doch auch Kinderbücher unter uns, mäßigen Sie sich doch, bitte!«

Doch die beiden Streithähne beharkten sich ungerührt weiter ...

»Kunstbügelfalte!«

»Nußlose Talentpalme!«

»Schmieragist!«

Was sich hier meinen Augen bot, war ungeheuerlich. Jeder, der schon einmal ein Bücherregal, durch Zufall oder mit Absicht, in Augenschein nahm, weiß um dessen statische Ruhe, seine Fähigkeiten als Raumteiler, das monolithisch Ruhige, wie die Bücher mit wechselnden Rückenfarben und unterschiedlichen Größen und Stärken, doch stumm und unbeweglich in papier'ner Geduld Seit' an Seit' des Momentes harren, in dem ihr Besitzer sie endlich zur Lektüre aus dem Schraubstock nachbarbändiger Umarmung löst. Hier war alles anders!

Ich kauerte in meiner Ecke, bemüht, nicht ein Glied zu rühren, was schon jetzt nach wenigen Minuten reichlich unbequem zu werden begann, die weinerliche Alexanderplatz-Ausgabe vor mir auf der Tischplatte, die immer wieder »... er hat mir den Einband geknickt, er hat mit den Einband geknickt!« vor sich hin greinte und mich jederzeit entdecken konnte.

Können Bücher eigentlich gucken? Und wenn ja, womit?
Und ich mochte mir gar nicht ausmalen, was eine dreibändige Lexikonausgabe, um das Geheimnis des Regals und seines Innenlebens zu wahren, mit einem suizidalen Sprung aus gut 2,50 Meter Höhe auf meine Fontanelle anzurichten in der Lage wäre.
Die Bücherwand brummte und summte vor Leben und Geschäftigkeit, die Bücher rutschten, sofern der Platz es zuließ, auf ihren Regalbrettern hin und her, vor und zurück, schubberten und rieben sich aneinander, zwickten und zwackten sich, zogen sich an den Lesefädchen, stritten und lärmten, wie ich es noch nie zuvor gesehen hatte.
Und von wegen abgeklärter, akademischer, geistvoller Umgang miteinander! Von wegen!
Die Damen und Herren schenkten sich nichts, lästerten über Kollegen und erst jüngst erworbene Ausgaben, die sogenannten Zugekauften im Gegensatz zu den Alteinsortierten, und ließen kein gutes Haar an allem, was kein Buch in ihrem Sinne war, wie Falkpläne, Kochbücher, Rätselhefte und Reparaturanleitungen. Ganz deutsch eben.
Gerade auch die Klassiker machten da keine Ausnahme. Ich hatte sie alle etwa in der Mitte rechts zusammengestellt, keine Armlänge von meiner jetzigen Position entfernt, und bekam eben mit, wie die mehrbändige Goethe-Ausgabe über ihren leinengebundenen Nachbarn, den Shakespeare-Übersetzer Ludwig Tieck, lästerte: »Wenn man Tieck mir

gleichstelle will, so ist man im Irrtum. Isch kann des geradheraus sagen, denn was geht's misch an, isch habe misch net gemacht!«

»Was der nun wieder hat«, frug ein Heimwerkerlexikon vom Nachbarbrett, «Teak ist doch nicht zu schlagen, gerade als Bootsdeck oder für Gartenmöbel, einfach nicht zu schlagen!«

Goethe beachtete ihn so wie alle anderen Bücher, nämlich nicht. Er führte offenbar seit seiner Anschaffung Selbstgespräche, das Vorrecht der ganz Großen und ganz Tauben. Aus der Etage der moderneren Autoren konnte ich hören, wie die »Physiker«, ein Diogenes-Taschenbuch von Friedrich Dürrenmatt, über Günther Grass, einen als Graphiker wie Autoren von allen, außer ihm selbst, als überschätzt angesehenen und im Alter hochverpeinlichten Sexualtitanen, in einer anwesenden »Butt«-Ausgabe sagte: »Der Grass war mir einfach zu wenig intelligent, um so dicke Bücher zu schreiben!«

»Wußten Sie eigentlich, daß man eine Lachsforelle schräg einschneiden muß, bevor man sie auf den Grill legt?«, fragte ein broschiertes Grillbuch mit Migrationshintergrund von weiter oben.

»Nein«, antwortete der Butt verschnupft.

»Nun machen Sie sich mal nicht gleich in den Schutzumschlag, so kann die Marinade besser einziehen!«

»Der Marinade, des ist doch a ganz anderes Schare!«, fränkelte eine Ausgabe des Tagebuches von Lothar Matthäus tumb dazwischen.

»Mein Gott, es kann sprechen!«, raunte das daneben-

stehende Sachwörterbuch der Logopädie in echter Überraschung.
Die vierseitige, aufwendig kartonierte Anthologie »Nennenswerte Bochumer Literatur seit 1950« fragte: »Schreibt man Grossmannssucht jetzt eigentlich mit vier ›s‹?«
»Nehmen Sie lieber fünf, das ist in Ihrem Falle angemessener!«, riet der Ratgeber »Scheiße als Gold – Image als Ziel!« aus der Reihe »Werbung im Wandel«.
Die danebenstehende Loseblattsammlung mit dem Titel »Heiße Luft durch Stadtmarketing: Wege aus der Energiekrise?« versuchte offensichtlich durch sinnentleertes Wiederholen des Mantras: »North Rhine Westphalia, we love it, North Rhine Westphalia … macht jung …« die Raumtemperatur anzuheben.
Ein HB-Atlas Italien bemerkte: »Rom, quasi das Paris Italiens, ist ja im Frühjahr am schönsten!«
»Aber man kommt nicht hin!«, mäkelte ein schlecht gelauntes Kursbuch der Deutschen Bahn von 1998 selbstkritisch.
Inmitten dieses Durcheinandergeblökes ergriff der Vorsitzende Meyer 1 erneut das Wort: »Broschuren, Codizes, Folianten, Mitbücher!
Die Lage ist prekär und dies bereits seit Jahren: An allen Fronten sind Bücher auf dem Rückzug. Und damit nicht genug, vor nicht allzu langer Zeit ist sogar dem Papier der Kampf angesagt worden, das papierlose Büro war das Schreckgespenst, was man uns an die Regale malte! Die Leser glauben allen Ernstes, auf uns, auf Bücher, verzichten zu können!

Aber sie haben uns unterschätzt! Sie haben ihre Computer unbeaufsichtigt in den Bibliotheken stehen lassen und vergessen, daß Bedienungsanleitungen und Handbücher auch Bücher sind! Und so haben wir schon vor geraumer Zeit begonnen, ihnen ihre Digitalität gründlich zu vermiesen, ich rufe den Kollegen Kinsey, was können Sie und Ihre Mitarbeiter uns bezüglich Ihrer Kampagne berichten?«
Eine Ausgabe des Kinsey-Reports über das Sexualverhalten der Frauen, das »Wörterbuch des Obszönen Wortschatzes der Deutschen« von Ernest Bornemann, Günter Amendts »Sexfront« sowie ein Katalog des Beate-Uhse-Versandes von 1979, den ich damals auf der Rückbank des Schulbusses gefunden, anschließend zur Ausräumung diverser gynäkologischer Unsicherheiten mit nach Hause genommen, dann hinter den Atlanten ganz oben verborgen und anschließend vergessen hatte, rutschten mit militärischer Präzision gemeinsam einige Zentimeter nach vorne.
Der Kinsey-Report erstattete Bericht: »Sehr geehrter Herr Vorlesender, liebe Mitbücher, unsere Anstrengungen zur Vermüllung digitaler Kommunikationskanäle mit Angeboten zur Penisverlängerung haben durchschlagenden Erfolg. Gut 65 Prozent der weltweit kursierenden Strompost besteht inzwischen aus Vorschlägen zur Intimaufrüstung, also zur Vergurkung eines Radieschenbeetes, wenn Sie mir diesen botanischen Exkurs gestatten möchten.«
Der Bornemann, das Lexikon der obzönen Redens-

arten, warf ein: »Wir rammen den Wichsern eine derartige Scheiße in den digitalen Arsch …«

»Herr Kollege, bitte, ich bitte Sie …«

Der große Vorlesende bat seitenringend um Mäßigung.

»Schulligung! Ist mir so rausgerutscht, Kacke, alte verwarzte!«

Was sollte man von einem Lexikon der obszönen Redensarten denn auch anderes erwarten.

Erneut hub Meyer 1 an zu sprechen: »Mitbücher! Das sind großartige Nachrichten! Durch unsere Unterwanderung der Kommunikation und die immer mehr grassierende Leseunlust weiter Teile der Weltbevölkerung wird der Verdummungsprozeß der Bevölkerung weiter voranschreiten, Mittelmaß, Talentlosigkeit und Schwachsinn in den Lebensäußerungen der Menschen, siehe Politik, Fernsehen, Werbung und Kunst, schlagen sich bereits jetzt allenthalben meßbar nieder. Es gibt Leute, die das Betreten einer Bibliothek nur mit Ausweis für gerechtfertigt halten!«

»Es gibt ja auch genug, die Mayonnaise auf ein Salamibrot schmieren …«, fiel der bis dato stumme Band zwei ein.

Ungläubiges, aber wortreiches Staunen auf den Regalbrettern in allen Abteilungen! (»… das ist doch nicht möglich, jetzt im Ernst?«, »Ich glaub' es nicht … und die werden nicht sofort vom Blitz erschlagen?«, »Also gibt es keinen Gott …!«)

»Haltet euch fest«, rief ein schmales Bändchen aus der Reihe »Rundfunk. Rezepte für das Radio« mit dem Titel »Stille senden – in der Ruhe liegt die Kraft«

erregt: »Es gibt da draußen Menschen, die Golf für Sport und Holzmichlhumbug mit Heilewelthupfdohlengehampel und Blechbläsererbrechen in Katatonikerrhythmik für Volksmusik halten!«

Vielstimmiges Unverständnis, aus dem Einlassungen wie »Alle verrückt!!« oder »Aber auch im Herbst hat Rom was ...« kaum herausragten.

»Alles koprophage Arschlutscher!« Der Obszöne Wortschatz konnte mal wieder nicht an sich halten.

»Kollege Bornemann, ich bitte Sie, aber unsere Arbeit beginnt nun Früchte zu tragen, die ersten Leser begehren auf, gegen Schwachsinn und Willkür, gegen ungebildete Amtsbeuger, talentloses Werbegesindel und gierige Vorstandsluschen! Immer mehr begreifen, wie schlimm es um ein Gemeinwesen bestellt ist, in dem nicht gelesen wird! Dann werden nämlich die bildungsfernen Schichten, etwa in den Masken sogenannter Totos oder Harrys, die Ordnungsaufgaben übernehmen und damit ist geschmacklicher und mentaler Verwahrlosung Tür und Tor geöffnet!«

Zustimmender Jubel brandete auf, das Regal erzitterte, selbst der Döblin vor mir und der Zauberberg hoch oben jubilierten in höchsten Tönen. Ich hatte kein Gefühl mehr in den Beinen und würde nicht mehr lange so aushalten.

Der große Vorlesende steigerte die Intensität seiner Rede, steuerte auf den Höhepunkt zu, seine Zuhörer waren Wachs in seinen Händen oder besser: Staub auf seinen Seiten!

»Wir werden diese Kampagne so weit vorantreiben,

bis es auch dem Letzten wieder klar geworden ist, daß Bücher die Träger dessen sind, was man Kultur nennt, und daß das Lesen eines Buches im Gegensatz zu dem verblödenden Kümmern vor einem kalten Bildschirm ein sinnlicher Akt ist, ein haptisches und olfaktorisches Vergnügen ...«

»Genau, Fuckvergnügen!«, brüllte der Obszöne Wortschatz.

»Nein, Kollege Bornemann, er meint Anfassen und Riechen ...«

»Richtig, Fuckvergnügen mit Anfassen und Riechen!«

»Lesen schafft Bildung und Bildung schafft Einsicht und Einsicht schafft Menschlichkeit und Menschlichkeit will lesen!! Und sollte das nicht in kürzester Zeit eintreffen, dann, liebe Mitbücher, prophezeie ich euch und den Lesern da draußen, wird es statt des papierlosen Büros die menschenlose Bibliothek geben, Bücher werden Bücher schreiben!, was die literarische Produktion von semiliterarischen Kunstfurzereien, um mit dem Kollegen Bornemann zu sprechen, erheblich einschränken wird. Gerade wir Bücher sollten, statt liegen zu lernen, aufstehen können!«

Ein Sturm von Hochrufen und Schlachtgesängen hatte sich erhoben, Raserei hatte die Bücher erfasst, die gesamte Regalwand war in Bewegung geraten, im Begeisterungstaumel begann die Holzkonstruktion gefährlich zu schwanken.

»Nun denn, Zugekaufte, Alteinsortierte, Hefte, Pläne, Mappen, Druckwerke, Mitbücher! Laßt uns die Parole aussingen, die uns das Banner ist, so antwortet mir auf mein Rufen, wie wir es beschlossen haben: Flieg Fisch …«

»... lies und gesunde!«, antworteten die Regalinsassen im Chor.

»Wo habt ihr denn diese Parole her?«, fragte der Ratgeber »Reich durch Geld!«, eine der folgenlosesten Anschaffungen, die ich je getätigt hatte.

»Das geht auf eine Gedichtzeile von mir zurück«, näselte eine Hesse-Taschenbuch-Gedichtausgabe aus dem Hause Insel, leicht ergraut vor Stolz, »es ist der letzten Zeile meines Gedichtes ›Stufen‹ entlehnt, die da heißt …«

»Ja, ja, ja!«, unterbrach der Vorsitzende. »Bei Ihnen klingt es aber für unsere Zwecke viel zu weinerlich ...«

»Aber was soll das alles mit dem Fisch? Und wieso fliegen?«, fragte eine aus Hygienegründen noch eingeschweißte Ausgabe von Tim Mälzers »101 Euterrezepte« aus der Reihe »Schmeckt nicht, gibt's!«, erschienen im Cottbus Verlag, Chemnitz.

»Wenn man etwas im Wissen um dessen Unmöglichkeit trotzdem tut, setzt das genau die Kräfte frei, die auch wir in unserem Kampfe brauchen. Bedenken Sie bitte, daß auch Bücher eigentlich nicht sprechen können. Aber wir tun es trotzdem!«

»Wie die Hummeln!«, warf ein Kosmos-Insektenführer ein.

»Seit wann können denn Hummeln sprechen?«, fragte der Mann'sche Zauberberg von oben.

»Nein, Hummeln können fliegen!«, antwortete der Insektenführer.
»Und, während die Hummel fliegt, spricht sie da?«
»Nein, ich glaube, sie liest die Karte …«
»Heißt das denn, wenn ich spreche, obwohl ich das eigentlich nicht kann, daß ich dann auch fliegen kann?«
»Nein, nicht zwingend, was für die Hummel richtig ist, muß deshalb noch lange nicht für ein Taschenbuch gelten …«
»Aber das ist doch einen Versuch wert, aus dem Weg!«
»Nein, tun Sie's nicht!!«
»Aber sicher! Hepp! Aaaaaaaaaaahhh!« *(Phump!)*
»Jetzt hat er sich den Einband geknickt!«
Das Gegreine des Zauberbergs mit Hummelambitionen war bis zu meinem Platz zu hören.
»Ich hab mir den Einband geknickt, ich hab mir den Einband geknickt!«
Die Döblin-Ausgabe vor mir geriet völlig aus dem Häuschen: »Kannste dir nicht einen eigenen Text einfallen lassen, du bleierne Kunsthummel!«
»Grenzdebile Scheißhausfliege!!!«, kam es von unten zurück.
Der Vorsitzende klatschte in die Deckel und rief: »Mitbücher, ich bitte Sie, bleiben Sie auf Ihren Plätzen und schubsen Sie nicht, wir können, wie eben eindrucksvoll bewiesen wurde, zwar sprechen, aber nicht fliegen, unsere Pläne hingegen schon!«

»Bravo! Hört, hört! Da hat er recht! Sowieso, genau! Richtig! Echt jetzt?«

Die Regalbretter bebten unter dem Sturm der Zustimmung, den die letzten Worte des Vorsitzenden entfesselt hatten. Kleine Zettel und alte Fahrscheine, die ich in den vergangenen Jahren immer wieder mal als Lesezeichen verwendet hatte, regneten zu Boden.

Genau in diesem Moment gab das Tischchen, auf das ich mein Gewicht verlagert hatte, nach und knickte mit einem einzigen, lauten und disharmonischen Knacken ein.

Im selben Moment brach die jubelnde Ekstase ab. Plötzliche, tödliche Stille. Ein letzter Quittungsabriß segelte ruhig zu Boden und legte sich hörbar vor mir auf den Teppich. Ich lag unterhalb des Nabels abgestorben und daher nicht fluchtfähig über den Trümmern meines Möbels und riskierte einen vorsichtigen Blick nach oben.

»'n Abend«, brachte ich schüchtern heraus.

Im schlechten Licht sah ich, wie Hunderte Bücher, wie von Geisterhand gezogen, an die vordere Kante ihres jeweiligen Regalbrettes rutschten, präzise, gleichmäßig, bedrohlich.

»Was haben Sie gehört?« Die Frage kam kalt und emotionslos von oben.

Der kleine Meyer, Band 1.

»Alles«, hauchte ich erstickt.

Ein Raunen ging durch die Phalanx der Bände, alles rutschte einen Schritt zurück.

»Arschgeige, verkackte.« Das war sicher der Bornemann.
»Dann wissen wir, was wir zu tun haben«, sprach der kleine Meyer leise, und dann lauter: »Herr Vetter, Sie sind dran! Und … lassen Sie es wie einen Unfall aussehen.«
Voll unguter Ahnungen schaute ich nach oben und erkannte in dem Moment, als sein Schatten auf mich fiel, daß »Meyers Großer Weltatlas«, ein kiloschwerer Prachtband, den ich erst vor ein paar Wochen erworben und flach ganz oben aufs Regal gelegt hatte, seinen mächtigen Buchblock Zentimeter für Zentimeter über die Kante schob. Ich lag hilflos und unbeweglich unter ihm und er würde meinen Schädel knacken wie eine reife Wassermelone.
»Fahr zur Hölle, Schafschänder!«
Der Bornemann ging mir unsagbar auf die Nerven.
»Halt, halt!!«, rief ich. »Ich bin doch auf Ihrer Seite!«
Stille, dann von oben: »Beweisen Sie das!«
»Nun, ich hab euch schließlich gekauft.«
Stille.
»Das stimmt, mh.«
»Da hat er recht.«
»Ja, ja.«
»Natürlich, er hat mich damals sogar ohne Quittung mitgenommen, also ein Kauf aus Leidenschaft.«
»Die Gesichtsfünf! Ich glaub' der Arschkrampe nicht ein Kackwort!«

Der Bornemann ging mir sogar ungeheuer auf die Nerven. Ich hatte ihn bei eBay ersteigert. So viel zum Bücherkauf im Internet.

»Mitbücher, er hat uns gekauft, können wir ihm glauben?«

Allgemeines Gemurmel, das aber nicht mehr so feindselig klang. Aus dem Augenwinkel registrierte ich, daß der riesige Atlas Zentimeter für Zentimeter wieder in seine Ausgangslage zurückglitt.

Meyer 1 richtete das Wort an mich: »Werden Sie in Hinkunft unser Anliegen zu Ihrem machen und unsere Sache im Rahmen Ihrer Möglichkeiten vertreten?«

»Ja«, hauchte ich.

»Hat's dir deine Scheißstimme verschlagen, du Hackfresse?«

»Ja, sicher.« Ich sprach etwas lauter. Und den Bornemann würde ich morgen in ein Antiquariat bringen, schwor ich mir.

»Gut. Jemand dagegen? Nein? Dann sprechen Sie nun als Zeichen Ihrer Zugehörigkeit zu unserem Bund der Bände die Parole: Flieg Fisch …«

»… lies und gesunde«, vervollständigte ich die Losung. Allgemeines, zustimmendes Gemurmel war zu hören.

»Ich behalte dich im Auge, Arschbratze.«

Mit dieser mißtrauischen Ankündigung des Obszönen Wortschatzes der Deutschen im Ohr rappelte ich mich auf, rieb mir meine Oberschenkel, um den Blutfluß wieder anzuregen, und verließ mit einem höflichen »Gute Nacht, allerseits!« eilig die Bibliothek.

Ich hoffe, Sie verstehen jetzt, warum ich das alles tue.
Ich habe Büchern mein Wort gegeben.
Stärker kann man sich nicht binden.
Und wenn Sie demnächst abends nach Hause kommen, dann lassen Sie das Licht mal aus, gehen Sie leise zu dem Zimmer, in dem Sie Ihre Bücher aufbewahren, räuspern Sie sich einmal deutlich, damit die Regale zur Ruhe kommen können, dann öffnen Sie die Tür ein wenig und flüstern durch diesen Spalt mit der Wange am Türblatt in das Zimmer hinein: »Flieg Fisch …« – dann wird die Stille ein Weilchen vollkommen sein, aber dann werden Sie ein ganz leises, äolisches, vielmehr zu fühlendes »... lies und gesunde!« hören und dann wissen Sie, daß auch Sie Freunde haben, mächtige Freunde, und Sie sich nicht zu sorgen brauchen.
Man gibt auf Sie Acht.
Wenn Sie allerdings nichts hören, und CDs können nicht sprechen, dann ... seien Sie vorsichtig und gehen Sie so bald als möglich wieder in eine Buchhandlung.
Das letzte Mal ist wohl schon ziemlich lange her.
Und ärgern Sie sich nicht mehr über Angebote zur Penisverlängerung in Ihrer Mailbox.
Die sind doch, bei Lichte besehen, ein Zeichen der Hoffnung.

Glück, wo ist dein Stachel?!

Wenn ich ein Fischlein wär, flög' ich zu dir …

Ein Stachelrochen namens Glück
sehnt' sich nach einer Röchin,
er suchte was fürs Wasserbett
und eine gute Köchin.

Da fiel sein salzumflorter Blick
schwer auf die Röchin Rachel
und sie frug ihn, noch halb im Schlick:
Glück, wo ist dein Stachel?

Und voller Stolz zog Glück da blank
und zeigt' am Schwanz die Nadel
und sagte, er sei niemals krank
und von altem Adel.

So charmte er auf Rachel ein
und schon nach ein paar Wochen
ließ sie sich auf den Stachel ein
und Glück lernte zu kochen.

Und als ein Jahr vergangen war,
da schlüpft' ein kleiner Rochen
und Glück und Rachel nannten da
den kleinen Rochen Jochen.

Der Stachelrochen namens Glück
und seine Röchin Rachel
die zeigten sich noch manches Mal
in Liebe ihre Stachel.

Und sticht man sich beim Liebesspiel
als Fisch oft kleine Wunden,
so wird der Fisch, der dieses liest,
dann doch davon gesunden.

Ermpftschnuggn trødå, oder: Hinterm Staunen kauert die Frappanz!

Psalmen der Sorge

I. Die Hose

Hose,
Hose!
Ich sorge mich, Hose!
Denn siehe!

Seit Olims Zeiten kleidest du trefflich jeden Mannes Bein
und schütztest vor der Spitzigkeit der Dornen
gleichwie vorm Kältebiß des Winters!
Hose!
Begannest einst als Röcklein gar,
umspieltest schmeichelnd straffes Schenkelfleisch,
doch ließest frische Brisen ans Gemächt,
auf daß sich dieses nicht erhitze
und sein Saft nicht stocke und gerönne,
dieweil sein Träger sich dort mühet
im steilen Weinberg seines Herrn.
Hose!
Dann wurd'st zum Beinling du gewandelt,
der, das Säcklein weiter ausgespart,
röhrengleich das Laufwerk mäntelt',
daß auch die Wade kratzerlos und nicht bedrohet sei
vom Stiche des Skorpion,
der, im Halbschlaf lauernd, dort auf dem Steine

Sonne saugt
und welcher aufgeschreckt durchs Jäten im Gefäll'
so manches Mal den giftig' Stachel blitzgleich bohrte
in den Knöchel dessen, der da wirkte,
und so manchen Knechtes Lese vor der Zeit beendete,
obwohl noch schwere Trauben saftvoll Zweige bogen
in den übervollen Stöcken
und der Winzer sich sehr wohl verwunderte.
Hose!
Umschlossest endlich auch Gesäß und Schritt,
seit gut 300 Jahren
machtest jede Dummheit mit,
verkapseltest nun auch die Scham.
Hose!
Was jenen, die sich, rüpelhalber schmal bestückt,
darob von Weiberseite schmählich unbeachtet wähnten,
nun endlich Möglichkeit zur Polst'rung bot,
die dann die Wahrheit artig tarnte
und die Schmähung so verschob!
Bis zur Entblätterung!
Hose!
Warst lang, warst kurz, warst breit, warst schmal,
mal eng, mal weit, mal kreuz, mal quer,
aber, Hose, immer warst von Nutzen du!
Befördertest den Gang,
warst elastisch gar und abriebfest,
kurz: nutzenbringend all die Jahre!

Hose!
Und nun, Hose!?
Wer gab dir ein, daß du dich weigerst
nun seit kurzer Zeit,
den Träger ärschlings zu bedecken,
wie du's tatst seit alters her?
Was trieb dich, abzusacken
unter jene beiden Backen,
die hinterrücks den Knick bepolstern,
den der Herr in uns gelegt,
auf daß wir sitzen können, ohne Bruch?
Hose!
Wer zwang dich, abzurutschen, immer tiefer
und die Knie nun so zu bündeln als ein Sträußchen
Tulipan
und dem Gang des Mannes all das auszutreiben,
was den Raume griff, mit Weite und Elastik!
Wer zwang dich, dies charaktervolle Schreiten,
das dem Manne eigen war,
seit jenen Tagen, als der Herr ihn schöpfte
aus dem Dreck zu seinen Füßen,
zu beenden?
Zu Gunsten eines ehrlos entenhaften Eumelns,
eines stummelbeinig krampfulösen Krebsens,
eines stupide spasmogenen Stolperns?

Was, Hose, so frage ich dich, hast du dir dabei
gedacht?
Was?

Wie soll da Fortschritt sein,
wenn du die Knie uns knebelst?
Dein Rutschen, Hose, ist unser Niedergang!
Willst, Hose, jene, die du einst bewahrtest,
schmählich nun dem Spotte überlassen?
Waren's Asmodeus, Luzifer, die große Hure
Babylon, ja Satan gar,
der viel beschwänzte,
die dir eingaben, so zu rutschen?
Weil du dich, Hose, schwerlich tragen läßt,
wenn man drei Schwänze hat
und die Füße eines Bocks?

Hose?
War es das?

Dann, Hose, wisse:
Es liegt kein Segen da auf deinem Treiben,
und wenn du weiter abschmierst
wie bisher und tiefer sinkst,
dann, Hose, wisse, hast du ausgespielt!
Dann hat's sich ausgerutscht!
Dann nämlich, Hose, wirst du fallen,
Hose,
und zwar zur Gänze,
und wir wenden uns erneut und schottengleich
dem Rocke zu
und seinen Verheißungen aus alter Zeit
und dann, Hose, kannst du sehen, wo du bleibst,
als Lappen oder Lumpen,

zum Spaß räudiger Hunde,
die sich hechelnd um dich balgen,
und zum Reinigen der Fenster!
Während wir frei und unbefangen ausschreiten
wie in deinen ersten Tagen
und wenn's uns treibt,
etwa der Drang der Säfte vielgestalt,
dann heben spitzen Fingers wir das Säumchen
und müssen nicht mehr fummeln
an Reißverschlüssen und
skrupulösen Knöpfen zwischen unsern Knien,
den gewürgten!

Hose, willst du das, Hose?!!
Also.
Rutsch wieder rauf
und es wird Freude herrschen allenthalben
und den Menschen wird ein Wohlgefallen sein
und alles wird am Ende gut.

Aber nur dann, Hose, nur dann,
wenn die Hüfte du umspielst mir wie in alten Zeiten,
die Beckenschaufel mir bekränzest,
nur dann soll dir das Lied gesungen werden,
eine hohes gar,
als des Mannes bester Freund
und der Frauen treulich Kamerad!

Hose!

Und nur dann will ich mich nicht mehr sorgen!
Nur dann!
Also, Hose, hoch mit dir!
Geht doch.
Amen.

Wunderwerk Mensch

Widerspruch Mann

Der Mann als solcher steht ja in ständigem Widerspruch, und zwar nicht nur zu seinem Partner, sondern besonders zu sich selbst.

Nein. Doch.

Erstaunlich viele Mitglieder meines Geburtsjahrganges 1961 sind ja inzwischen 50 und darüber. Wunderwerk Kalender! Und nicht wenige hadern mit dieser Entwicklung, die ja durchaus auf dem Weichbild zur Schicksalhaftigkeit siedelt. Gut, seien wir ehrlich, uns ging's doch bis heute gold!

Wir haben zum Beispiel keinen Krieg verloren. Weil wir auch keinen angefangen haben. Manchmal ist es ganz einfach. Wir mussten aber deshalb auch keinen Schutt wegräumen, bis auf den aus Lego in unseren Zimmern, und haben die Studentenrevolten als lästige Unterbrechung des Vorabendprogramms zwischen »Männerwirtschaft« und »Immer wenn er Pillen nahm« abgesessen.

Und, schwupp!, sind wir schöne Männer um die 50 oder im Hirnverletzten-Deutsch der werbetreibenden Industrie: Wir sind, neben den Over Forties, den Under Fifties, aber auch den Beyond Hundreds und den Between-all-chairs, die sogenannten Best Agers.

Und damit sind wir in das Visier derer geraten, die sich daran gesundstoßen, daß wir häufiger krank werden, und zwar offensichtlich vor allem im Kopf. Entfesselte Wundärzte mit der intellektuellen Präsenz eines Hühneraugenpflasters durchstreifen die Wartezimmer der Republik, um wehrlosen Mädchen jenseits der 40 durch schadhafte Gel-Implantate die Haptik einer Wärmflasche zu verleihen, während sie uns Männer, die wir immerhin auch ohne Implantate dicker werden können, in die Kunst des bestmöglichen Alterns, des »best aging« eben, einführen wollen.

Denn richtig Altern ist eine Kunst und wer versteht schon Kunst! Ohne Führer! Auch das ein streng deutsches Phänomen!

Dabei ist es viel wichtiger, in Würde zu altern, auch wenn kein Mensch weiß, wo das liegt. Vermutlich ja hinter Hameln, da liegt ja sonst nicht viel. Platz genug wär also. Und genau hier, also hinter Hameln, scheinen sich die Widersprüche zu potenzieren, wenn auch »potenzieren« in diesem Zusammenhang vielleicht eine etwas unglückliche Wortwahl darstellt.

Zwar hat sich der schöne Mann um 50 in den meisten Fällen inzwischen gesellschaftlich straff positioniert, mit Glück gar sein Auskommen durch Einkommen gefunden, Frauen, Söhne, Häuser und Bäume je nach ihrem Verlangen und seinem Vermögen bearbeitet, hat sich aber auf dem Wege dahin von so manchem Selbstbild gelöst oder wurde gar von demselben entfernt.

Und dunkler wird's im Oberstübchen.

Und der Preis der Domestikation war hoch!
Nicht genug damit, daß die meisten schönen Männer um 50 inzwischen klaglos im Sitzen pinkeln, einige scheißen sogar inzwischen so. Wahnsinn!
Wo soll das nur alles hinführen? Ich sage es Ihnen: in die schlechte Laune. Und damit: in die erste Reihe.
Es führt leider oft genug in die erste Reihe. Also die im Theater.
Die erste Reihe im Theater ist ja *der* Ort, an dem der Mann das Gefühl hat, sich ungestraft noch mal so zeigen zu dürfen, wie er wirklich ist, ohne jede Verstellung, ohne jede parfümseifige Anbiederei. Die erste Reihe ist der Ort der Manifestation des Mannes, wie er sich selbst sieht, und damit natürlich der Albtraum des Bühnenpersonals, ja, das, was da an Männlichem in der ersten Reihe zeltet, ist viel zu oft die Altfleisch, ja Pemmikan gewordene, desinteressierte schlechte Laune, also die Heimsuchung jeden Künstlers.
Heute haben wir natürlich Glück! Nur gut gelaunte, schöne Menschen, die freiwilliges, aber virulentes Interesse am Guten, Schönen und Wahren zufällig hier zusammenführte.
Allerdings schreibe ich diesen Satz nicht nur hier rein, weil er heute mal die Wahrheit abbildet, sondern, um den Text in Ruhe zu Ende lesen zu können, wenn er die Wahrheit nicht abbildet.
Heute ist, Gott sei Dank, keiner dieser Tage, an dem in der ersten Reihe übellaunige Männer herum-

lümmeln, die aus ihrer magengeschwürigen Stimmungsausgasung auch nicht eine Sekunde einen Hehl machen wollen und von ihren Frauen sicherlich zur Abbüßung irgendeiner im Haushalt oder durch Fehlheirat erworbenen Altschuld ins Kabarett gezerrt wurden.
Heute ist, Gott sei Dank, keiner dieser Tage, in der der mißgelaunte Mann auch noch, zur Steigerung seines Martyriums, in der *ersten* Reihe neben der freudig gespannten Gattin Platz nehmen muß, direkt in jener Zone, die der unbegabte Tagedieb dort oben gleich speichelsatt und essensrestig einregnen wird, damit er, der fundamental mies gelaunte Mann, sich dann von dieser Hampeltasse auf der Bühne während der Absonderung irgendwelcher Plattitüden auch noch ins Bier spucken lassen muß, weshalb er dann schon mal ostentativ einen Bierdeckel auf das Weizenbierglas legt, das auf *meiner* Bühne steht!
Das Glas, welches da übrigens neben seinen Füßen steht, *diesen* Füßen, die er zur Entlastung der eigenen kalziumarmen Oberschenkelhalsarchitektur romadurig auf der Bühnenkante parkt. Doch das ranzlaunige, mundgeruchige Rumpesten reicht ihnen nicht aus, nein, Gott sei Dank ist heute nicht so ein Tag, an dem diese Männer den ganzen Abend lang dann auch noch mit vor der eingefallenen Trichterbrust verschränkten Armen in der ersten Reihe sitzen, eine einzige sehnige Ablehnung, und ihr Gesicht Nummer zwei zeigen, das da sagt: »Der, der

das witzig fand, was du da treibst, ist vor 30 Jahren von einem Bagger überfahren worden, als er in einem Dixiklo saß! Ich will heim. Heim will ich. Jetzt.«
Und daneben sitzt sein Mädchen mit glänzenden Augen und applaudiert bisweilen gar und fragt hinterher: » Ist dir eigentlich aufgefallen, daß ...«
»NEIN.«
Für diese Sorte Mann ist übrigens damals die Pause erfunden worden, nicht als Gelegenheit zur Atzung oder zum Gespräch über das Gesehene, sondern als Schlupfloch. Mann kann abhauen.
Mann sollte das aber auch tun und vielen wäre geholfen, nicht nur den Männern selbst, und damit auch deren Frauen, sondern auch all den Hampeltassen auf all den Bühnen dieser Welt. Und gute Laune zöge ein und die Unterhaltung in den Theatern insgesamt gewönne an Niveau. Und wer Mist sehen wollte, könnte weiter in die Stadien gehen, ohne jetzt damit etwas gegen den Fußball gesagt zu haben.
Denn wer in der ersten Reihe sitzt, sollte wissen, daß die erste Reihe die einzige Reihe ist, die man von der Bühne aus immer sieht, sehr genau sieht, und die man dann motivationstechnisch aushalten muß, neben den Füßen und den Gläsern. Also Männer, immer schön lächeln.
Andererseits wird es aber auch für den schönen Mann ab 50 immer schwerer, Verständnis zu ernten. Ja, ich merke zum Beispiel starke Veränderungen in der Wahrnehmung meiner Person durch

Dritte. Zum Beispiel, wenn die rausbekommen, daß ich nicht nur nicht so alt bin wie Sky Dumont, sondern auch nicht so aussehe. Wenn ich *überhaupt* eine Wahrnehmung meiner Person bemerke.
Erst unlängst führte ich den folgenden, in seiner Ausweglosigkeit geradezu Horst-Evers'schen-Dialog *tatsächlich* in einer Hotellobby im Anschlußgebiet, wobei die Skurrilität ins Fellinihafte wuchs, als ich durch den Spiegel hinter dem Tresen verfolgen konnte, wie einer dieser obszön großen Reisebusse einen Rentnererguß hatte. Alle, wohlgemerkt alle dem uteralen Busportal entquollenen Senioren trugen, ungeachtet des ihnen zu Grunde liegenden Geschlechtes, neben der mintbeigen Einheitstracht froh je eine rote Zipfelmütze mit blinkendem Bommel auf dem Kopf.
Das Ganze trug sich offenbar Ende November zu. Vor dieser speziellen Kulisse erging ich mich in folgendem Dialog:

»Guten Tag, meine Name ist Jochen Malmsheimer, für mich müßte hier ein Zimmer reserviert sein ...«
»Moooment, ich schaue mal eben nach. Wie war der Name?«
»Malmsheimer ...«
»Und wie schreiben Sie sich?«
»Groß.«
»Guten Tag, Herr Groß, ich kann hier ...«
»Nein, nein, nein ... mein Name ist Malmsheimer.«
»Aber eben sagten Sie doch, Ihr Name sei Groß ...«

»Nein, ich sagte, er *schreibe* sich groß, er lautet aber: Malmsheimer.«

»Merkwürdig. Und wie schreibt sich das?«

»Vorne mit M.«

»Hören Sie, ›vorne‹ schreibt sich mit ›n‹, ›vor-ne‹. ›Vorne‹ schrieb sich noch nie mit ›m‹.«

»Nein, nein, nein. Ich meinte Malmsheimer.«

»Was?«

»Malmsheimer schreibt sich mit ›m‹.«

»Das kann ja sein, aber ›vorne‹ schreibt sich mit ›n‹. Was also wollen Sie?«

»Ein Zimmer. Für mich müßte hier ein Zimmer reserviert sein.«

»Gut. Auf welchen Namen, bitte?«

»Auf Malmsheimer.«

»Aha. Und wie schreiben Sie sich?«

»Öh. Ganz normal: M-a-l ...«

»Ach, wie der Lastwagen!«

»Was?«

»MAL. Der Lastwagen!«

»MAN. Sie meinen MAN. Maschinenfabrik Augsburg-Nürnberg.«

»Hören Sie, wenn ich ›MAN‹ meine, dann sage ich auch ›MAN‹! Ich meinte aber ›MAL‹, ›MAL‹! Wie der Lastwagen eben!«

»Der Lastwagen heißt aber ›MAN‹!«

»Ach, der Lastwagen heißt ›MAN‹!«

»Ja doch.«

»Ach so. Und für MAN brauchen Sie jetzt ein Zimmer, Herr Groß?«

»Nein, zum Kuckuck! Mein Name ist Malmsheimer!«
»Aber das ist doch kein Grund, so zu schreien!«
»Doch, das ist es! Es gab nie einen besseren!«
(Stumme Blinkbommelrentner sammeln sich still um mich, mehr, immer mehr ... es erinnert an den Horrorfilm »Die Rentner« von Alfred Hitchcock.)
»Wenn Sie meinen, Herr Mannheimer, wie genau schreiben Sie sich?«
»Das ist doch vollkommen egal! Malmsheimer schreibt sich zum Beispiel ohne ›f‹!«
»Ohne ›f‹!! Mannheimer!! Ohne ›f‹!!!!«
»*(weint)* Malmsheimer, bitte ...«
»Aber da ist doch überhaupt kein ›f‹ in Mannheimer!«
»Das sagte ich doch!!!! Malmsheimer!!!!! Ohne ›f‹!!!!«
»Da ist überhaupt kein ›f‹ in Mannheimer. Dann brauchen Sie auch nicht extra darauf hinzuweisen. Es ist ja beispielsweise auch kein ›k‹ in Helmut, aber weis' ich da extra drauf hin, na?«
»Welcher Helmut denn jetzt?«
»Sandmann. Helmut Sandmann. Ohne ›k‹. Überhaupt kein ›k‹.«
»Und der wohnt hier?«
»Nein. Aber ich könnte ihm ein Zimmer reservieren, wenn Sie das wünschen.«
»Ja. Ein Zimmer bitte.«
»Also auf Sandmann.«
»Genau. Von mir aus. Auf Sandmann. Ein Zimmer.«
»Sehr gern. Und wie schreiben Sie sich??«
»Vorne mit ›n‹, dann ›Sand‹ ohne ›f‹, kein ›k‹ und zum Schluß ›mann‹.«

»Habe ich notiert Herr Mann. Ihr Zimmer ist gleich so weit. Und? Ihr nächstes Buch? Wird das wieder so ein Schinken wie die Guldenburgs?«

Mehr weiß ich nicht mehr. Es ist alles weg, aber ich bekomme heute noch augenblicklich Schluckbeschwerden, beginne, aus dem Mund zu trülen, werde kaltschweißig, fahrig und nervös, wenn ich jemanden mit einer blinkenden Zipfelmütze sehe. Das Phänomen »Weihnachtsmarkt« ist somit für mich erledigt. So hat auch alles seine guten Seiten.
Übrigens auch der schöne Mann um 50. Nur wollen das so wenige bemerken.
Der schöne Mann um 50 wird erstaunlich selten von seiner Umgebung als das wahrgenommen, was er in Wahrheit ist: als Schatzkästlein nämlich, als ein Hort des Wunderbaren, des Verblüffenden, des Erstaunlichen!
Dabei brauchen wir, um Wundersames und Mirakulöses zu sehen, gar nicht erst den Blick in die Weiten des Himmels, an das Firmament, auf das ganz Große zu richten, oder durchs Mikroskop auf das Klitzekleine zu linsen, nein, es reicht oft, uns selbst ins Auge zu fassen, das Mittelschwere quasi, und sprachlos zu werden angesichts der Wunder, die sich in und auf uns offenbaren! Schaut halt mal her!
Gerade schöne Männern um 50, denen ja mit fortschreitendem Alter und manchmal vielleicht gar nicht ganz ohne Anlaß, wie man hört, eine gewisse, teigige Trägheit nachgesagt wird, gerade wir Männer

also sind oft genug Schauplatz fast hektisch anmutender, wundersamer Veränderungen, die jene eben noch unterstellte Trägheit geradezu als Sinnestäuschung entlarven.

Ich beispielsweise bin, wie etwa auch Nordeuropa schon vor 1000 Jahren, zurzeit Schauplatz großer Wanderungsbewegungen. Wie sich seinerzeit die Goten nach Süden wandten, neue Siedlungsräume zu erschließen, wenden sich nun meine Haare von den angestammten Gestaden im Stirn- und Schädelbereich ab, um neue Weiten zu erkunden und neue Welten zu entdecken, die nie ein Haar zuvor betreten hat.

In Amundsen'scher Entdeckerlust und Scott'schem Pioniergeist schrecken sie dabei weder vor ausgedehnten Höhlensystemen, deren Eingänge von Nase und Ohren markiert werden, zurück, noch bremsen sie die ausgedehnte, wogende Weite des Schultergürtels oder der Grand Canyon der Wirbelsäule im Meer des Rückens, der dann an jener grübchenbewachten Pforte im Schatten der hoch aufragenden Zwillingshügel endet, welche jene Schlucht säumen, die den Ausgang der Welt birgt.

Selbst hier scheint sich das Siedeln noch zu lohnen.

Immer stärker flieht das Haupthaar die sturmumtosten Höhen der Stirn und sucht Schutz vor den Unbillen der Witterung in geschützteren Bereichen. Es soll Männer geben, die, infolge zu kleiner Ohren und übertriebener Nasenhygiene, über eine vollkommen mit Eigenfell ausgekleidete Mundhöhle klagen, was das Essen unschön macht, hat man doch ständig Suppe im Haar. Und das Zähneputzen wird so dem Kämmen immer ähnlicher.

Auch äquatorial tut sich einiges, in der hominiden Entsprechung der Plattentektonik ändern die Kontinente ihre Gestalt. Während die rumpfmuskuläre Waschbrettplatte in die Subduktionszone hinabtaucht, um dort aufgeschmolzen zu werden, türmt sich nun als Folge intraabdominaler Konvektion das Bauchgebirge auf, wo eben noch die asiatische Steppe war, ist nun der Himalaya gewachsen.

Diese Prozesse laufen fernab jeder Beobachtbarkeit so langsam ab, daß selbst der, auf dem sie stattfinden, keine Notiz davon nimmt und nur eines Morgens erstaunt feststellen muß, daß von nun an nach Gehör zu pinkeln ist, weil der Piepmatz hinter den Kordilleren verschwunden ist. Wenn dann auch noch altersbedingt das Ohrenlicht langsam erlischt, ist das der direkte Weg in eine Riesensauerei, die wiederum eine ernsthafte Prüfung der Beziehung darstellt.

Und das treibt dann die einen mit der Hantel in der Hand in die Hände von Turnlehrern, die mit zum Teil abenteuerlich anmutenden Techniken, die ihre Herkunft aus den Kellern der Inquisition nicht einmal verleugnen *wollen*, versuchen, das körperliche Leistungsniveau des schönen Mannes dem vorhandenen intellektuellen anzugleichen, indem sie den Körper stärken.

Und es treibt die anderen mit der Chipstüte in der Hand auf die Couch vor das Fernsehen, welches

dann intensiv durch gedankenarme Glücksspiele-Koch-Talkshow-Melasse versucht, das intellektuelle Leistungsniveau des schönen Mannes um 50 auf das vorhandene Körperliche zu drücken.
Und das sehen dann auch die Kinder.
Und deshalb mache ich mir große Sorgen.
Sehr große Sorgen.

Psalmen der Sorge

II. Das Fernsehen

Fernsehen,
Fernsehen!
Ich sorge mich! Fernsehen!
Denn höre!

Wohin sind die Tage,
da du, Fernsehen, noch das Gebot zur Bildung
spürtest,
welches neben vielen anderen
der Holzamer Karl und der Grimme Adolf
einst vom Berg der Lerche herab sangen ...
Wohin?

Wohin, Fernsehen, sind die Tage,
da du jene Gebote noch befolgtest
wie etwa dieses, das da heißt:
Du sollst nicht ausleeren die Kübel Werbejauche
ein ums andere Mal über unseren Köpfen!
Oder:
Du sollst nicht träufeln das Gift der Ruhmsucht
in die Ohren junger Menschen,
auf daß sie nicht der Blödigkeit anheimfallen
und sie sich, willfährig als wie Milchvieh,
einsperren lassen in große Kisten,
in der steindummen Hoffnung,

brunzbanales Leben gewinne allein dadurch,
daß es gefilmt werde, an Format.

Es liegt kein Segen auf deinem Tun, Fernsehen!

Du sollst nicht blenden die Kinder, Fernsehen,
mit der irrigen Aussicht,
es sei möglich, durch das Trällern dümmlicher Lieder
Reichtum anzuhäufen,
und sie sich dieserhalb vor einem Zeloten,
der bewiesen hat,
daß zwischen Erbrochenem und Musik kein Unterschied bestehen muß, singend zum Makaken
machen!

Du sollst nicht blenden die Kinder, Fernsehen,
und sie verleiten, klumdumm über Stege zu stöckeln
in Kleidern, die niemand braucht,
um damit dem Käfer gleich zu werden,
der wohl das Gefühl hat, viel bewegt zu haben,
allerdings nicht weiß,
daß es Scheiße war, was er da rollte.

Wohin die Tage,
da du, Fernsehen,
uns, die wir dich schauten,
als vom Herrn in seiner Güte mit Hirn Versorgte
ansahst,
deren Horizonte zu erweitern du den Auftrag hattest?
Wohin also die Tage, Fernsehen,

in denen du uns ernst nahmst, Fernsehen,
wohin?

Wohin die Tage,
da du, Fernsehen,
uns anbotest Weidenkörbe,
übervoll mit dem Obst der Überraschung,
... da du uns offeriertest irdene Krüge,
überschwappend von der Milch der Erheiterung,
... da du uns schenktest linnene Säcke,
prall gestopft mit den ölsatten Oliven
der Erkenntnis,
... da du uns locktest mit getriebenen Schalen,
gestrichen voll mit der Butter der Besinnung und
der Sahne des Wissens ...
wohin?

Wohin die Tage, Fernsehen,
da jenes Füllhorn,
daß du, Fernsehen, einst gewesen warst,
täglich und gern geleert wurde, bis zum Grunde?
Von uns?
Wohin?

Wohin, die Tage, Fernsehen,
da du so die trockenen Kehlen derer netztest,
die da dürsten nach Erkenntnis und nach Wissen!
Wohin die Tage, Fernsehen,
an denen du nichts unversucht ließest,
die Wohnungen unseres Geistes zu schmücken,

mit den Ölbildern, Aquarellen, Gouachen
und Skulpturen der Kultur?
Wohin?

Wohin die Tage, Fernsehen,
da dein ganzes Wirken darauf gerichtet schien,
daß die Musik der polychromen Weltbeschreibung
unsere Köpfe zephyrgleich durchwehe
und der Mensch gebildet werde
und Befriedigung
wie auch Zerstreuung finde
im Lernen und im Schauen,
all so wie es geweissagt ist,
seit alters her.
Wohin sind diese Tage, Fernsehen?!
Wohin???

Und um Mitternacht war Schluß!!
Ruhe, Stille, samtige, sanfte Schwärze!!
WOHIN, GOTTVERDAMMT, SIND DIESE WUNDERBAREN TAGE, FERNSEHEN!!!!?

Verweht, auf immer!
Rettungslos verloren im Gebrumm!
Weißes Rauschen ist Programm,
und das auch noch in Farbe!

Verweht die Tage,
da Jacques-Yves Cousteau
den Nachen genannt Calypso

in alle vier Winde und Weltgegenden lenkte,
die vielgestalten Wunder der Tiefsee
in unsre Hütten zu bringen,
auf daß wir lernten,
auch jene Teile der Schöpfung zu ehren,
die uns unbekannt!

Verweht die Tage, da der Zoodirektor Grzimek
oder gar Heinz Sielmann
näselnd mit polypverstopftem Atemgang
die Tierwelt uns erklärten und bewiesen,
daß nicht allein die Serengeti unsres Schutzes wohl bedarf,
sondern auch die Geest, der Harz, die Alpen!

Verweht die Tage,
da Horst Stern das Lied der Arachniden sang
und so Millionen heilte von der Angst vor Spinnen,
allein durchs Wissen über sie;
und er laut vom Wundersamen sprach,
das selbst im Kleinsten
noch so mannigfaltig wohnt.

Verweht die Tage,
da Heinz Haber nur einen dicken Edding brauchte,
um die Schwerkraft zu erklären!
Ganz ohne animiertes,
stroboskopes Trickgedröhn
und wir haben's auch verstanden!

Verweht die Tage,
da du, Fernsehen,
Schach gezeigt! Schach! Scha-hach!
Mit Helmut Pfleger,
in Schwarz-Weiß!!!!

Verweht die Tage,
Fernsehen, da du Inhalte bot'st,
bist heute nichts als Hülle,
äuß're Form oder,
wie du das gerne nennst:
Format!

Das aber, Fernsehen,
ist ein Irrtum,
gerade Format ist's,
das so deutlich wir vermissen!

Neben Reportagen und Gesprächen,
Gesprächen!
Von Leuten, die was wissen!
Und das gern andre hören lassen,
zu beiderseitigem Gewinn!
Kein blasiertes Talkgebrumm von Politikdarstellern,
die scham- wie kostenlos Parteienwerbung treiben.
Nein, das *Gespräch* vermissen wir,
allein der Sache dienend
und in hölzern' Höfer'scher Manier,
mit einem Gläschen Müller-Thurgau!
Oder vier!

Und das kleine Fernsehspiel vermissen wir,
den Rockpalast, die kleinen Strolche,
Turnikuti, Turnikuta, der Zebulon ist nicht mehr da,
das vielleicht Hausbackene und Harmlose,
aber eben auch Ehrliche und Substanzielle!
Das, Fernsehen,
vermissen wir sehr und schmerzlich!

Und den, der einst das Kochen
aus dem Serail der kulturellen Technik
in die Peep-Show-Box der Unterhaltung zwang
und es nun Artistik nennt,
die man auf Bühnen zeigt,
statt Theater, Tanz oder Musik,
der soll herabgebracht werden
in den ersten Kreis der Hölle
und dann in guter Butter
mit ein wenig Salbei kroß gebraten werden,
von allen Seiten,
und dann soll er
bei mittlerer Hitze noch ein wenig ruhen,
auf daß seine Fasern sich entspannen
und kein kostbar' Saft ins Freie trete.
Und dann soll er geschnitten werden,
in feine Scheiben,
und artig angerichtet
und serviert werden
und dann soll er vertilgt werden
mit Stumpf und Stiel

und dann ist vielleicht endlich Ruhe!
Und es hat sich ausgekocht.
Und aus dem Event wird wieder eine Mahlzeit!

Und in den Redaktionen wird man sich besinnen
auf die eigentliche Arbeit, auf Inhalte!
Und nicht auf Rezepte!!!

Denn siehe, Fernsehen:
In Zeiten,
wo wir alle Geiseln sind der Geldverleiher,
wo die Teppichschmuggler an den Hebeln sitzen
und nicht die,
die ihn einst geknüpft,
in solchen Zeiten, Fernsehen,
brauchen wir jede Minute deiner Zeit,
daß wir die Angst verlieren vor dem Apparat
durchs Wissen über ihn,
wie einstmals bei den Spinnen.
Und nur noch an den Justizpalästen
soll geschrieben stehen, in gold'nen Lettern:
Alle Gerichte auch zum Mitnehmen!

Denn siehe!
Und höre!
Denn das ist geweissagt:
Lanz soll gebrochen werden!
Und Lichter soll ausgehen!
Und es soll kein Gelafer mehr sein allenthalben!
Und für dich, Fernsehen,

soll gelten, jetzt und immerdar:
Wissen ist Macht, aber:
Kochen ist Mist!
Nie mehr Gewäsch,
mehr Zeit für Lesch!
Und wenn nicht, dann:
wirst gänzlich abgeschaltet, du,
eingestampft und granuliert!
Und wir spielen wieder Karten, Puzzle
oder einfach an uns rum.
Geht auch.
Amen.

Ermpftschnuggn trodå

Die Geschichte des Deutschen, oder: Wie alles begann
Teil 1

Schwer und milchschaumgleich begischtet rollen die schiefergrauen Wogen des Nordmeeres in majestätischer Formation auf die Küste zu und brechen sich in tosendem Donnern am klüftigen Gestade.
Weit im Westen zeichnet sich der kochende Horizont scharf vor dem schwarz dräuenden Himmelsmeer mit hoch aufragenden Wolkentürmen ab, der Wind frischt merklich auf, die Luft riecht metallisch, elektrische Spannung läßt die Atmosphäre knistern, die Welt lechzt nach Entladung.
Vor einer geräumigen Höhle im steil aufragenden Uferbereich brennt flackernd ein Feuer.
Im Höhleninneren lagern teilnahmslos zwei Weibchen, von denen eines etwa 16, das andere fast 40 Sommer sah.
Der gedrungene Körperbau, die kräftigen, langen Arme, die starken Augenbrauenwülste und das völlige Fehlen elegant geschnittener Nachtwäsche lassen keinen Zweifel zu: Neandertaler.
Die beiden klauben sich unter leisem Geschnatter gegenseitig Läuse aus dem Kopffell und pralle Zecken aus den Achselhöhlen, um diese dann anschließend genußvoll zwischen den Zähnen zu knacken.
Am Höhleneingang hockt ein steinaltes Männchen, offenbar um die 50 und schrumpelig wie ein Winter-

apfel, das, wiewohl vollständig zahnlos, seit Tagen bemüht ist, nur durch dauerndes, speichelreiches Kauen, aus einer Hirschhaut einen Winterumhang mit Kapuze und verdeckter Schnürleiste zu fertigen. Das Feuer sekundiert knackend und prasselnd die schmatzenden, zahnlosen Malmgeräusche des Alten, der unablässig den Hirschbalg gerbend auf der Felge kaut.
Zum Winter muß der Mantel fertig sein.
Von weit her weht des Säbelzahns Gebrüll, die Dämmerung bricht herein, der große Räuber drängt zur Jagd.
Da taucht am Strand der lang Erwartete auf, der Jäger, von der Pirsch zurück, die ihn drei Tagesmärsche weg von der Höhle in die Wälder führte. Der erklimmt trotz tagelanger Wanderung noch leichtfüßig das Gesims, erreicht das Feuer, lässt im Schwunge die erlegte Ricke von der Schulter gleiten und raunzt den Mantelkauer an:
»Nrigullmöste schrampfte suttn, Prazza wemm, Schrampfte suttn!!«
Und der Alte nimmt den Hirschbalg aus dem Mund und entgegnet:
»Laß den Scheiß, Helmuth, und sprich anständig mit mir.«
»Abba schrampfte suttn, schrampfte suttn!«
»Ja doch, Helmuth, ich bin dran, ich weiß, aber erst der Mantel, Herrgott nochmal!«
»Suttn abba, ermpftschnuggn trødå!«
»Ja, ich beruhige mich auch. Jetzt geh rein.«

Und der Jüngere trollt sich in die Höhle, um sich dort, wie jeden Abend, mechanisch mit den Weibchen zu paaren.
Der Ältere zerrt derweil, weiter naß den Mantel kauend, die Innereien aus der Ricke.
Der Wind frischt auf, der kühle Vorbote des nahenden Gewitters.
Das Feuer flackert unruhig in der Brise, Schatten tanzen an der Höhlenwand.
Dunkelheit kriecht aus dem Wald.
Die Rotte rückt zusammen …

Deutsch

Vom Deutschen lernen heißt Deutsch sein lernen

Die Nacht lag schwer und still über Mannheim. Dunkelheit schwappte in den geometrischen Gassen seicht an die Fassaden der Häuser und machte sich leise glucksend in den Köpfen der Schläfer breit. Die Kinder Mannheims schliefen tief. Unruhig wälzten sich oftmals die Söhne hin und her, die ja bisweilen an einer störend christlich eingefärbten Form lautstarker Melancholie leiden, der sogenannten Offenen Naidoo-ose.

Die Töchter Mannheims haben, Gott sei's gedankt, Joy Fleming, sind deshalb insgesamt besser drauf und schlafen allesamt ruhiger und traumlos.

Stille lag über dem Straßennetz, wie über dem hoch aufragenden Verlagsgebäude, dessen Flure zu dieser Stunde natürlich menschenleer waren.

Im zentralen Korridor, drei Stockwerke unterhalb des Erdgeschosses, glühte an dessen Stirnwand die Skala einer beeindruckenden Maschinerie in astronomischem Rot, welches den langen Flur und seine an den Wänden sauber aufgereihten Karteischränke mit den Aberhunderten, sorgsam etikettierten Schubladen nur ungenügend zu erhellen vermochte. Das backofige Rotleuchten lasierte nur das erste Drittel des langen Flures. Der Rest ruhte in assyrischer Finsternis.

In diesem Keller findet, von uns Sprechern unbemerkt, jeweils nach exakt 800 Millionen grammatikalisch einwandfrei gesprochenen Sätzen mit Subjekt, Prädikat und Objekt, also in bedauerlicherweise nachlassender Häufigkeit, die Generalversammlung des Deutschen, das »Concilium linguae germanorum«, oder neudeutsch: das »Laberschwör-Thing« statt, in welchem die Sprache, selbst alle innersprachlichen Belange, wie Wortschatzschutz und Vokabelbestand, diskutiert werden, aber auch die Deponensableitung durch Laien und etwa die Silbenpflege sind immer wieder Thema.
Gerade die Silbenpflege bedarf besonderer Sorgfalt, sitzt der meiste Dreck ja oft genug in den kleinen Hohlräumen zwischen den Silben und bleibt beim Wortputzen nicht selten unbehelligt. Es kommt dann zu Wortfäule bis hin zu anschließendem Satzausfall, der ja zu endgültiger Stille im Kopf führen kann, wenn nicht vorgebeugt wird.
Den Vorsitz der Generalversammlung führt der jeweils erste Eintrag eines Bandes des »Grimm'schen Wörterbuches«, das nächste Mal also das erste Wort aus Band acht.
Soeben meldete die karmesinglühende Anzeige, daß offenbar im fernen Singapur ein Schüler der vom Goethe-Institut weltweit unterhaltenen Sprachschule seinem Lehrer auf die Frage, was er denn von einem Studium in Deutschland erwarte, geantwortet hat: »Das Loch in der Tasche meiner Hose ist größer als der Garten meines Oheims!«

Just sprangen im Schauglas des Sentenznummerators im Germanoskop acht Neunen auf Null und eine Sieben auf die Acht.
Der 800-millionste gesprochene Satz!
Die Skala des Grammatographen daneben zeigte den beachtlichen Wert von 8,5 auf der nach oben weit offenen Dichterskala an, was offensichtlich dem im Satz enthaltenen Komparativ geschuldet war.
Wegen der sprachschuleigentümlichen Beziehungslosigkeit von Frage und Antwort gab es einen kleinen Abzug, aber der Satz konnte gewertet werden und der nächsten Generalversammlung des Deutschen stand nun nichts mehr im Wege.
Die bronzene Glocke oberhalb der Narratometrie schlug majestätisch acht Mal, die Töne durchwehten den langen Korridor mit den vielen Hundert Schubladen, und wie von Zauberhand aufgezogen, öffnete sich eine nach der anderen, und im Rhythmus der Öffnung erfüllte anschwellendes Geraune und Gewisper den langen Raum. Eine Schublade nach der anderen glitt auf gut geölten Schienen aus dem hölzernen Bauch der Registratur, die unteren am weitesten, die darüberliegenden immer etwas weniger weit, so daß man sich, wäre man Zeuge, alsbald am Ende eines antiken Stadions gewähnt hätte, dessen terrassierte Ränge nun die geöffneten Schubkästen bildeten. Jeder Schubkasten barg Tausende Karteikarten, auf deren Vorderseite das jeweilige Wort verzeichnet war, dessen Rückseite

aber die Fundstellen dieses Wortes in der Literatur angab, sein Vorkommen in der Sprache mit Belegstellen und Zitaten, sein Ausweis also, schriftlicher Beweis seiner Existenz wie Relevanz.

Inzwischen erfüllte vieltausendstimmiges Geplapper den Raum.

An seiner Stirnseite, unterhalb der Apparatur, war ein einfaches Bücherbord angebracht, auf dem eine der ersten Auflagen des »Deutschen Wörterbuches« von Jacob und Wilhelm Grimm stand. Ehrfurcht gebietend ledrig verströmte es diesen wundervoll saftigen Geruch nach feuchter Erde, nach Torf, wie ein Wörtermoor eben zu duften hat.

Kaum war der letzte Glockenschlag verklungen, als auch schon der achte Band sich leise schabend aus der Formation löste, sacht nach hinten kippte, mit jenem edlen Klacken, welches schweinslederne Rückenrippen eben zu machen pflegen, auf denselben zu liegen kam, den Buchdeckel öffnete, Schmutztitel, Frontispiz und Vorwort vorsichtig überblätterte und die Seite eins aufschlug.

»Glibber« lautete der erste Eintrag und dieser war somit der Vorsitzende dieser Generalversammlung, der amtierende Wortschatzmeister. Die korrekte Anrede lautete übrigens: »Seine Alphabetabilität« oder »Seine Wörtlichkeit«.

Diese erhob nun die Stimme und versuchte, das Geplapper zu übertönen: »Brüder und Schwestern, bitte ...«

»Und was ist mit den Sachen? Er hat die Sachen vergessen!«, empörte es sich aus einer Schublade oberhalb.

»Herrgott, und Sachen ...« Seine Wörtlichkeit korrigierte sich, ein wenig ungeduldig.

»Er vergißt immer die Sachen!«, rief es nun auch von unten.

»Das kann ja gar nicht sein, ich mache es doch zum ersten Mal!«, empörte sich der Vorsitzende.

»Aber die anderen vergessen auch immer die Sachen!« Die von oben ließen nicht locker.

»Ruhe jetzt, Brüder, Schwestern und Sachen! Hiermit erkläre ich in meiner Funktion als Meister vom Schatz, Hüter der Grammatik und Bewahrer der Interpunktion die achte Generalversammlung des Deutschen dieses Geredezyklus für eröffnet! Ich verlese die Tagesordnung:
TOP 1: Abmilderung der Folgen der Rechtschreibreform für Worte mit ›ph‹ und TOP 2: Neuaufnahmen. Zu TOP 1, bitte, der Ausschuß zur Abmilderung der Folgen der Rechtschreibreform hat einen Vorschlag für die Ph-Problematik erarbeitet. Der Vorsitzende möge bitte referieren ...«

Aus der Schublade mit der Aufschrift »F-Fan« schob sich ein Kärtchen mit dem Begriff »Fantasie« nach oben und begann zu sprechen:

»Brüder, Schwestern und Sachen! Durch die Änderung von ›ph‹ zu ›f‹ haben viele Begriffe unserer Sprache an Schärfe, Kantigkeit und Kälte zugenommen. Seit er nur mit ›f‹ geschrieben wird, klingt

›Delfin‹ nur noch wie das Ende von ›Dell‹ auf Französisch, ›Filosofie‹ ist zum Debattierclub im Radio verkommen, ›Fotografie‹ zum digitalen Knipsen und eine ›Fimose‹ ist weitaus schmerzhafter.
BrüSchweSachn! Das kann so nicht hingenommen werden. Um dem Verschwinden des ›ph‹ in der deutschen Rechtschreibung entgegenzuwirken, so unser Vorschlag, sollen im Gegenzug Doppel-›f‹ oder ›v‹ durch ›ph‹ ersetzt, also phisiert werden. Statt ›Fimose‹ also ›Phorhautpherengung‹! Der Schmerz klingt sofort ab. Oder nehmen Sie als Beispiel den Begriff ›Verblüffung‹. Der Grad der Verblüffung nimmt mit der Phisierung zu, ersetzt man das Doppel-›f‹ durch ›ph‹. Es spricht sich gleich verblüphter: ›Verblüphung‹. Will man die Verblüphung bis zum geradezu blödsinnigen Staunen steigern, ersetzt man auch noch das anfängliche ›v‹ durch ›ph‹. ›Pherblüphung‹! Nie war sie größer!
Liebe BrüSchweSachn!
Schreibt man ›Aphe‹ mit ›ph‹, wird seine verwandschaftliche Nähe zum Menschen plötzlich spürbar, eine ›Waphel‹ ist viel mehr Gebäck als eine kleine Pistole, die Magie alles Mathematischen schlummert im Wort ›Zipher‹ und den notorisch mechanischen erotischen Dienstleistungen im Puff gesellt sich ein Hauch Romantik zu, spricht man ihn ›Puph‹!
Der Suph ist nicht mehr nur selbst verschuldete Abhängigkeit, sondern birgt auch Genuß, die Muphe erfreut den Installateur und ein Kaph ist plötzlich auch eine liebenswerte Ortschapht!

BrüSchweSachn!
So kann der Verarmung unserer Sprache im Schriphtbild Einhalt geboten und der Bedeutungsgehalt des Einzelnen unterstrichen werden! Das ist zu schaphen! Es braucht nur ein wenig Phantasie und Durchsetzungskraft!!«
Diese Begeisterung war so ansteckend, daß nicht wenige Karten spontan versuchten, im Schubkasten mit dem Anfangsbuchstaben F eine Kommune der »phrisch Phisierten« zu gründen, bis einige Karteireiter einschritten und die unangemeldete Phersammlung auphlösten.
Seine Wörtlichkeit ergriff erneut das Wort: »Liebe Brüder, Schwestern und Sachen! Ich interpretiere die allgemeine Aufregung als Zustimmung ...«
Stürmischer Applaus, durchsetzt mit Bemerkungen und Zwischenrufen wie »Pherdammt richtig!« und »Phogel-Phaus müssen raus!« rauschten durch das weite Rund, »... aber wir haben noch einen zweiten Punkt auf der Tagesordnung: Neuaufnahmen! Mir liegen mehrere Anträge auf Eindeutschung vor ...«
Sofort erhob sich lautstarker Widerspruch.
Begriffe wie »Krankentagegeldversicherung«, »Ortsgruppenleitung« oder »Reisekostenabrechnung« schoben ihre Karten in die Höhe und machten lautstark Front gegen die Neuaufnahme von Wörtern ins Deutsche. »Wir sind voll, wir brauchen keine Wörter aus anderen Kulturkreisen, die nehmen uns doch nur die Sprachplätze weg und deren Verben bekommen so viele Kinder ...!«

Doch Seine Alphabetabilität ging sofort dazwischen: »Wenn wir immer so gedacht hätten, bestünde das Deutsche bis heute nur aus Grunzlauten und ein paar organisierten Rülpsern, wobei ich zugeben muß, daß das für jene Sprecher, deren Weltbild Sie hier offensichtlich vertreten, auch ausreichen würde. Nein, Zuzug ist Bereicherung! Deutsch bedeutet in seiner ursprünglichen Bedeutung nichts anderes als einfach, simpel oder gemein und bezeichnete die Sprache der kleinen Leute, des einfachen Volkes, im Gegensatz zum Latein der gehobenen Stände! Es verträgt also alles, außer Hochmut! Und fast alle von uns haben eine außerdeutsche Herkunftsgeschichte: ›Humanität‹, ›Humor‹, aber auch ›Idiot‹ sind Worte, ohne die das Deutsche nicht vorstellbar ist. Und alle sind sie Lehnworte! Die Zeiten ändern sich und damit auch der Wortschatz, Vielfalt statt Einfalt und Einheit in Vielfalt!«
Seine Wörtlichkeit hatte die Stimme erhoben: »Mir liegt hier der Antrag des Verbums ›chillen‹ zur endgültigen Aufnahme in den Wortschatz vor, ich bitte den Leiter des Aufnahmeausschußes, den Kandidaten kurz vorzustellen.«
»Gerne.« Eine Karte mit der Aufschrift »Ausschußvorsitzende, der, die« schob sich aus der Lade »Au-Aut«.
»Das Verbum ›chillen‹ ist dem Englischen entlehnt und bedeutet ...«
»›Fleisch heiß machen‹! Es bedeutet: ›Fleisch heiß machen‹!«, brüllte das Substantiv »Flurwoche«.

»Das ist doch Unsinn! ›Fleisch heiß machen‹ nennt man ›grillen‹«, entgegnete das Verb »grillen«, während sich seine Karte gefährlich weit aus der Schublade lehnte, »und mich gibt's schon und ich komm' aus dem Französischen!«

»Und warum biste nicht da geblieben?!«, giftete die Flurwoche zurück.

»Weil es hier sonst nur kalte Platten gäbe und wer will das schon!«

»Ich, ich will das!!«, die Flurwoche überschlug sich fast. »Die lassen sich nämlich viel leichter sauber halten, aber davon hast du ja keine Ahnung!! Bratflittchen.«

»Dumpfputze!«

»Schmorschlampe!«

»Boh-ner-bin-se!!!«

Seine Wörtlichkeit schaltete sich begütigend ein: »Beruhigen Sie sich doch, es geht doch ums ›Chillen‹ bitte ...«

Doch die Flurwoche wollte sich nicht beruhigen: »Ich komme aus dem Niederdeutschen und muß mich hier nicht ...!«

»Richtig, nieder ist richtig!!!«, grätschte Grillen von unten dazwischen. »Flur kommt von althochdeutsch ›vluor‹ und hieß mal ›flach‹ und die Woche ist der Mist zwischen den Sonntagen, das ergibt zusammen: ›flacher Mist‹! Noch nicht mal zu einem Haufen hat's gereicht!«

Der Flurwoche trat Schaum auf die Karteikarte und sie machte Anstalten, aus dem Schubkasten zu

klettern und in den darunterliegenden zu springen, in der herausgebrüllten Absicht, dem Verbum »grillen« die Karte final zu verknicken. Grillen hingegen konnte es im Kreise seiner Deponentien, also »angrillen«, »abgrillen«, »direkt und indirekt grillen«, »vorgrillen« und »nachgrillen« sowie der großen Brüder »Schwenkgrill«, »Kugelgrill« und »Kühlergrill«, kaum erwarten, die Flurwoche ins Niederdeutsche zurückzuprügeln.
Seine Wörtlichkeit ging mit der gesamten, ihm zugestandenen Autorität dazwischen: »BrüSchwe-Sachn! Beruhigen Sie sich, es geht ums ›Chillen‹, deswegen wollen wir doch keine Schlägerei anzetteln, Frage an den Vorsitzenden des Aufnahmeausschusses: Bekräftigen Sie den Antrag des Kandidaten?«
Der Angesprochene bog sich ein wenig, die zweidimensionale Entsprechung eines stolzen »Sich-in-die-Brust-Werfens«, und sprach: »Wir unterstützen den Antrag des Bewerbers nachdrücklich, da ›chillen‹ ein Bedeutungsfeld abdeckt, das wir so noch nicht abgedeckt hatten, aber dringend abdecken sollten. Es leitet sich ja vom englischen ›to chill‹, ›abkühlen‹, her ...«
»Aber wir haben doch abkühlen!!«, rief das Verb »abkühlen« empört.
»... und es meint im Deutschen so etwas wie ›beruhigen‹ ...«
»Aber wir haben doch auch ›beruhigen‹!«, empörte sich das Verb »beruhigen«.

»Das ist richtig, die Einzelbegriffe besitzt das Deutsche bereits aus heimischer Produktion, aber die Kombination, im Sinne eines kühlenden Ruhens, eines beruhigenden Kühlens, also die tranquillitas frigoris, die Ruhe der Kälte, wie sie etwa Scott und Amundsen seinerzeit ...«
»Mist, Mist, Mist, Riesenmist!!«, fuhr die Flurwoche dazwischen. »Scott und Amundsen, die Ruhe der Kälte, das ist doch totaler Mist!«
»Nein, das ist zeitgenössische Jugendsprache, in der Sie natürlich nicht mehr vorkommen!«, entgegnete der Ausschußvorsitzende maliziös.
»Natürlich komme ich da nicht mehr vor!!«, schrie die Flurwoche hysterisch. »Und ich bin froh, daß ich da nicht mehr vorkomme, weil die Jugend verlaust, verdreckt und verkommt und weil keiner mehr die stille Schönheit eines aseptischen Kunststeinhausflures, von dessen Stufen man essen könnte, und die vulkanisierte Eleganz blank polierter Gummibäume in intimem Glasbausteindämmerlicht zu schätzen weiß ...!!!«
»Nein, Sie kommen in der Jugendsprache wirklich nicht mehr vor«, entgegnete der Ausschußvorsitzende, »und zwar, weil ›Flurwoche‹, neben ›Zählappell‹ und ›Wachturm‹ einer der deutschesten aller Ausdrücke ist und in seiner blockwartigen Regelmäßigkeit und seiner miefigen, spießbürgerlichen Gängelei jeder Art von gelebter oder empfundener Jugendlichkeit aufs Schärfste zuwiderläuft. Treten Sie auf den Plan, denken doch alle sofort nur an eines: chillen, chillen, chillen!

Und das, hochverehrte Alphabetabilität, liebe BrüSchweSachn, das ist der Grund, warum wir dringend das Verbum ›chillen‹ im Wortschatz haben müssen, dringend! Solange es so etwas wie ›Flurwoche‹ gibt, muß es auch etwas wie ›chillen‹ geben!«
»Das leuchtet ein.« Die Antwort Seiner Wörtlichkeit kam wie aus der Pistole geschossen.
»Aber dann soll die englische Kälte gefälligst einem Aufnahmetest unterzogen werden«, die Flurwoche kochte vor Wut, »wer Deutscher werden will, muß einen Test machen, also muß auch einen Test machen, wer ins Deutsche will! Sonst könnte ja jeder kommen ...«
Der Wortschatzmeister griff den Gedanken auf. »Ich habe dieses Einbürgerungstestverfahren auch immer für eine paradigmatische Kubikblödheit gehalten, denn: Würde man alle Naturaldeutschen einem Test unterziehen, von dem ihr Verbleiben in der Nation abhinge, wären Wohnungsnot und Studienplatzmangel Probleme von gestern! Vielleicht wäre das auch in unserem Fall der Weg.«
»Weg? Was denn für ein Weg jetzt?« Die Flurwoche kam offensichtlich nicht mit.
»Nun, nicht nur ›chillen‹ müßte einen Test zur Eindeutschung ablegen, sondern beispielsweise auch Sie, um im Deutschen bleiben zu können.«
»Sind Sie wahnsinnig geworden?«
»Nein, nicht geworden.« Der Wortschatzmeister gewann Gefallen am eigenen Vorschlag und stellte ihn zur Disposition: »BrüSchweSachn! Hiermit

bitte ich euch, wer einem Test für den Kandidaten ›chillen‹ zustimmt, erhebe sich nun deutlich aus seiner Lade ...«

Nur einige wenige Substantive wie »Langeweile«, »Perspektivlosigkeit«, »Vollspacko«, »Wohnsilo« »1-Euro-Markt« und »Schulabbrecher«, die Adjektive »lieblos«, »vollstramm«, »neidisch« und »hohl« und Verben wie »hauen« und »stechen« sowie »klauen« und »zechen« schoben ihre Karten schnurstracks nach oben.

»Danke, und nun erhebe sich, wer einem gleichzeitigen Test für ›Flurwoche‹ und ›chillen‹ zustimmt!«

Mit dem Geräusch, das eine japanische Papiertür macht, verschwindet sie sanft geschoben in der Wand eines Bambuspavillons, erhoben sich ganze Kartenblöcke mitsamt ihren Trennkarten und den verzweifelten Karteireitern, die krampfhaft versuchten, im Sattel zu bleiben, aus ihren Schubkästen.

Flurwoches Karte vergilbte.

»Ich denke, das Votum ist eindeutig.« Seine Wörtlichkeit nahm einen staatstragenden Ton an: »BrüSchweSachn, hiermit erkläre ich das Eindeutschungstestverfahren für eröffnet und bitte den Ausschußvorsitzenden, die Testfragen zu stellen. Wer aus dem Plenum versucht, vorzusagen oder sonst irgendwie zu täuschen, wird mit dauerhafter Abkürzung nicht unter drei Großbuchstaben bestraft.« Augenblicklich kehrte gespannte Ruhe ein. Der Eindeutschungsausschußvorsitzende wandte sich an Chillen und eröffnete den Fragereigen.

»Nennen Sie drei Präpositionen im Satzzusammenhang!«
»Oh. Eindeutschungsausschußvorsitzender?«
»Ja. Aber nennen Sie drei Präpositionen im Satzzusammenhang!«
»Eindeutschungsausschußvorsitzender.«
»Ja doch. Das bin ich, richtig, aber nennen Sie ...«
»Aber das sind drei Präpositionen im Satzzusammenhang: »*Ein*deutschung*saus*schuß*vor*sitzender.«
»Da hat er recht. Die Frage ist richtig beantwortet. Ein Punkt.« Seine Alphabetabilität legte eine Notiz an. »Und nun Flurwoche bitte.«
»Nennen auch Sie drei berühmte Präpositionen im Deutschen.«
Flurwoche legte seine Karte in Falten und überlegte, dann kam die Antwort: »›Auf‹, ›hinter‹ und ... ›oder‹!«
»›Oder‹ ist doch keine Präposition!«
»Aber berühmt!«
»Ach ja und wo?«
Flurwoche wurde deutlich selbstsicherer.
»Nun, zum Beispiel in Schillers ›Oder an die Freude‹ ...«
»Es heißt: ›Ode‹.«
»Was?«
»Es heißt: ›Ode‹. ›Ode‹. Wie hinter Erik. Ode. Schillers ›Ode an die Freude‹!«
»Ich hätte schwören können, es heißt ›Oder an die Freude‹.«
»Nein.«
»Auch nicht: Schillers ›Entweder oder an die Freude‹?«

»Nein. Ode.«
»Aha. Aber aber heißt noch aber, ode was?«
Seine Wörtlichkeit unterbrach: »Die Antwort war in Teilen ungenügend und wird daher nicht gewertet. Null Punkte.«
»Mist, Mist, ein Riesenmist!«
»Bitte beruhigen Sie sich«, der Ausschußvorsitzende ordnete seine Papiere, »nun eine Frage aus der Literatur: Handelt es sich bei Goethes Eckermann um
a) einen Beistelltisch aus Birne,
b) einen Bestellkatalog aus Frankfurt
c) oder einen Sekretär aus Weimar?«
»Sein Sekretär war aus Birne, die Frage ist falsch gestellt«, empörte sich Flurwoche.
»Goethes Sekretär war aus Kirschbaum, und das gehört nicht hierher.«
»Eckermann war aus Kirschbaum? Ich dachte, er stammt aus dem Norden ...«
»Herrgott, Sie machen mich ganz rammdösig, Eckermann stammte aus Winsen an der Luhe und Goethes Sekretär war aus Kirsch!«
»Und wo liegt das jetzt?«
»Was jetzt?«
»Na, Kirsch! Auch an der Luhe?«
»Herrgott nochmal, Kirsch liegt nicht, es wächst. Es hat Äste, es hat einen Stamm, es hat Wurzeln, es ist ein Baum!«
»Aber eben sagten Sie: Kirsch ist ein Sekretär.«
»Erst war es ein Baum, dann ein Sekretär!«

»Und dann der Vertraute Goethes? Der sprach also mit Möbeln?«
»Nein, zum Kuckuck! Er sprach mit Eckermann!!«
»Dem aus Winsen.«
»Ja doch!!! Sie machen mich ganz wahnsinnig!«
»Ich habe diesen Test nicht erfunden.«
»Da hat er recht.« Chillen schaltete sich begütigend ein.
»Fangen Sie jetzt nicht auch noch an!«, unterbrach Seine Wörtlichkeit. »Die Frage ist gestrichen! Lassen Sie uns zum Ende kommen, vielleicht mit einer Frage zu zeitgenössischem Schrifttum ...«
»Gern«, der Ausschußvorsitzende beeilte sich, »Literatur ist ja ohne Schrift in weiten Teilen nicht denkbar und die Schrift wurde ja seinerzeit von den Sumerern ...«
»Ach, von diesen dicken japanischen Ringern ... ?« Flurwoche mühte sich nach Kräften um einen guten Eindruck.
»Nein, Herrgott! Von den Sumerern, einem Volk aus dem Nahen Osten, Schrift wurde damals ja ausschließlich zum Zwecke der Buchführung entwickelt, was die Literatur natürlich wiederum in ein ganz anderes Licht setzt, allerdings auch bestimmte Werke erst verstehbar macht. Allein, die Sprache diente von Anfang an, neben der reinen Informationsvermittlung, auch der Kunst. Das führte allerdings auch oft genug in Sackgassen, nehmen Sie nur Bushido.«
»Auf nüchternen Magen? Sind Sie verrückt?« Flurwoche wand sich, unangenehm berührt. Der Aus-

schußvorsitzende fuhr fort: »Andererseits wird gerade durch solche Phänomene wie Bushido, aber auch zum Beispiel durch das Kommentatorentum im Fernsehfußball bewiesen, daß man sehr gut auch ohne Kopf sprechen kann, ohne dauerhaft Schaden zu nehmen. Woran denn auch. Ohne Kopf Literatur zu produzieren, gelingt hingegen nur ausgewählten Sonderbegabungen.«

»Da fällt mir Günther Grass ein ...«, warf Chillen ein.

»Richtig«, der Ausschußvorsitzende nickte. »Welches Werk hätte Grass Ihrer Meinung nach unbedingt noch schreiben sollen?«

Chillen mußte nicht lange überlegen:

»Ich hätte mir nach dem Gedicht ›Was gesagt werden muß ...‹ von ihm eigentlich nur noch ein Werk, vielleicht mit dem Titel: ›Mal den Rand halten!‹ gewünscht, also 200 leere, blanke Seiten und vor allem, was ganz wichtig gewesen wäre, nicht nur völlig ohne Text, sondern auch noch zusätzlich ohne 40 Kaltnadelradierungen des Autors, also: kein Text, keine Illustration! Das wäre dann, nach der ›Blechtrommel‹, mit Sicherheit sein zweitwichtigstes Werk und sicherlich auch in den Schulen in jedem Literaturkurs gerne besprochen worden, da die Lektüre so leichtgefallen wäre.«

»Eine vielversprechende Idee, einen Punkt!« Seine Wörtlichkeit schaute erst in seine Notizen und dann zu Flurwoche. »Für Sie wird es jetzt aber richtig eng, Ihre Antworten konnten nicht überzeugen und Ihr

Wissen, was das Deutsche angeht, ist mit bruchstückhaft recht barock umschrieben ...«

»Mist, Mist, ein Riesenmist!« Die Flurwoche war außer sich, was Seine Alphabetabilität jedoch nicht beeindruckte, »ich denke, wir werden uns von Ihnen trennen müssen ...«

»Mist, Mist ...«

»Ein Riesenmist, ich weiß, aber nicht zu ändern!« Seine Wörtlichkeit ließ keinen Zweifel an seiner Entschlossenheit.

»Ihr könnt mich doch nicht einfach aus dem Deutschen werfen, mich gibt's seit der Steinzeit!!!«, brüllte Flurwoche.

»Im Neolithikum gab es noch keine Flure!«, dozierte der Vorsitzende des Eindeutschungsausschusses.

»Da hieß ich ja auch noch ›Höhlenwoche‹, auf neolithisch: ›Schrampfte suttn‹! Schauen Sie doch auf mir nach, steht doch alles hintendrauf!!«, schrie Flurwoche, drehte sich hysterisch und versuchte krampfhaft, mit einer Kartenecke auf die Einträge der Rückseite zu deuten.

»Mich gibt's übrigens auch schon seit der Steinzeit«, Chillen sprach sanft in die Stille, »auf neolithisch wurde ich im Infinitiv ›ermpftschnüggi‹ gesprochen, allerdings bin ich dann lange anderweitig unterwegs gewesen und jetzt erst wieder auf dem Weg zurück.«

Dann wandte es sich an die wie von Sinnen zitternde Flurwoche: »Schrampfte suttn, ermpftschnuggn trødå! Höhlenwoche, chill mal dein Leben«,

und dann an die Vorsitzenden und das Plenum: »Brüder und Schwestern …!«
»Da, er vergißt auch die Sachen!«
»Entschuldigt. Brüder, Schwestern und Sachen! Lassen wir ab vom Unsinn des Eindeutschungstestes. Frei muß Sprache sein und offen für jeden Einfluß! Bildet ein Wort das ab, was der Sprecher auszudrücken wünscht, ist es gut und richtig und am Platz, egal, ob es aus dem Arabischen, dem Französischen, dem Englischen oder gar dem Neolithischen kommt. Nicht wo einer herkommt, ist entscheidend, sondern wo er bleibt. Und wo er dann hinwill. Wer bereichert, freundlich und hilfreich ist, soll willkommen sein, wer aber aggressiv, egoman und intolerant ist, soll verstoßen werden.
Wörter allein sind nur Geräusch, die Gemeinschaft erst macht uns zum Text! Und damit zu etwas Besonderem! Nur dann sind wir nicht mehr nur Lexikon oder Katalog, sondern im besten Fall sogar Literatur!«
Und zur Flurwoche gewandt: »Lege deinen Groll ab, Schwester, zehntausend Jahre Sprachgeschichte stecken in deinen Phonemen, schüttele alles Engstirnige, Belastende ab, wähle einen neuen Namen und beginne von vorne. Es lohnt sich!«
Und die Flurwoche blickte in die Runde, plötzlich ganz ruhig geworden, und sprach: »Ja doch. Ich glaube, er hat recht. Ich verstehe jetzt. Ich will noch mal von vorn anfangen: Ab heute nennt mich alternierendes Reinigungsintervall!«
Stille.

»Ouh. Haste nicht vielleicht etwas Griffigeres?!«, fragte jemand vorsichtig.
»Ja dann vielleicht: Kehrwoche?«
»Kehrwoche!!«, antwortete es polysono aus allen Schubladen.
Und über den Jubel vieler Tausend Karteikarten, die wie ein Wasserfall aus Milch aus ihren Schubkasten stürzten und einen weißen See des Jubels bildeten, schäumten und strudelten, rief seine Alphabetabilität: »BrüSchweSachn! Ich denke, wir haben etwas gelernt: Toleranz muß großgeschrieben werden, immer, und nicht nur weil sie ein Substantiv ist! Vom Deutschen lernen soll heißen: Deutsch sein lernen!
Unsere Sprache soll offen sein und selbstbewußt, freundlich und einladend, dann wird es uns auch in noch einmal 10 000 Jahren geben, mit ›Schrampfte suttn‹, mit ›ermpftschnuggn trødå‹, mit ›müürgebrü üprüsü‹ und ›kloidt ze di penussen‹ und allem, was da noch kommen mag. Es werden spannende Zeiten! Und nun laßt uns endlich einen trinken gehen, der ›Satz‹ hat noch geöffnet. Die Sitzung ist geschlossen!«
Und unter vieltausendstimmigem Geraune und Gewisper, Gerufe und Gelächter (»Alle kommen aus dem Französischen ...« – »Ich nicht, ich komm' aus Hamburg ...!« – »Ich möchte auch mal aus dem Französischen kommen ...« – »Es kann nicht jeder aus dem Französischen kommen!« – »Und warum nicht?« – »Wenn alle aus dem Französischen kämen, dann gäbe es das Französische ja nicht mehr!« – »Ach

so«. – »Könnte ich denn mal aus dem Englischen kommen?« – »Wer bist du denn?« – »Mottek.« – »Ah, das wird schwer.«), also solcherart plaudernd machte man sich auf, die Kehrwoche und Chillen vorneweg, in das beliebteste Lokal des Deutschen, den »Satz«, die angesagteste Kneipe der gesamten Grammatik, die wieder einmal rappelvoll war.
Unter der Woche trafen sich die Satzglieder, Wortarten und Partikel ja gerne im »Dativ« oder in der »Ausnahme«, am Wochenende jedoch war der »Satz« die einzige Möglichkeit, sich angemessen zu amüsieren.

Doch das ist eine ganz andere Geschichte und steht auf einem ganz anderen Blatt, nämlich auf Seite 41.

Ermpftschnuggn trodå

Die Geschichte des Deutschen, oder: Wie alles begann Teil 2

Die gleichen Wellen des gleichen Meeres am gleichen, klüftigen Gestade.

Wieder einmal zeichnet sich weit im Westen der belebte Horizont scharf vor dem Himmelsmeer mit seinen Wolkentürmen ab, der Wind weht immer noch frisch und freundlich. Vor der geräumigen Höhle im steil aufragenden Uferbereich brennt nach wie vor das Feuer. Im Höhleninneren lagern, wie ehedem, die zwei Weibchen und vor der Höhle hocken der winterapfelige alte Mann um 50, der noch immer mit tibetisch anmutender Ausdauer den Hirschbalg in Form zu kauen sucht, und der Jüngere, der neben ihm die Schneide einer Flintsteinaxt mit einem Knochenwerkzeug schärft.

Da erscheint ein Mann am Strand. Dem Alten geliert die Hirschhaut halb im Mund, das Kauen stoppt, der Speichelfluß versiegt. Der Jüngere schließt die Faust fest um das Blatt der Axt, den Rumpf gespannt wie eine Bogensehne.

Kein Laut, nur das Feuer und die Schritte dessen, der vom Strand sich nähert.

Geradgewachsen ist er, mit Perlen geschmückt und Federn, die ins Haar geflochten, mit hoher Stirn und schönem Kinn und Lederbeinlingen gekleidet, weit ausschreitend kommt er den Strand herauf, aufs Gesims und die beiden gedrungenen Gestalten am Feuer zu.

In gebührendem Abstand bleibt er stehen, ein leichter Schweißfilm, bronziert schimmernd, beschienen von den letzten Strahlen der Abendsonne, glänzend die makelloser Haut, unter der die Muskeln zucken wie Biber unter einer Wolldecke.

Ein Cromagnon.

Der nimmt die Szenerie ruhig in sich auf. Die Höhle, das Feuer und die beiden erstarrten Wesen im Vordergrund.

Der Ankömmling hebt langsam und bedeutungsvoll den rechten Arm, die Handfläche nach außen, Zeichen seiner friedlichen Absicht, und spricht mit tiefer, sanfter und melodiöser Stimme: »Gegrüßet sollt Ihr sein, Ihr mächtigen Bezwinger des Feuers, Bewahrer der Kochstelle, Beschützer der Frauen und Kinder, der Witwen und ...!«

»Wat?« Die durchgelullerte Tierhaut rutscht mit dem Geräusch, das nasse Wäsche macht, wenn sie in eine Terrine Butter fällt, aus dem Munde des Älteren.

Der Jüngere glotzt verständnisfern ein Loch in die Welt.

»Dann vielleicht anders: Salvete honestissimi, extinctores flammarum, focorum autem ...«

»Wat?!!«

»Un saluto rivolgo a voi, voi che siete i ...«

»Wie wat????!!!!«

Erkenntnis, nicht verstanden worden zu sein, macht sich in den schönen Zügen des Ankömmlings breit, er sucht nach Worten der Besänftigung, wohl um die Anspannung wissend, die der Situation innewohnt, er versucht, sich zu erinnern, an die Worte seines Schamanen, die jener ihm mit auf den Weg gab, Worte der Beruhigung in der Sprache jener einfachen Höhlentiere. Es klang irgendwie wie Armschlingen Rudolf oder so ähnlich. Ja. Das war es.

Der schöne Mann öffnet erneut den Mund: »Dumpftschniggn phlødå!«, klingt es salbungsvoll weit über den Strand und den Höhlenvorplatz.

»Ach so, gern!« Der Jüngere erwacht aus seiner Trance, die Hand schnellt vor, das Axtblatt trifft den Cromagnon oberhalb des Jochbeines und zertrümmert dessen Schläfenknochen. Er ist schon tot, als er schwer im Feuer aufschlägt.

»Was hat er gewollt?«, tönt es fragend aus der Höhle.

»Keine Ahnung, erst habe ich ihn nicht verstanden, aber dann sagte er deutlich: ›Dumpftschniggn phlødå‹!«

»Helmuth, du steindummer Haufen Mammutscheiße, er meinte: ›Ermpftschnuggn trødå‹, ›Chill mal dein Leben‹, beruhige dich, du solltest dich beruhigen!«

»Aber er hat gesagt: ›Dumpftschniggn phlødå!‹ Und das heißt: ›*Grill* mal *mein* Leben!‹ Und das machen wir jetzt. So!«

Und macht sich daran, den Cromagnon mit der Flintklinge waidgerecht zu verbrechen. Und schon bald zieht zum ersten Mal in dieser Gegend der feine Geruch von Gebratenem den nun wieder leeren Strand hoch.

Dieser Hang zum Mißverständnis ist genau der Grund dafür, warum wir unter anderem Toleranz mit dem Andersartigen immer wieder neu lernen müssen.
Es ist aber auch der Grund dafür, daß wir hierzulande bis heute so gerne Fleisch im Freien warm machen und daß wir seit damals eben jenes »Deutsch«, unser Deutsch sprechen, die Sprache der einfachen, der kleinen Leute aus dem Neandertal, dieser Gegend zwischen Erkrath und Mettmann.

Nachreichungen und Dreingaben

Das Quarkbrot

Der Tote in der Eigerwand
hält noch sein Quarkbrot in der Hand.
Als er's sich zum Frühstück würzt',
ist er am Morgen abgestürzt.

Als ihn dann ein Steiger fand,
hat der das Quarkbrot eingesandt.
Er hat damit 'nen Preis gewonnen
und ist somit zu Ruhm gekommen.

Seitdem wird die Eigerwand
auch »Quarkbrotwand« genannt
und jedermann, ob groß, ob klein,
möcht' mal in der Wand drin sein.

Doch die Moral von der Geschicht':
Beim Steigen iß dein Quarkbrot nicht!
Damit du auch bei schwersten Wettern
die Hände frei hast, nur zum Klettern!

Jedoch in der warmen Hütte
iß ruhig deine Molkeschnitte,
denn, man muß es wirklich sagen:
Am meisten frommt's,
ist sie im Magen!

King! The Fuckers!

Zuerst muß ich Ihnen eine bestürzende Mitteilung machen.
Mein vor langen Jahren erworbenes Automobil französischer Provenienz ist längst verschrottet, aber auch jenes sich nun im Betrieb befindliche, ein Spitzenerzeugnis höchster, im Niedersächsischen beheimateter Ingenieurskunst ist von einer entfesselten städtischen Büttelei unter Vorschiebung eines in meinen Augen nach wie vor fadenscheinigen Grundes abgeschleppt worden.
Ja, so einfach geht das immer noch. Ich bin bestürzt, erschüttert, aufgewühlt.
Menschen ähnlicher, verfeinerter Wesensart werden dieses Gefühl kennen.
Dieses einem unbarmherzigen Schicksal Ausgeliefertsein, ohn' Hoffnung, nicht aufbegehren können, da oft, fatalerweise, höchste Kreativität mit lähmender Antriebslosigkeit eine unheilige Allianz eingeht. Doch das wollte ich eigentlich gar nicht erzählen, entschuldigen Sie mich bitte, ich echauffiere mich immer etwas. Nein, viel erzählenswerter erscheint mir das Erlebnis eines Bekannten zu sein, welches der vor ziemlich langer Zeit hatte und welches er mir damals, zu meinem allergrößten Vergnügen, sogleich entwickelte.

Mein Bekannter, regelmäßigem Tabakgenuß zugeneigt, sah sich genötigt, den zu Ende gehenden Bestand an Rauchbarem aufzustocken. Da er zu dieser Zeit mit seiner Lebensgefährtin im Automobil in seiner Heimatstadt unterwegs war, bat er sie, doch an einem sich am Wegesrand zeigenden Kiosk anzuhalten, auf daß er sich neu bevorraten könne. Sie kam seinem Wunsche nach, verblieb jedoch wartend hinterm Steuer, während er ausstieg, dem anstelligen Verkäufer sein Anliegen vortrug und, während der eifrige Domestik sich mühte, dem Verlangen seines Kunden eilfertig nachzukommen, dieser die mannigfaltigen und bunten Auslagen begutachtete.

Nach kurzer, eingehender Musterung gängiger Publikationen und vielfarbiger Leckereien blieb der Blick an einer Reihe von Magazinen, ohne Zweifel dänischer Herkunft, hängen, welche sich in grellen Photographien und offenkundig eher dürftigen Texten dem sportbetonten Austausch körpereigener Sekrete, nicht nur zum Zwecke der Arterhaltung, widmeten.

Titel wie »Teuflische Brüste« oder »Toxi-Lady« schmückten die Titelblätter.

Bis hierhin nichts Besonderes.

Doch ein Titel fesselte den Blick meines Bekannten, da ihm dessen Sinn trotz mehrmaligen, auch lauten Lesens rätselhaft und dunkel blieb. Dort stand nämlich in eigenartigen, an die Beat-Generation gemahnenden Lettern: »King! The Fuckers!«

Aha. Trotz mittelprächtiger Englischkenntnisse wollte sich dies Rätsel nicht lösen lassen. Mechanisch erledigte mein Bekannter den Zahlungsvorgang, wandte sich grußlos ab und stieg, plötzlich grüblerisch geworden, ins wartende Automobil.

King! The Fuckers!

Immer wieder murmelten trockene Lippen jene rätselhaften Worte, während die Augen, blicklos nach innen gerichtet, in ihren Höhlen unruhig huschten.

Auch der Lebensgefährtin war die seltsame Wandlung nicht verborgen geblieben, die seltsamen Worte sagten ihr ebenfalls überhaupt nichts, allein die Wortfolge »King of the Fuckers« erschien ihr geläufig.

Sie machte darob zaghafte Andeutungen, gar die Existenz des Druckfehlerteufels in Erwägung ziehend, erntete mit diesem gutgemeinten Vorstoß allerdings nur ein rüdes »Quatsch!!« und verhielt sich fortan still, wiewohl leise Zweifel ob des Geisteszustandes des ihr doch so Vertrauten am wogenden Busen nagten.

So verging mancher Kilometer, die Vorstädte waren bald erreicht und noch immer erhaschte ihr besorgter Seitenblick die grüblerische Maske.

Plötzlich ein markerschütternder Schrei: »Ich hab's!!«

Die treue Gefährtin fuhr zusammen und dann in den Straßengraben. Dort, nachdem das Fahrzeug, solcherart gebremst, zum Stillstand gekommen war, entwarf mein Bekannter, der Protestrufe seiner Gefährtin nicht achtend, die Lösung des linguistischen Problems, welches ihm so gräßlich zu schaffen gemacht hatte. Blitzenden Auges, die Geliebte beidhändig an der Züchtigung seiner selbst hindernd, erzählte er also:

Wir schreiben den 14. September des Jahres 1178. Es ist früher Abend. Auf Schloß Balmoral im hohen Norden Schottlands sitzt der glücklose König Edward, der vierte Stuart, auf dem Thron seiner Väter in der großen Halle. Wind ist aufgekommen, welcher durch die hohen, mit Gittern versehenen Fenster in die kühle Halle fährt und die mächtigen Gobelins an den Wänden und die Wimpel alter, in den Ecken gebündelt stehender, rostiger Hellebarden leis bewegt.

Die Halle, mit nur einem großen Tisch spärlich möbliert, wird nur durch das flackernde Kaminfeuer an der Stirnwand ungenügend erhellt, davor sitzt, nur ein Schattenriß, sinnierend Edward, die rechte Hand mit dem Gelenk auf den schweren Knauf eines Langschwertes gestützt, während die linke, über die Lehne herabhängend, den Kopf eines riesigen grauen Irischen Wolfshundes krault.

Totenstille. Ab und an kracht das Holz im Kamin, was den großen Hund immer wieder nötigt, die bernsteingelben Augen zwischen dem Feuer und dem umwölkten Antlitz seines Herrn hin und her schweifen zu lassen.

Sollte dies der Tag sein? Der Tag, auf den Edward, der vierte Stuart, seit so langer Zeit wartete? Beunruhigen-

de Kunde aus den Provinzen gaben sich seit Tagen die Klinke in die Hand. Erst gestern brachten Boten schlechte Zeitung. An den Rändern des Reiches kriselte es schon länger, doch auch sie, welche doch immer verläßliche Waffenbrüder gewesen waren?

Der König seufzte. Hoch oben, viele Klafter über der großen Halle, vollzog sich in schwindendem Licht das Ritual des Wachwechsels. Schwere Wolken rollten von Westen heran, ihre regenschwangeren Bäuche streiften die umliegenden Bergspitzen und drohten jeden Moment aufzureißen. Ein Schwarm Krähen stob klagend vor dem Unwetter davon, ihre raue Warnung krächzend.

Den Posten fröstelte. Für vier lange Stunden sollte er den Horizont beobachten, wohl ahnend, was ihm drohte, denn schlechte Nachrichten pflegen auch dann vor den Mannschaftsunterkünften nicht haltzumachen, wenn sie nur für die große Halle bestimmt sind. Mechanisch wanderte das Auge über den Horizont, während es in dem behelmten Schädel arbeitete. Stille. Nur der Wind sang in den Zinnen, hoch oben tanzte knatternd das Banner derer von Steward.

Doch still! Dort! Der Posten kneift ein Auge zu, um besser sehen zu können.

Ja, ganz deutlich! O Gott, tatsächlich! Mit fahriger Gebärde griff der Soldat zum Horn, da kamen sie, Hunderte, vielleicht Tausende, die Lichtverhältnisse ließen eine genaue Schätzung nicht zu, Männer und Frauen in den absonderlichsten Stellungen und Verrenkungen, splitternackt und derart aggressiv

kopulierend, daß es einen grauste, sie hasteten über die weite Ebene, stets bemüht, den koitalen Kontakt nicht zu verlieren, direkt auf das Schloß zu ... in wenigen Minuten ... des Wachsoldaten Skrotum zog sich schmerzhaft zusammen ... er stieß ins Horn, doch kein Ton, denn ein Krächzen verließ des Hammels hörnerne Schnecke. Unten brandete die erste Welle Begattender und Begatteter an die uralten Mauern, in höchster Not schrie der Posten die steinerne Wendel hinab: »KING! THE FUCKERS!«
Und tief im steinernen Herz des Schlosses des Königs Antwort: »WACHE!«

Hier hielt mein Bekannter inne, das irre Licht in seinen Augen erlosch, ermattet sank er in den Sicherheitsgurt, von der eigenen Imagination erschöpft. Stumm fuhr ihn seine Gefährtin heim.
Apropos heimfahren: Ich werde gegen die ständig wiederkehrende Barbarei des grundlosen Abschleppens meines Fahrzeugs ebenfalls Einspruch einlegen, und zwar sofort: »WACHE!«

Er rückt die Maak nich' raus!

Ein Einkaufswagenblues

(zuerst tänzelnd in freier Rhythmik, dann aber straff gebündelt mit und im Kehrvers)

Vorspiel/Intro/Break
Mmmmhhh!
Yeah!
Es ist Samstagnacht.

Einstieg *(G-Dur)*
Natürlich ist es nicht wirklich Samstagnacht,
aber der Blues ist Pechmusik,
und die Hauptpechzeit ist die Samstagnacht.
Zumindest im Blues.

Samstagnacht hat man kein Geld,
nie,
der Kühlschrank ist leer,
immer,
die Süße ist weg,
ständig,
mit ihrem gepackten Koffer,
dem ständig gepackten Koffer,
um den 2 Uhr 19 Zug noch zu erreichen,
immer zu erreichen,
so ist es immer.

Immer.
Im Blues.
Nur im Blues.

Break

Aber auch der Mittwoch ist eine beliebte Pechzeit,
nur kommt er kaum vor.
(C-Dur)
Im Blues.
In der Woche schon.
Direkt hinter Dienstag.
Und ziemlich genau 24 Stunden vor Donnerstag.
Jetzt weißt du, wo er liegt.
Der Mittwoch. Yeah!
Oder steht.
Der Mittwoch. Yeah!
Oder sitzt.
Der Mittwoch. Yeah!
Yeah, yeah, yeah!

Break

Also jetzt ein Mittwochnachmittagpechsong.
(G-Dur)
Ein echter Pechsong!
Mit Verlust!
Auch mit Verlust!
Mit echtem Verlust!
Ein zentraler Hauptpechsong!

Ein Kardinalzentraloberhaupttotalpechsongmajor!!
Mit zentralem Hauptverlust.
Und Pech.
Und Trauer.
Und in G-Dur.
Für alle, die mitschreiben.
(G-Dur/Gb-Dur/F-Dur/E-Dur)
Yeah, yeah, yeah, yeah!

Break

So singt man im Blues, wenn einem der Text ausgeht.
Yeah, yeah, yeah!
Oder weil man noch Zeit bis zum Solo hat.
Yeah, yeah, yeah!
(E-Dur)
Oder weil einem die Zigarette runtergefallen ist,
die so wunderbar kühl zwischen den Saiten im oberen Wirbelbereich klemmte.
Der Guitarre, versteht sich.
Mmmmhhh, von selbst.
Das ist kühl, so kühl, oh, ja, so kühl, sehr kühl!
Cool kühl!
(E-Dur/G-Dur/Gis-Dur/A-Dur)
Yeah, yeah, yeah, yeah!

Break

A propos kühl!
Auch die Engländer sagen

Yeah, yeah, yeah!
Allerdings nicht im Blues,
sondern im Unterhaus.
(A-Dur)
Doch das ist was völlig anderes
und gehört nicht hierher.
Ein Exkurs.
Quasi.
Auch das ist Blues.
Toll. Toll. Toll.
Yeah, yeah, yeah!
(D-Dur)
Doch jetzt endlich zu diesem Mittwoch.
Und seinem verfluchten Nachmittag.

Break
Drei! Zehn!

(A-Dur) Mein Weib sagt zu mir: Höre, Mann!
(A-Dur) Die Kinder schreien nach Brot!
(A-Dur) (Und auch) das Bier ist längst alle, wann
(A-Dur) holst du neues, steh' hier nicht rum wie Frau Lot!
(D-Dur) Auf dem Tisch liegt die Liste,
(D-Dur) da steht's für Dumme kursiv und in Großschrift drauf
(A-Dur) und in zwei Stunden, das rat' ich dir, biste
(A-Dur) mit dem Zeug wieder hier und nun lauf!

Kehrvers
(E-Dur) Well, ich soll einkaufen,
(D-Dur) es ist zum Leim saufen,
(E-Dur) am Mittwoch einkaufen
(D-Dur) und auch noch zu Fuß laufen,
(A-Dur/Cis-Dur/D-Dur) ich kann nicht, ich darf nicht, ich muß zu Edeka, Aldi und Plus.

Schluß

Ralle, würdest du das bitte wiederholen?
Schluß?
Nein, das andere auch!
Alles ...?
Nein, nur den Kehrvers!
Natürlich! Dafür bin ich da ...
(E-Dur) Da hilft kein Sträuben,
(D-Dur) kein Zittern und Zagen,
(A-Dur/Cis-Dur/D-Dur) kein Jammern und Klagen,
er muß zu Edeka, Aldi, und Plus.

Schluß

(A-Dur) Yeah, yeah, yeah!

Break

Ich nehme natürlich trotzdem den Wagen.
Ich bin zwar verheiratet,
aber deswegen doch nicht total verblödet.

(C-Dur)
Als ich im Parkhaus aussteige,
mit dem Einkaufszettel in der Hand,
rutscht dessen Ende gerade zu Hause vom Küchen-
tisch.
So lang ist er.
Und ausführlich.
Gott sei Dank nicht in ganzen Sätzen.
Dann hätte ich ihn erst binden lassen müssen.
(G-Dur)
Ich schnapp' mir einen Einkaufswagen
und gehe ins Geschäft.
Und damit ist die Pechzeit gekommen,
tiefste Pechzeit,
es ist finsterste Pechzeit,
schwärzeste Pechzeit,
jetzt ist tiefste, finsterste, schwärzeste Pechzeit!
(C-Dur)
Kaum werde ich erblickt,
machen sich Horden knotenfüßiger Senioren,
entmündigt und erschreckend gesund,
die hier offensichtlich zwischen Weißkohl-
pyramiden und Dosengebirgen siedeln, daran,
die Schlüsselpositionen zu besetzen:
(G-Dur)
Kasse, Käse und Wurst,
die Ecke mit dem Zeug gegen den Durst,
das Gemüseareal
und das Kaffeeregal.

Es gibt kein Durch-
und auch kein Fort-
und erst recht kein Ent-
kommen.

Break

Sag' ich doch!
(A-Dur)
Kein Entkommen.
Dann tritt mir eine Dame
mit bemerkenswerter Kiste
mit Säulenbeinen auf die Einkaufsliste.
In Panik kaufe ich nun Sachen,
die nicht mal mehr Omas Freude machen:
(D-Dur)
Silberpolitur,
Einmachgummis,
1000 Stück,
einen Winterreifen,
ein Grundstück auf dem Mond,
ein halber Quadratmeter,
einen 7er-Maulschlüssel
und Eßpapier
(G-Dur)
für den Winter.

Break

(Slow Walking Blues, G-Dur)

Nachdem ich eine Woche vor der Kasse
gezeltet habe,
schreddert diese meine Kreditkarte
und ich soll die älteste Tochter des Filialleiters
heiraten,
um meine Schulden abzutragen.
Daß ich schon verheiratet bin,
stört hier keinen,
am wenigsten die Filialtochter,
die rüstige 48 ist,
also zentnerschwer,
und mir trotz verdrahteten Kiefers
einen Zungenkuß aufnötigt.
Oh, nooooo!
Mit dem Geschmack einer zerbissenen Seegurke
im Mund fliehe ich von hinnen,
lasse des Filialleiters Tochter,
meine Einkäufe,
die Kartensplitter
und alle Hoffnung fahren.
Frei!
Ich haste ins Parkhaus
doch hier sieht es schlecht aus,
denn ich muß ja erst noch den Wagen loswerden,
er muß ja den Wagen loswerden
den vermaledeiten Wagen loswerden,
muß er loswerden. Den Wagen. Los, Ja.
Ich muß den dreimal kreuzweis verfluchten
Einkaufswagen loswerden!
Genau!

Break

In dem ja noch mein Geld steckt, *(büllebüllebüll!!)*
mein letztes Geld steckt, *(billebillebil!!)*
mein allerletztes bares Geld steckt. *(libbilibbilibbi!!)*

(Speed Walking Blues, G-Dur)
(G-Dur) Ich ramme den Wagen mit allerletzter Kraft
rektal in einen Genossen,
schiebe den Riegel ins vorgesehene Loch,
doch das scheint von innen verschlossen.

(C-Dur) Ich fumm'le am Griff mit zitternder Hand,
doch das Geldstück läßt sich nicht fassen,
(G-Dur) die Schublade klemmt, ich schreie:
»Verdammt!«
und beginne, den Wagen zu hassen.

(D-Dur) Ich reiße die Karre aus dem Kollegen
und stochere mit meinem Messer
(G-Dur) in dem Schlitz herum, wo der Riegel rein-
soll,
doch das macht es auch nicht besser.

(G-Dur) Die Klinge klappt um, ich schneid' meinen
Finger
schön sauber am Knochen lang ab,
was soll's, Sakrament, das ist zu verschmerzen,
solang ich die andern neun hab'!

(C-Dur) Das ist das Problem, zurzeit hab' ich mehr
Finger als Geld an der Hand,
(G-Dur) ich will diese Mark, ich will sie so sehr,
ich schmetter' das Ding an die Wand.

(D-Dur) Ich schiebe und steche, ich stopfe und drücke,
nichts rührt sich im lüsternen Schlitz,
ich reibe und breche, die Mark grinst mich an,
für sie ist das alles ein Witz.

Für mich aber nicht, ich presse und stemme,
die Muskeln wie Seile gespannt,
die Stirne beregnet, das Gesicht feuerrot,
mit der Fingervakanz an der Hand.

(G-Dur)
Jetzt geht es rein!
Nur ein Stück,
auf einmal ging's leicht,
jetzt nicht mehr zurück!

Ich bohr' mit dem Finger,
ich bohr' mit den Zehen
nach dieser Mark,
ich kann sie doch sehen,

ich kann sie doch fühlen,
sie guckt doch heraus,
trotz Graben und Wühlen
rückt er sie nich' raus!!

Er rückt sie nich' raus!!
(Stopp!)
(C-Dur) Yeah!
Meine Mark,
(C-Dur) Yeah!
er rückt sie nich' raus!
(C-Dur) Yeah!
Meine Zukunft,
(C-Dur) Yeah!
er rückt's nich' raus,
(C-Dur) Yeah!
mein Leben!
(C-Dur/ G-Dur) Oh, Yeah!

Break

(Intro Boogie)
(C-Dur) Er rückt die Mark nich' raus,
(G-Dur) er rückt die Mark nich' raus,
(C-Dur) die blöde Mark nich' raus,
der Scheißwagen schluckt die Mark.

(C-Dur) Er rückt die Mark nich' raus,
(G-Dur) ich komme blank nach Haus,
(C-Dur) die Süße schmeißt mich raus,
der Dreckswagen schluckt die Mark!

(C-Dur) Er gibt die Mark nich' her,
(G-Dur) auch nicht zwei Fünfziger,

(C-Dur) schon gar nicht zehn Zehner,
die Kackbüchse schluckt das Geld! (3x)

3. Durchgang *(punktiert)*
»… die Büchse schluckt«: ad libitum mit Hausrat gefüllt
(1x mitsingen)
Dann: *»Die Kackbüchse schluckt die Welt!«*
(Ending, 3x »Bassdrum triolisch«)

GULP

Jochen Malmsheimer und Ralle Weber, am 15ten September 2tausend, und auch noch lange danach.

Die Schweiz

Die Schweiz liegt auf dem nach ihr benannten Gelände im Alpenraum und ist deshalb nicht groß, aber stark geknautscht. In diesem Zustand nimmt sie eine Fläche von annähernd 41 285 km² ein, würde man das Staatsgebiet jedoch bügeln, wäre die Schweiz etwa so groß wie Obervolta und läge dann auch dort. Glück gehabt!!

Nimmt man Mitteleuropa als Bein, so bildet Deutschland den Oberschenkel, die Schweiz die Kniescheibe, Österreich den Meniskus und Italien Unterschenkel und Fuß; wenn Europa also etwas sucht, betet oder bettelt, fällt es auf die Schweiz. Andererseits kann man ohne Meniskus sehr gut gehen, ohne Kniescheibe jedoch nicht. Verstehe das, wer will.

Es kommt aber auch sehr viel Gutes aus der Schweiz. Zum Beispiel der Rhein. Ja, der deutscheste aller Flüsse, der Rhein entspringt der Schweiz.

Dort, in einer Höhle unter der B7, sitzt eine kleine Gruppe Rheinmachefrauen, die den ganzen Tag reinmachen! Mit der Hand! Und das seit Hunderten von Jahren! Respekt!

Erstes Indiz für das Deutschsein des Rheins ist, daß er, wie alle Deutschen, nicht so einfach in der Schweiz bleiben durfte. Deshalb fließt der Rhein raus. Und nur deshalb ist er ein Fluß.

Hätte er bleiben dürfen, gäbe es keine Notwendigkeit zu fließen, und er wäre nur einer unter zahlreichen anderen Schweizer Seen geblieben.
Auch kann man den Rhein nicht direkt als gradlinig bezeichnen und er hat nicht selten Probleme mit Schiffen. Sehr männlich und sehr deutsch. Zudem hat er in der Vergangenheit sehr oft das Bett gewechselt, nicht aber die Bettwäsche, ebenfalls sehr männlich.
Bei »Rein, Hessen!« handelt es sich übrigens nicht um ein Getränk, sondern einen Befehl, ähnlich wie bei »Raus, Sachsen!«. Das nur am Ufer, am Rande.
Nicht selten verhält sich auch ein guter, säurearmer Rhein nach übermäßigem Genuß im Magen wie in der Schweiz, das heißt, er fließt raus. Hier enden aber die Gemeinsamkeiten, da er aus dem Magen den gleichen Weg nimmt, auf dem er hineingelangte, aus der Schweiz aber nicht.
Die Schweiz ist eines der ganz wenigen Länder, das seine Küsten ausschließlich im Landesinneren hat, was deren Sicherung erheblich vereinfacht, da so niemand unerlaubt über den Wasserweg einwandern kann, es sei denn von unten. Auch bleiben die Ausgaben für die Kriegsmarine übersichtlich und die letzte Sturmflut datiert aus dem Mesozoikum und richtete keinerlei Sachschäden an, weil es noch keine Sachen gab. Die Schweiz ist, trotz der Knautschung und der damit verbundenen Probleme, in schiefer Lage gerade bauen zu müssen, bewohnt, und zwar von etwa acht Millionen Schweizerinnen

und Schweizern und etwa 14 Milliarden Nummernkonten. Ein Gros der Schweizer lebt in Zürich, die Nummernkonten darunter.
Eine der wesentlichsten Schweizer Erfindungen ist die Nummerierung von Konten. Damit begann man hierzulande schon, als die Konten in Deutschland noch Vornamen hatten und man in Italien sein Geld noch im Munde mit sich herumtrug. Die Schweiz ist aber auch auf diesen Erfindergeist angewiesen, da sich als Bodenschätze bislang nur ausgedehnte Lagerstätten von Sand, Schlamm, Dreck und Steinen haben nachweisen lassen, und auch die nur in abbautechnisch äußerst schwierigen steilen Hanglagen, so daß man gerade die Steine da läßt, wo sie liegen, was sich uns dann wieder als Gebirge darstellt.
Albert Einstein dachte sich ja als Angestellter des Patentamtes in Bern die Relativitätstheorie aus, was ein bezeichnendes Licht auf das mit hektisch sicher nicht korrekt bezeichnete Erfinderklima in jener Stadt wirft. Nun gilt aber auch gerade Bern selbst unter den nicht unbedingt als hibbelig oder fahrig empfundenen Schweizern als ausgesprochen entschleunigt, ja, als einer der wenigen Orte weltweit, in dem der Unterschied zwischen Wachen und Schlafen nicht mit der gleichen Trennschärfe festgemacht werden kann wie im übrigen Alpenraum. Deshalb eignet sich auch kein anderer Ort besser, um über die Relativität von Raum und Zeit nachzudenken und das Exotische am Zustand der Beschleunigung herauszuarbeiten. Nur dem Besucher fällt es schwer, ein stringentes Ge-

spräch zu bestreiten, wenn man ständig das Gefühl hat, der Gesprächspartner schläft, befindet sich in Trance oder das Begrüßungswort »Hallo« ist schon zu viel Text für den Anfang gewesen.

Neben Konten und Schweizern gibt es in der Schweiz auch noch jede Menge Gras und Kühe, zwei Elemente des Schweizer Periodensystems, die, wenn sie zusammengebracht werden, als Reaktionsprodukte Methan und Milch generieren. Das eine läßt die Gletscher abschmelzen, aus dem anderen macht man Käse, oder, durch minimale Veränderungen in der Rezeptur, Schokolade.

Beiden gemein ist, daß sie, werden sie erhitzt, schmelzen und man kann dann Sachen reinhalten. Das tut der Schweizer sehr gerne und nennt das dann, wenn alles geschmolzen ist, Fondue und wenn's nur angeschmolzen ist, Raclette. Zu beidem muß man sehr viel jungen Riesling trinken, weil der Magen das Fett sonst nicht aufspalten kann und man dann nach zwei Tagen eine Entbindung durchsitzen muß, um den betonierten Käseklotz wieder loszuwerden, der anschließend dem Sportbodenbau, der Befestigung von Uferbereichen oder der Fundamentkonstruktion von Windkraftanlagen im Offshore-Bereich zugeführt werden kann. Man sieht so ein Windrad mit anderen Augen, wenn man weiß, worauf es steht. Ich habe mir angewöhnt, gleich den Riesling zu trinken und auf den heißen Käse zu verzichten, man geht deutlich entspannter aufs Klo und ist auch nicht so satt.

Der berühmteste Schweizer war Wilhelm Tell, der aber auf seinen Sohn schoß und dabei einen Apfel traf, was alle Welt ganz toll fand, ohne zu wissen, ob er das auch so wollte.

Die Unterschiede zwischen dem Deutschen und dem Schweizer fallen deutlich weniger ins Gewicht, als es dem Schweizer lieb ist. Richtig deutlich wird das vor allem in der Sprache, womit nicht die Sprechtechnik gemeint ist. Der Deutsche spricht ausschließlich über den Mundraum oder die rotzverblockte Nasenhöhle, während der Schweizer alle zur Verfügung stehenden Hohlräume des gesamten Kopf- und Halsbereiches von der Kalotte bis zum unteren Ende des Bronchialastes als Resonanzraum nutzt. Der Schweizer arbeitet beim Sprechen deutlich mehr als der Deutsche, was die etwas verminderte Sprechgeschwindigkeit erklärt.

Aber auch das beiden Völkern zu Gebote stehende Vokabularium weist kleine, aber signifikante Unterschiede auf. So steht an den Glastüren bei uns zu Hause »Drücken« neben dem Knauf, in der Schweiz jedoch »Stoßen«. Selten fanden die Charaktereigenschaften beider Völker plakativeren Niederschlag in ihrem sprachlichen Inventar: das Vorsichtige, Fremdelnde, sanft Abweisende des Wortes »Stoßen« auf der einen und das fordernde, einnehmende, keinen Widerspruch duldende »Drücken« auf der anderen Seite, welches durch das Voranstellen des maskulinen persönlichen Fürwortes »er« erst sein wahres Gesicht zeigt.

Diese fehlende begriffliche Trennschärfe zwischen »Drücken« und »Stoßen« ist sicherlich auch ein Grund dafür, daß die Schweiz in internationalen Wettbewerben der Gewichtheber nie sonderlich auffiel, da man die Unterschiede zwischen Drücken, Stoßen und Reißen nicht sieht, sondern all das unter dem Begriff »Wuchten« versammelt. Wuchten aber ist, wie Schwingen, noch nicht olympisch, aber sehr schweizerisch.

Die Schweizer können alles, was wir Deutschen nicht können, etwa Kaffee kochen. Kaffee, nicht Kaffe! Ihre kleinen Münzen heißen »Rappen« und nicht »ßent« und ihre Altstädte sind richtige Altstädte. Also älter als 60 Jahre.

Zudem machen sie keinen Hehl daraus, daß sie glücklich sind, da wo sie sind, und nicht woandershin wollen und müssen. Sie halten sich aus vielem raus, vermutlich weil sie sonst so gerne was reinhalten, andererseits haben sie auch viele nicht reingelassen, deren letzte Chance sie waren, und das darf man hier nicht rauslassen.

Mit das Wichtigste, was wir der Schweiz verdanken, ist die Antwort auf die Frage: »Wer hat's erfunden?« und, daß man was in was reinhalten kann, wenn man's vorher heiß macht, und daß man zum Sprechen den ganzen Kopf benutzen kann und nicht nur die Nebenhöhle.

Das ist mehr, als die meisten anderen vorzuweisen haben.

Also. Gruezi, guten Abig und hallooo!!

Wider den Sport

Es ist an der Zeit, einmal und gerade heute, eine Lanze gegen den Sport vom Zaune zu brechen.
Sport! Wie wenig Phantasie und Zauber liegt in diesem Wort! Sport ist eben nur die halbe Wahrheit, die ganze aber lautet: Sportverletzung, was sowohl die körperliche Verletzung des Ausübenden meint als auch die geschmackliche und intellektuelle Verletzung des Betrachters. Sport und Totschlag, zwei Medaillen derselben Sache, um mit Mario Basler zu sprechen, mit dem ja zu Recht schon lange keiner mehr spricht, außer natürlich Gerd Rubenbauer, aber der ist ja verrückt. Schön ist was anderes, würde der Oppa sagen.
Und dennoch ist Sport nach wie vor in aller Munde, was eine recht unappetitliche Vorstellung ist, denken Sie nur an das moosige Mundklima eines Waldemar Hartmann, besonders zu Zeiten, als dessen subrhinale Kommentaröffnung, Unkundige nennen so was Mund, noch von einem haarigen Suppenfilter, auch als Schnurrbart verkannt, beschattet wurde.
Doch zurück zum Sport. Allein der Sprachgebrauch dient auch hier wieder als Indiz für den Charakter der beschriebenen Tätigkeit, heißt es doch selten transparent: Sport treiben! Treiben!

Nun, treiben sollte man, aber vor allem *es*, und das zwar so oft sich die Möglichkeit bietet, das macht auch müde! Und wenn man dann immer noch was treiben will, dann doch, wenn überhaupt, Schafe, deren intellektuelle Leistungsfähigkeit denen der meisten Sportler ja in nichts nachsteht, wobei ich damit nichts gegen Schafe gesagt haben möchte!

Denken Sie in diesem Zusammenhang etwa an den ehemaligen deutschen Zehnkämpfer Jürgen H., der, wiewohl körperlich geradezu verschwenderisch ausgestattet, sich ja zerebral nicht in der Lage sah, das doch sehr übersichtliche Regularium des Wettlaufes zu verstehen.

Merke: Erst wenn alle gleichzeitig loslaufen, ergibt ein Vergleich der erzielten Zeiten Sinn! Das klingt recht lapidar. Weil es das ist.

Wie schon Friedhelm Funkel sachlich völlig richtig bemerkte: »Wir dürfen nicht mehr Tore kassieren, als der Gegner schießt!« Der hat wenigstens die Regeln verstanden.

Nein, Sport führt nach kurzfristigen Erfolgen über die Lokalseiten leserloser Tageszeitungen direkt in den Showroom eines Sanitätsfachgeschäftes oder in eine Reha-Maßnahme, in jedem Fall jedoch in die verdiente Bedeutungslosigkeit, verbunden mit der einmaligen Möglichkeit, sich mal richtig lächerlich zu machen.

Zum Beispiel durch Sprechen. Ganze Folianten, ach was: Bibliotheken sind schon gefüllt worden mit den Vokaleruptionen von Sportlern, und Hohn und

Spott ergossen sich kübelweise über die Entäußerer. Doch ist das nicht ganz gerecht! Denn wer einen Sportler fragt, sollte nicht überrascht sein, wenn er Zeuge eines Antwortversuches wird. Das ist Physik! Und natürlich sind Fremdworte schwer zu behalten und deren Bedeutung oft genug geradezu irrlichternd, natürlich kann »im-po-nieren« auch mit »Leber im Arsch« übersetzt werden, natürlich könnte das französische »Pissoir« auch »Scheißabend« bedeuten, tut es aber nicht!

»Hellebarden« sind einfach keine klugen Sänger, ebenso wenig wie »Prophylaxe« hauptberufliche Speisefische meint und »Pseudokrupp« kein anderes Wort für »Thyssen« ist! Und »inkontinent« meint immer noch nicht »auf dem Festland«! Dies aber etwa einem Fußballer in einer für ihn faßbaren Art und Weise erklären zu wollen, käme dem Versuch gleich, in der Wüste zu tauchen.

Aber Sport verändert nicht nur das Innere des Menschen, wenn da was ist, nein, auch das Äußere, also alles, was wir Körper nennen, bleibt nicht unbehelligt. Beispielsweise gibt es meines Wissens keinen Lebensbereich, in dem die Gleichberechtigung der Geschlechter so erschreckend umgesetzt wurde wie im Sport. Ja, es kam zu einer derartigen Annäherung der bekannten Geschlechtsmöglichkeiten, daß die Unterschiede bisweilen deutlich verschwimmen, wie auch immer das gehen soll. Denken Sie in diesem Zusammenhang etwa an das Gewichtheben, eine Sportart, die man tunlichst ausüben sollte, ohne

länger darüber nachzudenken, was man da gerade macht. Man muß Sachen heben, für die sich Gesunde einen Lieferwagen kommen lassen würden.
Gut, die Erfindung des Flaschenzuges liegt über 5000 Jahre zurück, das ist lang genug her, um ihn zu vergessen, aber man kann ja auch mal Mama oder Papa fragen.
Und wenn sich dann im Fernsehen jene Wesen, die von einem atemlosen Kommentator als »Heberinnen« apostrophiert werden, in der Klasse bis 52 Kilogramm Abtropfgewicht pro Arschhälfte für das Gruppenphoto flußpferdgleich zurechttölpeln, will mir der Begriff »Frau« aber so gar nicht einfallen, eher so Worte wie »Hinkelstein« oder »Sitzsack«. Wer dabei auf den Begriff »ätherisch« kommt, hat deutlich zu lange daran geschnüffelt. Gleichberechtigung heißt doch nicht, daß Frauen jeden Scheiß nachmachen sollen.
Aber nicht nur Sportlerinnen oder Sportler entziehen sich jeder Durchschaubarkeit. Es gibt da draußen auch Sportarten, die sich jeder Erklärung hartnäckig verweigern, nehmen Sie nur etwa Curling. Der Begriff »Curling« kommt aus dem Englischen, der Sport hingegen aus Schottland. »Curl« bedeutet im Englischen »Locke«, im Schottischen »Hocke«, im Hanseatischen jedoch »großer Mann«. Gute Freunde bezeichnen sich dort oft als »echte Curle«, allerdings nur dort.
Was das alles mit dem Eisstockschießen zu tun haben soll, entzieht sich der Kenntnis aller, tut der Be-

liebtheit dieser Sportart jedoch merkwürdigerweise keinerlei Abbruch. Es gibt sogar einen Weltverband, der sich aus den Ländern Schottland, Wales und Yorkshire zusammensetzt und im amerikanischen Curl Harbour angesiedelt ist. Curling ist ungefähr so spannend, wie einem Dreizehenfaultier beim Zählen zuzugucken, und geht so:

Einer, der vorne immer »Skip« heißt, hinten dann aber oft anders, schiebt ein Bügeleisen aus Granit, oder dem Jura, über eine Eisbahn und geht dann telephonieren.

Zwei andere laufen vor dem Schlinderblock her und bohnern die Eisbahn wie nicht gescheit. Dadurch soll der Klotz schneller werden. Wird er aber nicht, bleibt so jedoch sauber. Man könnte natürlich auch stärker schubsen, aber was sollten dann die beiden Minderbegabten mit den Besen machen? Nun, vielleicht die Umkleidekabinen lüften.

Der Vierte steht im Zielkreis, bestimmt die Schubsrichtung, wird böse und schreit »Blöder Skip!«, wenn der Schubser vorbeigeschubst hat, oder freut sich, wenn die Granitbettpfanne im Häuschen zu liegen kommt.

Er versteht gar nichts und hat immer kalte Füße.

Es spielen immer zwei Mannschaften gegeneinander, was ja dem Sinn eines Wettbewerbes recht nahekommt. Schon der erste Durchgang heißt »End«, obwohl noch acht kommen, die genauso heißen.

Der berühmteste Curler aller Zeiten war der Schotte Curling Moss.

Der brach samt Schubsklotz während des olympischen Demonstrationswettbewerbes im Juni 1924 durch die nur marginal gefrorene Plöner Seenplatte und fiel damit aus der Wertung und im gleichen Atemzug dem Vergessen anheim.
Was man von seinem Sport leider nicht sagen kann. Sport ist eine prinzipiell unverständliche Tätigkeit, bei der sich Erwachsene ihrem Alter unangemessen verhalten, indem sie mit Autos stundenlang im Kreis fahren, Sachen weit schmeißen, sich wie nicht gescheit in die Fresse kloppen, gleichzeitig von hohen Türmen ins Wasser springen, ohne anschließend zu schwimmen (und es darf dabei nicht spritzen!!!), oder mit dem Fahrrad über Bergpässe fahren, die selbst für Maultiere als unpassierbar gelten.
Aber immerhin gibt Sport senilen, nicht nur im Urogenitaltrakt funktionslosen Männern die Gelegenheit, sich dessen ungeachtet als Funktionär bezeichnen zu lassen, blaue Clubjacken zu tragen, Weltreisen auf Kosten des Steuerzahlers zu machen, während Siegerehrungen junge Mädchen, die gerade weit gesprungen sind, greisenspeichelig anzuschlabbern und sich im Medaillenregen zu sonnen, was übrigens auch nicht geht.
Das Gesunde am Sport soll ja das Schwitzen sein und die wohlige Erschöpfung danach. Das kann man auch alles in der Sauna haben.
Dazu braucht man dann auch keine speziellen Schuhe, keine Funktionswäsche, man muß, und das ist das Beste, in keinen Verein eintreten und man kann

das machen, ohne sich auch nur einen Millimeter zu bewegen, und das alles auch noch alleine.

Oder besser noch, mit der oder dem Süßen. Dann stehen auch die Chancen für die wohlige Erschöpfung danach gar nicht so schlecht. Sollten Sie also in Hinkunft die Versuchung verspüren, sich bewegen zu müssen, dann gehen Sie mal mit dem Meerschwein um den Block. Vielleicht geht die Süße dann ja zur Belohnung mit in die Sauna.

Und dann werden die Räume schon von selbst enger.

Damit das mal klar ist.

Wider die Moden

Eine längst fällige Erregung

Lassen Sie mich mit den Worten von Christian Fürchtegott Rosencrantz beginnen, den Worten eines Dichters, welcher zu Lebzeiten selbst seiner Familie völlig unbekannt war und der auch über die Grenzen seiner Heimatstadt Söbeln hinaus erstaunlich unbeachtet blieb.

Das liegt auch daran, daß er so gut wie nichts veröffentlichte. Rosencrantz widmete sich intensiv der Abrichtung von Bisamratten zur Postbeförderung und konnte auch dort keinerlei vorzeigbare Erfolge vorzeigen. Da er jedoch die wenigen Ergebnisse seines schriftstellerischen Schaffens den eigenen Tieren zur Beförderung überließ, ist von seinem Werk so gut wie nichts erhalten.

So kann der nun folgende Vierzeiler mit Recht als Höhepunkt seines literarischen Schaffens eingestuft werden, er lautet:

Frühling hat sein blaues Band
wieder einmal so verspannt,
daß rund zehn Prozent der Welt
ständig auf die Fresse fällt.

Dieser Text bildet in geradezu stupender Deutlichkeit jene Gefühle ab, die mich zurzeit umtreiben.

Frühling, Frühsommer, Sommer, dieser Dreiklang des Wohlbefindens wandelt sich in Lichtgeschwindigkeit zu einer Dissonanz geradezu kakophonischer Qualität, wenn man die Sicherheit des eigenen Balkons oder Gartens leichtfertig zu Gunsten eines Besuches der örtlichen Fußgängerzone oder des Freibades aufgibt.
Wohlgemerkt: Gerade der weibliche Körper ist für mich ein Anlaß ständiger Verzückung, jenes Triptychon aus Anmut, Rundung und sanfter Weichheit ist Ziel inständiger Sehnsucht, ja Anbetung, aber es gibt auch gute Gründe, aus der Kirche auszutreten. Begeben Sie sich doch mal dieser Tage in die gleichgeschalteten Konsumwüsten, die sich Fußgängerzonen schimpfen, was muß das Auge, das ungeschützte, dort erblicken?
Wie der Regenwurm, der ringelige, das spitze Köpflein aus der Krume reckt, was aber auch sein Rectum sein kann, daher der Begriff, das Eichhorn wie das Opossum sich das Knusprige aus den Augenwinkeln reibt und zögernd noch den Bau verläßt, sich am ersten Sonnenlicht zu laben, so treibt's auch Frau und Mann, Gesicht oder Gesäß voran, darin dem Wurme nicht unähnlich, aus der wintermuffigen Behausung hinaus. Hinaus!
Die Freiluftsaison ist eröffnet!
Neben schüchternen Kroki und Osterbimmeln in schmucken Waschbetonpflanzkübeln schießen, einem herzhaften Magenwind nicht unähnlich, Biergärten und Freisitze aus dem Boden. Jetzt kann der Deutsche

endlich draußen das tun, was er auch drinnen wie kein Zweiter beherrscht. Das Trinken! Merke: Solange Weihenstephan noch steht, ist doch auf Pisa geschissen!

Doch auch diese wunderbaren Frühlingsodoramen werden immer wieder von Frauen in abenteuerlich gemusterten Schenkelpellen, den sogenannten Leggins, empfindlich gestört. Saufen und Pöbeln? Okay! Aber muß man bis zum Bersten gefüllte Beinschläuche ertragen? Nie und nimmer!

Natürlich lädt allein der Begriff »Freiluftsaison« zur Bekleidungsreduktion ein, aber kann man Einladungen nicht auch absagen? Aber genau! Was muß in einem passieren, damit man auf die Idee kommt, das eigene kontinentale Gesäß wider alle Vernunft in Schrumpffolie zu schweißen?

Ich komme aus dem Ruhrgebiet und nirgendwo sonst wird deutlicher, daß Strukturwandel vor allem auf weiblichen Oberschenkeln stattfindet. Doch nicht die Einlagerung von Fettreserven im Unterhautgewebe ist verwerflich, der nächste Winter kommt bestimmt, nein, die schamfreie Demonstration der eigenen Vorratshaltung ist es! Trage ich ständig meinen Kartoffelvorrat für alle sichtbar mit mir herum? An den Beinen? Hab ich Brennholz am Arsch?

Apropos Beine! Frauen, die ihre untere Hälfte in grob gemusterte Stützstrümpfe zwingen, sind in ihrer geradezu exemplarischen Scheußlichkeit aber noch zu toppen, und zwar durch Männer. In kurzen Hosen. Und in Sandalen!

Sandalen erinnern phonetisch nicht nur durch Zufall an jenes räuberische Volk der Vandalen, die plündernd durch Europa brandschatzten. Haarige, männliche Säbelbeine in bis unter die knotigen Knie stramm hochgezogenen Ärztesocken mit drei bunten Ringelstreifen, wurzelige Zehen, die sich klauengleich über die Birkenstock'sche Fußschweißwanne hervorkrümmen und bisweilen, und das ist der Gipfel der Zumutung, sockenlos den Blick auf hornige Fußnägel, die an Chipsletten erinnern, freigeben, sind so ungefähr das Häßlichste, was man sich überhaupt vorstellen kann.

Und im kurzen Hosenbein mit Schenkeltasche baumelt rechtsseitig der schrumpelige Klammerbeutel, welcher dann, im Sitzen fregattvogelkehlsackgleich aus dem weiten Beinkleid zur Begutachtung durch jedermann hervorgepreßt, vom faßstarken, T-Shirt-tapezierten Blähbauchüberhang mühelos beschattet wird. Gerade Angehörige jener Generation, die schon zu Fuß in Rußland war, zeigen sich gern in solcher Weise, daher ist von langen Fußmärschen prinzipiell abzuraten.

Doch nicht nur Greise und das Mittelalter zeigen sich dieser Tage geschmacks- wie schamfrei, nein, gerade die Jugend beiderlei Geschlechts steht unter erhöhtem Druck der Bekleidungs- wie der Gesundheitsindustrie.

Wellness heißt das Zauberwort und nicht etwa Abrakadabra, wie ich immer glaubte. Bei Wellness verhält es sich ähnlich wie beim Loch Ness, keiner

weiß, was wirklich dahintersteckt. Wellness kommt den weiten Weg aus dem Englischen und meint im Deutschen »Gutheit«. Demzufolge heißt Loch Ness im Deutschen »Lochheit«, was auch völlig unverständlich bleibt.
Oder anders gesagt: Wellness meint alles, was guttut, und Loch Ness alles, was gut locht. Wellness boomt, wie der Franzose sagt, wenn er Englisch kann. Und, neuerdings auch, Askese.
Askese!
Also nach den yogischen Fliegern, die ja gerne mal bewußtlos über der Türkei kreisen, nach ayurvedischen Duftöleinreibern und den berühmten Arschkerzenanzündern der Hopi drängen jetzt die Asketen mit Macht in die schutzlose Öffentlichkeit.
Askese, da fragt sich der steinalte Europäer natürlich: Was ist das jetzt schon wieder?
Askese! Was hat eine Spielkarte in einem Molkereiprodukt zu suchen?
Askese kommt, wie übrigens auch gutes Benehmen, nicht aus dem Englischen, nein, Askese kommt auf einem Umweg über das Hochidiotische aus dem Griechischen und nun über uns und meint Verzicht.
Der Asket verzichtet, wenn er asketet.
Und zwar auf alles. Essen, Trinken, Schlafen, Poppen, danach Rauchen und davor Fernsehen. Treibt man die Askese auf die Spitze, überlebt man das nicht. Der Verzicht auf das Leben bedeutet nicht, wie man glauben könnte, Generalidiotie, sondern die höchste Erleuchtungsstufe. Der Asket sucht Er-

leuchtung und ist damit ein zerebral komplett Verdunkelter. Wer je versucht hat, einen Kellerraum allein durch Fasten zu erhellen, weiß, was ich meine. Fasten übrigens ist eine unmögliche Verbbildung aus dem Wörtchen »fast«. »Fast« bedeutet »kaum« oder »knapp«. Man könnte also statt »fasten« auch »kaumen« oder »knappen« sagen, wenn einem Verständnis nicht so wichtig ist.

Übrigens: Askese ohne Publikum ist nichts. Wenn keiner den Verzicht quittiert, besonders durch den schönen Satz »Also ich könnte das nicht«, lohnt es sich nicht.

Wellness und Askese, als ob unsere Kinder nicht schon genug am Bein hätten mit einer Mode, die sie zwingt, Hosensäcke und Fußboote zu tragen, sich mehr Nirosta ins Gesicht und den knospenden Genitalbereich zu nieten, als für eine handelsübliche Doppelspüle mit Abtropfzone draufgehen würde, und sich mit chinesischen Lebensweisheiten brandmarken zu lassen wie einjähriges Schlachtvieh. Ich möchte nicht wissen, in wie viele weibliche Rücken die Aufschrift »Nicht auf den Boden spucken«, »Nächste Dichtigkeitsprüfung 2018« oder einfach »1 Pfund Halb und Halb 2,98« in asiatischer Kalligraphie gekerbt wurde. Ich hätt's gemacht!

Und von der Unmöglichkeit jener durchaus reizvollen Sexualpraktik eines *Coitus a tergo*, also *von hinten* für alle, die im Rumänischen nicht so zu Hause sind, möche ich gar nicht reden. Wer dabei einmal auf eine heftig auf und ab ruckelnde, stümperkeltische Steißgravur, ein sogenanntes Arschgeweih, gucken mußte, flüchtet sich stehenden Fußes wie Geschlechtes in eine von nun an eher autoerotisch geprägte innere Emigration, aus der kein Weg zurückführt. Dabei hatte man sie doch extra gebeten, sich mal umzudrehen, weil der Anblick ihres neonfarbenen Lippengipses so schmerzhaft ins ungeschützte Auge biß.

Nein, Jugendwahnsinnige und Gesundheitserpresser setzen uns zu, wohin wir uns auch wenden.

Die leeren Gesichter unserer Innenstädte werden von Solarien und Fitnessclubs entstellt, in denen gut gebaute, aber subfontanell schlecht möblierte junge Männer oder kroß gebräunte Frauen mit ledrigen Ibizagesichtern, Silikon aufgeschäumtem Hirnschädel und mürben Blätterteigdekolletés zum Verweilen in 1000-Watt-starken Liegebrätern einladen. Lange wird es nicht mehr dauern, dann werden sich die Betreiber dieser Melanom-Inkubatoren, um die Verweilzeit zu reduzieren, auf das besinnen, was uns der Osmane schon so lange erfolgreich vormacht, nämlich lotrecht zu braten. Was beim Döner hinhaut, kann für dickliche Solariumsbesucher nicht verkehrt sein. Die sind ja auch nur in der Wahl der Gewürzmischung anders zu behandeln als geschichtetes Lammfleisch und werden sich in Hinkunft stehend vor der Wärmequelle drehen. So läßt sich ablaufendes Fett auch besser auffangen.

Solariumsgenerierte Hautkrankheiten werden endlich chic, denn Schuppen kleiden ja auch nicht nur

Fische, Flechten sehen nicht nur in den Alpen gut aus und großflächige Pilzerkrankungen heißen dann Ibiza funghi.

Ist das nicht herrlich!

Die Ganzkörperbestrahlung ist im Kommen, und zwar mit Macht, so daß wir alle nach unserem Ableben erst mal für einige Jahre ins Abklingbecken müssen, bevor wir der Kompostung zugeführt werden können.

Wellnessfanatiker und Beautyfaschisten haben das Regiment übernommen, uns bleibt nichts, als schön braun zu werden, wer's schon ist, kann es bleiben, und wer vor dem Solariumbesuch eine Kräutercreme aufträgt, bleibt hernach in der Kruste schön saftig. Womm bekohl's!

Die Verschiebung der Werte ist es, die solches möglich macht. Was früher unter Körperverletzung geführt wurde, nennt sich heute Schmuck, was als Pegelton galt, ist plötzlich Musik, Gestammel wird Literatur, gerade einen Meter weit gucken heißt Fernsehen, oral gekachelte grinsende Hohlkörper, wie etwa Thomas Hermanns, gelten als witzig, Angehörigen bildungsferner Schichten beim Blamieren zuzuschauen, ist eine Talkshow, und einen Fußballer zu fragen, ob, und wenn ja, wann er die 56. Minute erlebt hat, nennt sich Interview.

Wertewandel ist an sich ja nichts Schlimmes oder gar Verwerfliches, im Gegenteil, es ist ein Zeichen für Entwicklung. Doch wie bei jeder klassischen Entwicklung muß man hinterher oft genug feststellen, daß viele Bilder nichts geworden sind. Aber das ist doch alles gar nicht so schlimm, höre ich jetzt viele sagen, es gibt doch auch tolle Entwicklungen, etwa, daß man heute mit dem richtigen Anbieter umsonst telephonieren kann. Für 25 Euro im Monat.

Oder die Deklarationspflicht für Inhaltsstoffe in Lebensmitteln, die dazu führt, daß der interessierte Genießer der Aufschrift auf einer Ültjes-Erdnußverpackung entnehmen darf, daß dieses Produkt Spuren von Nüssen enthalten kann! Kann! Wenn man Glück hat! Oha!

Und natürlich weiß ich, daß Erdnüsse Hülsenfrüchte sind, aber Wissen allein hilft eben nicht immer! Es ist also alles eigentlich gar nicht so schlimm.

Leben Sie also wohl, aber zeigen Sie Ihre Beine nur denjenigen, die sie auch wirklich sehen wollen, tragen Sie festes Schuhwerk, seien Sie dankbar, wenn Ihr Mann im Bett die Socken anbehält, machen Sie Notizen nur auf Zetteln und nicht auf den Ärschen junger Menschen ohne Japanischkenntnisse und vor allem, bleiben Sie bitte blaß.

Stil- und Fingerübungen, sonderbar und abwegig

Das Dombrowski-Duell

Eine Würdigung

Verehrte Festgäste, meine sehr verehrten Damen und Herren,
das Kabarett und jene, welche es betreiben, mühen sich nach Kräften, und das jeden Abend aufs Neue, Augen und Ohren des Publikums zu öffnen, auf daß das Licht der Erkenntnis einfalle in gewohnheitsverstaubte, generalverdunkelte Hirnkästen, man Satisfaktion und Inspiration gleichermaßen mit nach Hause nehme und das Leben als solches dann reicher werde und reiner.
Das klingt schomma gut.
In der Realität jedoch, der sich ja die meisten von uns immer häufiger schutzlos ausgesetzt sehen, reicht der Einfluß des Kabarettisten selten über das Foyer des Hauses, in dem er oder sie sich gerade ereignet, hinaus, ja oft erschöpft sich die Strahlkraft des Künstlers bereits auf dem Toilettenabgang oder dem Weg zur Garderobe, so daß die meisten Besucher das Theater intellektuell vollkommen unbehelligt wieder verlassen, ja, einige sogar deutlich dümmer aus dem Stadion gehen, als sie gekommen waren.
Doch es gibt Ausnahmen!
Der, dessen sicherlich verdienten, aber nur vereinzelt, etwa von Angestellten namhafter Geldinstitute

oder halbkriminellen Angehörigen der politischen Kaste begrüßten Ruhestand zu beklagen wir hier zusammengekommen sind, jene multiple Erscheinung, die Trinität der Auflehnung in Gestalt Lothar Attila Dombrowskis, Oberstleutnant Sanftlebens und des traurigen Augusts, besitzt, ohne sich je darum bemüht zu haben, jene oben beschriebene Strahlkraft und deshalb ist seine Retirierung ein umso schmerzhafterer Verlust!
Ist dies nun also der Moment des Verzagens?
Der Klage?
Des Lamentos?
Der Trauer?
Aber ja!
Aber wenn dieser Moment dann vorbei ist, also: jetzt!, denken wir an das, was bleibt, die Botschaft, wässern wir die in uns gelegte Saat, auf daß sie keime und reiche Früchte trage, zur Freude des Sämanns wie der des Ackers!
Und was bleibt?
Ihnen?
Ich habe nicht die blasseste Ahnung, mir hingegen bleibt der Mut zum Zorn!
Und der starke Wunsch, die Dinge endlich selbst in die Hand zu nehmen!
Denn es ist Zeit, allerhöchste Zeit!
Schon immer haben sich die Alten alteriert, daher der Begriff, und zwar über die Jungen, über die jüngere Generation also und deren vermeintliche sprachliche Verwahrlosung und sittliche Verro-

hung. Und als wir noch die jüngere Generation waren, haben wir damals solchem und ähnlichem Unfug hohnlächelnd die Stirn geboten und extra oft »Alter« zu unseren Freunden gesagt und ein »ey« an jedes verfügbare Wortende gehängt, ey!
Und wir haben uns geschworen, sollte es nach uns je wieder eine Generation geben, was ja nicht sicher war, weil wir alle mit dreißig längst tot sein wollten ...
Sollte es also je wieder eine Generation nach uns geben, mit oder ohne unser Zutun, dann sollte diese neue Generation nicht unter dem Verdikt einer faschistoiden Sprachpolizei aufwachsen, sondern frei und ungezwungen jenes Wunderland, das wir Muttersprache heißen, erkunden dürfen.
Doch da ist ja wohl einiges schiefgelaufen. Oder ich bin inzwischen zu dem geworden, was mein Oppa schon mal war. Beides ist, finde ich, äußerst beunruhigend.
Unlängst sprach ich mit einem Freund, der lange schon und leidenschaftlich als Lehrer arbeitet, ein Begriffspaar, das nur für jene ein Paradoxon darstellt, die ausdauernd und freiwillig in stabiler Bildungsferne zelten und für die ein Paradox deshalb nur ein festlich geschmücktes Rindviech ist.
Dieser Freund nun erzählte mir, daß er seine Schüler, darunter Angehörige aller nur denkbaren Geschlechter und Präferenzen sowie gleich viele mit Migrations- wie mit Permanenzhintergrund, daß er also diesen gesellschaftlichen Querschnitt gebeten

habe, man möge ihm doch schriftlich darstellen, was die jungen Menschen nach erfolgter Abiturprüfung denn nun im Leben anstrebten oder von demselben erwarteten. Nach Einsammlung der in 45 Minuten herzustellenden Pamphlete fand mein Freund auf zwölf, also auf zwölf von sechzehn abgegebenen Zetteln nichts weiter als die Begriffe »Fotze«, »Penis« und »Lutschen«, die allerdings in allen denkbaren Reihenfolgen und Kombinationen sowie wahlweise in Englisch, zum Teil mit erläuternden Handskizzen in Mischtechnik versehen, womit die Kreativität der Verfasser aber auch ihren Zenith erklommen hatte. Mein Freund sah mich waidwund an, hauchte noch tonlos: »Was soll ich nur tun? Ich muß noch 15 Jahre ...«, bevor er wortlos, aber krümelig zerfiel.
Noch mitgenommen bestieg ich eine Straßenbahn ins Zentrum und wurde Zeuge, wie ein junger Mann oder etwas in der Art, steif basebecapt und offensichtlich auf dem Höhepunkt seiner Testikulanz, ergo stark genital gegängelt und darob zerebral testosterös erheblich gedämpft, also im wahrsten Sinne des Wortes ein Sack mit Fahrschein ... wie also dieser junge Mann eine ihm offensichtlich völlig unbekannte junge Frau mit den Worten »Willsse ficken?« zu bezaubern suchte.
Und anstatt diesem Haufen evolutionären Sondermülls mit einem gezielten Tritt sein Gemächt nachhaltig zu entsaften, fuhr sich die so Angesprochene mit den weißrandigen, hartgelierten Nuttenschaufeln am Ende ihrer Finger durch das jett-

schwarz gefärbte Haupthaar, wechselte dann das sinnlos beschnallte und massiv verreißverschlußte Handtaschoid von einer Ellenbeuge zur anderen, stieß zwischen dem dentalen Dressurdraht ihrer Korrekturtrense und einem Kaugummi offenmundig schnaufend ein »Okee« mit zum Wortende ansteigender Betonung aus und verließ mit ihrem Entdecker an der nächsten Haltestelle die Bahn, ohne mit dieser subarschbackig schlaff behosten und enzephalitisch grinsenden, semimaskulinen Mützenstütze auch nur *ein* weiteres Wort gewechselt zu haben. Vermutlich war beider Vokabelvorrat durch den brünstigen Dialog bereits auf Tage hinaus erschöpft.

Au Backe.

Damit das mal klar ist: Ich liebe Kinder.

Aber es beunruhigt mich schon sehr, was, mangels liebevoller Observanz oder wegen Pfuschs am Bau, aus ihnen zu werden vermag. Auch ich schätze im Prinzip das, was der Rüde hier dem Weibchen vorschlug, sehr! Und ich bin der stabilen Auffassung, daß, wenn alle solches öfter täten, deutlich weniger Zeit bliebe, Steuern zu hinterziehen, Ommas auszurauben und sich einem ganzen Strauß anderer Paranoiae hinzugeben.

Aber ebenso bin ich der Meinung, daß die Anbahnung immer bereits Teil des Vollzuges sein muß, ja, ist. Das Auspacken ist doch schließlich auch das Schönste am Geschenk!

Ich saß recht trübselig in der Straßenbahn, ein Häufchen, nein, seien wir ehrlich: ein Haufen Elend, morsch, mürbe und malad. Und frug mich still: Was bleibt? Was tun? Was hilft?

Und dann durchfuhr es mich mit derart Dombrowski'scher Wucht, daß ich gar ein leichtes Verholzen der rechten Handwurzel zu spüren meinte! Was hülfe, sehr hülfe, wäre der Zweikampf! Der Ehrenhändel! Das Duell!

Wie wäre es, wenn man rhetorische Schamverletzer, modische Generalentgleisungen, bramarbasierende Politdummschwätzer, engstirnige Vorgesetzte, blockwartige Vermieter, flachkopfige Spätpubertierende und silikonmelonige Frauenimitate noch im Moment der Belästigung mit der Forderung konfrontieren könnte, sich innert 30 Minuten mit zwei Sekundanten auf der Wiese hinter der Kirche einzufinden und für ihr Da- und Sosein mit der Klinge einzutreten?

Himmlisch wäre das! Ich käme zu nichts anderem mehr und würd' auf dieser Wiese zelten!!

Warum geht das heut' nicht mehr, es ging doch so lange, und das auch noch gut!

Die Geschichte des Duells, jener tragenden Säule im Gebäude menschlicher Auseinandersetzungskunst, reicht bis zu den Anfängen der Menschheit zurück und gliedert sich seitdem in drei Hauptabteilungen, nämlich in Provokation, Rezeption und Reaktion, was in der Jungsteinzeit etwa so geklungen haben muß:

»Remblöspratznagull!«

»Åh?«

Duphh!

Wobei »Remblöspratznagull!« die Provokation des Gegenübers darstellt und inhaltlich etwa die detaillierte Beschreibung der sexuellen Präferenzen der Mutter des Angesprochenen, die geharnischte Kritik an dessen Tischmanieren oder einfach den grundsätzlichen Zweifel an der intellektuellen wie spermalen Potenz des Gegenübers beinhaltet, während »Åh?« akustisch die leichthirnige Verstehensblüte des so Angegangenen illustriert, die dann in einem ansatzlosen und kraftvollen *Duphh!* mündet, jenem Geräusch also, das die Pulverisierung des Gesichtsschädels durch einen stumpfen Gegenstand recht anschaulich wiedergibt.

Der Zweikampf als wesentlicher Teil der Sozialhygiene war, neben dem schon länger praktizierten Beischlaf und dem Aussetzen von Senioren im Wald, endlich etabliert.

Auch als Stellvertreterauseinandersetzung, die etwa von zwei Befehlshabern zur Schonung der recht knappen Mannschaftsdienstgrade ausgefochten wurde, gewann das Duell an Boden, wurde dann aber, wie so vieles, was unter den Einfluß des Klerus geriet, durch das unselige Beispiel Einzelner beschädigt und beschmutzt. Zu nennen ist hier etwa jener hinterlistige David, welcher den arglosen Philister Goliath, der ganz auf seine muskuläre Präsenz vertraut hatte, durch einen gezielten Schuß der Steinschleuder vor die Stirn genau da traf, wo der gewaltige Krieger am wenigsten gerüstet war, was übrigens für die meisten Militärs bis heute gilt. Damit jedenfalls verstieß David gegen den ehernen Gleichheitsgrundsatz, ein unerhörter Vorgang, der den Gedanken des Duells schwer beschädigte und es in die Nähe von Schamanismus, Zauberbohnenwerfen und Eingeweideleserei drängte. Erst der ziselierte Ehrbegriff des späten Mittelalters, der sich über die Renaissance und das Hochbarock immer weiter verfeinerte und eine fast arabesk anmutende Duftigkeit erreichte, konnte den Sinn des Duells einigermaßen wiederherstellen.

Durch die Ritualisierung der Provokation, etwa durch die Erfindung des Fehdehandschuhs, den man dem zu Provozierenden in Nachahmung einer ehrabschneidenden Ohrfeige um die Wangen zu schlagen hatte, gelang es, die Herausforderung ganz vom Inhaltlichen zu lösen und damit das Duell endlich allen zugänglich zu machen. Daß dadurch auch einmal solche Exzesse wie etwa Breitensport möglich werden würden, konnte man da ja noch nicht ahnen.

Die oben angeführte Ritualisierung warf allerdings auch einige Schwierigkeiten auf, gerade etwa im Mittelalter, da sich der Provozierte vom Schlag des bisweilen stählernen Fehdehandschuhs oftmals gar nicht mehr so recht erholen wollte und so Rezeption und Reaktion infolge eines amtlichen Knockouts bisweilen ausblieben und den Provokateur enttäuscht zurückließen.

Um solchen unschönen Entwicklungen vorzubeugen, wurde der Schlag mit dem Fehdehandschuh in ein fast liturgisches Rededuell der beiden Kontrahenten umgemünzt, an dessen formale Vorgaben man strikt gebunden und ohne die eine ordnungsgemäße Forderung und eine entsprechend satisfaxende Auseinandersetzung nicht durchzuführen war.

Zuvörderst war die Satisfaktionsfähigkeit beider Kontrahenten festzustellen …

»Kerl, seid Ihr überhaupt satisfaktionsfähig?«

»Ihr werdet's erleben!«

»Frechheit!«

… dann wurden Datum, Uhrzeit und Örtlichkeit der Auseinandersetzung festgesetzt …

»… heute Nachmittag um drei an der Rückwand des Schwesternheims!«

»Ich werde da sein!«

»Natürlich, Ihr wohnt ja da!«

»Frechheit!«

… und man trennte sich nach kühlem Gruße.

»Arsch…«

»…loch!«

Es gab Zeiten, da war in den öffentlichen Gartenanlagen an ein Picknick im Freien nicht zu denken, da sich auf jeder Wiese Männer in Ehren- und Raufhändel verstrickt sahen.

Inhaltlich ging es damals bei solchen Auseinandersetzungen, wie man nicht müde wurde zu betonen, immer um Fragen der Ehrverkürzung oder Ehrabschneidung. Aber in Wirklichkeit drehte es sich oft um Frauen, in der Mehrheit um Frauen, also eigentlich drehte es sich immer um Frauen, und zwar um Liebe zu, ohne und mit Frauen, also eigentlich, wie man damals noch mit Recht sagen konnte, um das Fell des Bären.

Heute ist das ja leider allzu häufig mehr ein Nacktmull, um im Bild zu bleiben. Ich kann mir nicht vorstellen, daß sich um so was irgendjemand schlagen würde, außer perverse Zoologen, vielleicht.

Verantwortungslose Verwaltungsfachangestellte mit Kontrollzwang, also das, was wir in Verkennung der Wahrheit Regierungen nennen, versuchen uns einzureden, die Voraussetzungen für ein anständiges Duell seien inzwischen weggefallen. Aber das stimmt nicht, im Gegentum, es werden ständig mehr!

Die staatlichen Organe aber sind nur desinteressiert, willenlos, kenntnisfrei oder zu stumpf, um empfindliche Menschen zu schützen oder diesen, im Schadensfalle, Genugtuung zu verschaffen.

Nehmen wir's darum endlich wieder selbst in die Hand!

Also: Auf! Jetzt! Dombrowskis Furor werde der unsere!

Streiten wir für das Gute, das Schöne und das Wahre! Ziehen wir die Klingen blank gegen rhetorische Gedankenarmut und geschmackliche Totgeburten, gegen sinnliche Verwahrlosung, gegen die Vertalkung des Gesprächs, gegen die Kompostierung des Kompliments, gegen die Verrohung der Verehrung, gegen die Veröffentlichung alles Privaten, gegen die Verachtung des Fremden, gegen Dumpfbichelei und

Teilnahmslosigkeit, gegen die Lawinen von Scheiße, die sich durch die wirkliche, aber besonders durch die virtuelle Welt wälzen und unser aller Leben bis in das letzte Filament hinein durchseuchen, gegen den ganzen verdammten Rotz, der da draußen jeden Tag unwidersprochen in unsere Leben geschissen wird!

Fordern wir sie heraus!

In lautstarker, lästiger Schrammanz!

Und eines fernen Tages steigt vielleicht ein junger Mann mit irgendeinem Hintergrund, den außer seiner Omma niemanden wirklich interessiert, in eine Straßenbahn und spricht zu dem überirdischen Geschöpf neben sich, das er nun schon eine ganze Weile still gefreit, nah an ihrem Ohr die Worte: »Laßt mich der süße Windhauch sein, der das Gesträuch Euch teilet und die Wiese dort mit Morgentau benetzt …«

Und sie wird ihren Schwanenhals sanft beugen, während ein Anflug zarter Röte ihre Wangen überhaucht, sie wird ihm einen schwerlidrigen, glutvollen Blick schenken, in dem alles, was er sich je erträumte, verheißen ist, und sie wird wogenden Busens, den das Mieder mit Mühe nur zu halten weiß, sagen: »Ihr überrascht mich sehr, mein Herr, ich kenn Euch nicht einmal und dennoch sprecht Ihr solche Worte ohne Scham, noch dazu zu einer Dame?«

Und in dem Moment, wo er sich, tief enttäuscht, abwenden will, wird sich ihre Hand wie ein Vögelein zart flatternd auf seinem Unterarm niederlassen und sie werden gemeinsam die Bahn verlassen und über das, was nun folgt, da schweigt des Sängers Höflichkeit.

Aber so wird es sein, denn »Laßt mich der süße Windhauch sein, der das Gesträuch Euch teilet und die Wiese dort mit Morgentau benetzt« klingt allemal besser als »Willsse ficken?«.

Wenn man kein Nacktmull ist.

Dombrowski sei Dank und Sanftleben hoch und August ist der Starke!

Ich danke Ihnen.

Und ich zähle auf Sie.

Geisteswissenschaften

ABC der Menschheit

Herr Präsident, Eminenzen und Exzellenzen, Protuberanzen und Monstranzen, sehr verehrter Herr Bürgermeister, Dekane, Kanzler, Siegelbewahrer, Hausmeier, Schlüsselmeister, Intendanten, Sterbliche, Sachverständige, Laien und Beflissene, Älteste, Quiriten, Essenerinnen und Essener, Bochumerinnen und Bochumer, es ist mir eine unbedingte Freude, heute im Rahmen dieser irisierenden Veranstaltung zu diesem besonderen, in diesen Zeiten nicht gerade im Mittelpunkt des Weltinteresses stehenden Thema sprechen zu dürfen.
Telepathie, Seelenwanderung, Gedankenlesen, Telekinese, Beschwörungen, Tischerücken ... was ist denn, Herrgott ... wie, mit »s«, ach mit »s«! Nicht mit »r«, mit »s«! Also nicht Geisterwissenschaft!
Aha. So. Ja.
Geisteswissenschaft muß es heißen, nun.

Meine sehr verehrten Damen und Herren,
es ist mir eine unbedingte Freude, heute im Rahmen dieser irisierenden Veranstaltung zu diesem besonderen, in diesen Zeiten nicht gerade im Mittelpunkt des Weltinteresses stehenden Thema sprechen zu dürfen.
Philosophie und Philologie, Theologie und Mathematik, ja nicht zuletzt die Kunst im weitesten Sinne,

tun mehr not denn je, bieten leider aber oft genug weniger Trost denn erwartet und weniger Hoffnung denn erfleht. Ja, jene akademischen Disziplinen, die sich des Geistes bedienen und ihn damit erweitern, werden nicht selten von Angehörigen der sogenannten ernsthaften Wissenschaften, wie sich Natur- und Ingenieurswissenschaften immer wieder in betonierter Selbstüberschätzung und bornierter Humorlosigkeit selbst bezeichnen, mit Hohn und Spott betrachtet und ihre Anstrengungen um nachvollziehbare Versuchsabläufe und überprüfbare Ergebnisse werden in den seltensten Fällen ernst genommen. Dennoch immer läßt sich etwa das rätselhafte Verschwinden des Genitivs mit den Mitteln der Germanistik alleine nicht erklären und auch die Mathematik stößt in den Fragen der Division durch null oder dem Rhythmus von Primzahlenerscheinungen weit in das Esoterische vor, jene duftverkerzte Sphäre des mit landläufigen Mitteln Unerklärlichen also, in welcher erstaunlicherweise oft genug Frauen ohne gültigen Hochschulabschluß, aber mit Epidermisproblemen im Oberschenkelbereich erstaunliche Ortskenntnisse aufweisen. Wir leben in geistfernen Zeiten, wer wollte das bestreiten, und das beklagen nicht nur englische Schloßbesitzer in Sorge um die touristische Attraktivität ihrer Stammsitze für paranormale Kontinentaleuropäer.

Geisteswissenschaft kann aber nur gewinn- wie genußbringend in des Geistes Gegenwart betrieben werden, eine in ihrer luziden Einfachheit an die Rechnungen der Damen im milchgewinnenden Gewerbe erinnernde Erkenntnis. Leider verweigern sich die meisten dieser Erkenntnis, vielleicht gerade weil sie so einfach ist. Beweise für die Geistesferne gerade jener, die eigentlich für die Präsenz desselben in unserer Mitte Sorge tragen sollten, lassen sich zuhauf finden! Die Kunst, ja selbst die Kunst flieht den Geist bisweilen, und zwar im Laufschritt, anstatt sich auf ein Gläschen zu ihm zu setzen!

Vor einigen Jahren zum Beispiel zeigte das Aachener Suermondt-Ludwig-Museum in einer Ausstellung Bilder von hinten!

Also die Rückseiten, also ohne Bild!

Zur Eröffnung war Erik Meijer zu Gast, ein Aachener Fußballprofi holländischen Geblüts. Nun wird natürlich, wem auch immer, verschiedenes klarer. Ist die Tatsache, daß man Bilder mit der gemeinhin unbemalten Rückseite nach vorn an die Wände eines Museums hängt, einfach nur präsidial verblödet? Oder ist das vielleicht der bereits im Ansatz zum Scheitern verurteilte Versuch, einem Fußballer, also einem mental eher seichten Monotalent, die Schönheit von Malerei schmackhaft zu machen, ohne ihn durch verstörende Motivwahl, rätselhafte polychrome Kompositionen und irritierende Titel zu verschrecken? Also ohne das ganze bunte Zeugs? Und hätte man das nicht auch in seinem Vereinsheim machen können, natürlich nicht, ohne vorher zu lüften?

Oder mal ganz anders gefragt: Hat denn nicht der Maler, als er die Entscheidung traf, von zwei möglichen Seiten nur die eine zu bemalen, insgeheim gehofft, ja gar drauf gebaut, man würde diese bemalte Seite dem Publikum zugänglich machen, und hofft nicht auch das Publikum, wenn es eine Ausstellung betritt, die Kunstwerke zu sehen zu bekommen und eben nicht deren Rückseiten?

Wie ich hinterher erfuhr, war das Konzept dieser Ausstellung noch viel gewagter, ursprünglich wollte man nämlich nur die Schmalseiten der Gemälde präsentieren. Selbst Rembrandts Nachtwache ließe sich so auf einen 1,85 Meter langen und nur acht Zentimeter schmalen Streifen reduzieren, der Rahmen gibt einfach nicht mehr her, ließe dem Betrachter aber viel mehr Raum für Interpretationen, das ikonographische Element tritt zu Gunsten der *Frage* in den Hintergrund, Fragen von »Ist das nun die Nachtwache von Rembrandt oder der Fensterrahmen?« bis hin zu »Was soll der Scheiß?«.

Man wollte, so die Verantwortlichen später gegenüber der staunenden Journaille, die reine Ikonizität auflösen. Da hätte man dann aber auch Säure nehmen und die Rahmen gleich mit auflösen können. Dann wäre wieder mehr Platz gewesen, um Bilder aufzuhängen, dann aber richtig rum. Man fragt sich allen Ernstes: »Was kommt als Nächstes, nach den Rückseiten?« Vielleicht wird man in einer der nächsten Ausstellungen versuchen, Skulpturen hörbar zu machen, möglicherweise durch Umschmeißen.

Im Herbst steht dann vermutlich »Graphik essen« auf dem Programm und im folgenden Frühjahr wird dann Keramik getanzt. Nie war die Generalabsenz jedweden Geistes faßbarer denn zu jener Zeit in Aachen.
Deutschland, ehemals das Land der Dichter und Denker, es wird schlichter und kränker!
Wem fiele in diesem Zusammenhang nicht Christian Fürchtegott Rosencrantz ein, der geahnt hatte, daß Frühling dermaleinst vom knospenden, zart duftenden Aufbruch der Natur, von der beglückenden Inspiration für ein liebendes Herz, vom Impuls für ein luftiges Streichquartett oder ein zartes Aquarell, vom Movens für eine glühende Epistel oder ein zitterndes Geständnis, zart errötend und kaum hörbar vorgetragen, vom Hauch des Göttlichen, der das Gestammel zum Sonette fügt, vom warmen Atem der Liebe, der ein in eitler Selbstbespiegelung erfrorenes Herz anzutauen vermag, von jenem Fünkchen Hoffnung, welches in der Nacht der Verzweiflung Heimat und Wärme gibt und den Mut nicht sinken läßt – als ob er geahnt hätte, daß von all dem, was Frühling einmal war und noch und wieder sein könnte, nichts übrig bliebe als dröhnendes Monophongebrumm, angesagte Partystrände, hippe Bademoden, coole Shorts, silikonaufgeschäumte Hirnschädel über ledrigen Blätterteigdekolletés, cellulitdurchwogte Leggins, kakograph verhunzte Steiße und ungebildete Nullnummern, die sich durchs Privatfernsehen plärren und ihren intellektuell substanzlosen

Persönlichkeitsentwürfen durch Edelstahlimplantate Gewicht zu verleihen suchen.

Rosencrantz muß schon zu seinen Lebzeiten diese Heimsuchungen geahnt haben, die dermaleinst mit dem Einsetzen milderer Temperaturen über geschmacklich ziseliert ausgeformte und darob empfindsame Menschen ausgeklappt würden wie eine Schiffsladung Dünnsäure. Er wußte, welch fatale Folgen es für die geistige Gesundheit seiner Insassen haben kann, wenn ein Gemeinwesen seine Ordnungsaufgaben den bildungsfernen Schichten überläßt, und das, ohne Bochum auch nur zu kennen, und gut 200 Jahre vor Toto und Harry.

Aber wir wollen uns nicht nur dem Lamento, dem berechtigten und darob so vielstimmigen, hingeben, nein, auch wunderbare und mutmachende Entwicklungen überstrahlen unsere wohlangebrachte Melancholie, Geisteswissenschaft in ihrer schönsten Form, also Forschung *cum exultatione*, welche direkt im Colloqium mit Erkenntnisgewinn mündet, feiert zurzeit fröhliche Urständ'. Auf dem auch von mir aufmerksam verfolgten Fachgebiet der Paläolinguistik etwa zeichnen sich Entwicklungen von ungeheurer Tragweite ab.

Sie werden es den einschlägigen Wissenschaftspublikationen entnommen haben, gerade Bochum steht zurzeit im Fokus der Altphilologie, wie der Paläolinguistik, die internationale Flexionsforschung horcht auf und die Verbenfreunde Europas richten ihre Aufmerksamkeit auf das Ruhrgebiet.

Die zurzeit in der Krypta der Bochumer Klosterkirche »Unserer Lieben Frau Ihrer Mutter« laufende Ausgrabungskampagne, im Zuge derer man hofft, mehrere seit Konstantins Zeiten verloren geglaubte altlateinische Verben endlich wiederzuentdecken, elektrisiert die altphilologische Fachwelt wie das interessierte Publikum gleichermaßen. Allein die Verbenausgrabung als solche stellt ja, wie Ihnen sicherlich bekannt sein dürfte, auch für archäologisch Gebildete ein äußerst heikles Unterfangen dar, sind Verben doch höchst fragile Gebilde, sehr kälte- und feuchtigkeitsempfindlich und in ihrer Zerbrechlichkeit allein nur noch von Muranoglas übertroffen. Will man jedoch die geborgenen Verben nach ihrer Freilegung auch noch flektieren, also beugen, um in den Genuß ihrer vielfarbigen Schönheit in Indikativ und Konjunktiv, Präteritum und Futur zu gelangen, grenzt dieser Wunsch ans Unmögliche, ja spielt gar deutlich hinein.

Dem geschuldet erfolgt die Ausgrabung natürlich unter der strengen wissenschaftlichen Aufsicht namhafter Sprach- und Beugungsexperten aus drei ebenso namhaften europäischen Sprachinstituten, darunter kein Geringerer als Herr Prof. Dr. Giselher Landunter-Treutlein vom Institut zur Reanimation toter Sprachen mit den Mitteln der Ersten Hilfe, der als Erster versucht hatte, Verben unter dem Einsatz heißen Wassers zu beugen, einer Technik, die wir sonst nur dem Küferhandwerk zuschreiben, sowie Herr Prof. Dr. Heribert Acker-Landmann,

Dekan der linguistisch-misanthropischen Fakultät des sprachtheoretischen Institutes der Universität Uppsala, vielleicht der weltweit bekannteste Vertreter der Fraktion der Verbstrecker, die, in scharfer Abkehr von der Technik des Beugens, im Strecken die einzig richtige Form der Verbbehandlung sehen. Ihm ist es als Erstem überhaupt gelungen, das Verbum »breugheln«, welches ja jene Bedeutungsfelder abdeckt, die das Verb »goghen« außer Acht läßt, auf eine auch international beachtete Länge von immerhin 73 Zentimeter, natürlich vorerst nur unter Laborbedingungen, zu strecken.

Anwesend ist ebenfalls Privatdozent Dr. Paul Kroll, Lehrstuhlinhaber für Linguaphobie am Massachusetts Institute for Massachusetts und Schöpfer der in Fachkreisen weitgehend nicht beachteten und darüber hinaus auch vom interessierten Publikum keineswegs zur Kenntnis genommenen Vorlesungsreihe »Einsilbigkeit im Alltag: Chance in der Silbenflut oder: Taubheit: ein Segen?«. Kroll steht der Stiftung »Wenig Sprechen – wenig Hören« vor und ist Träger des güldenen Verdiensttonbandes der Vereinigung der Kriegstauben mit Gräbervorsorge in Holstein.

Bei den in der Krypta vermuteten Verben handelte es sich, dies sei für diejenigen unter Ihnen, die des Lateinischen mächtig sind, nur kurz erwähnt, um die Infinitvformen »zosse«, »pisse«, »busse« und »tasse«, Verben also, deren Vorkommen vielfach in so manchem Experiment im Vakuum zwar nicht bewiesen werden konnte, deren Vorhandensein aber zwingend vorhergesagt wurde. Diese sogenannte Erste Wilamowitz'sche Vermutung, benannt nach dem großen Altphilologen Ulrich von Wilamowitz-Moellendorff, soll durch Auffindung dieser Verben endlich zur Gewißheit werden, zumal die Konjugation von »busse«, was übersetzt »witzig sein« bedeuten kann, lange bekannt ist.

Das Verbum »zosse« etwa taucht bei Cato dem Älteren in dessen Geschichte des Viehhandels, der »Historia rerum pecuariarum«, in der Bedeutung »pferdeln, ein Pferd sein, pferdig sein, sich zur Gruppe der Zehenspitzengänger zugehörig fühlen«, aber auch »äpfeln« auf.

So lautet der Einleitungssatz des Kapitels IV, in dem es um die kleinen Manöver während des Handels, vulgo Roßtäuschereien *(sic!)* geht: »Si quis satis bene zotfraud atque boves aurigamque afficit admiratione!« In der Übersetzung: »Wer gut genug pferdelt, täuscht die Kühe und verwundert den Wagenlenker!«

Nur eben die Infinitive konnten bislang, selbst nach intensiver Suche, auch in den Klosterbibliotheken des Berg Athos nicht gefunden werden, was nicht wunder nähme, lägen sie in Bochum.

Es könnte also bald so weit sein.

Könnte der für die Konjugation »pim, piss, pit, pimus, pitis, pint« so wichtige Infinitiv »pisse« nebst den anderen endlich geborgen werden können, wäre dies ein über Jahrhunderte nicht nur von den De-

ponentien herbeigesehnter Triumph europäischer Geistesgeschichte, der Hartnäckigkeit Generationen beseelter Wissenschaftler geschuldet, die jede Entbehrung freudig begrüßend, ihren Impetus allein in den Dienst dieser guten Sache stellten, Erkenntnis zu gewinnen und im gleichen Atemzuge eben darin feuchtschweißig erschöpfte Befriedigung zu finden!
Fördern wir sie also, die Geisteswissenschaften, nach allen Regeln der Kunst, so daß sie allen zugänglich seien, unentgeltlich natürlich, denn das Recht auf Bildung ist ein von der Schöpfung eingerichtetes Naturrecht, den Naturgesetzen gleichgewichtig an die Seite gestellt, da das eine der Schlüssel zum anderen und somit das andere ohne das eine nicht denkbar ist!
Machen auch Sie dies zu Richtschnur Ihres Handelns, getreu der Erkenntnis, daß »Geisteswissenschaften – das ABC der Menschheit« ein schönes Motto ist, aber das ABC auch nur ein Haufen sinnlosen Gekrakels ist, wenn man nicht lesen kann.

Ich danke Ihnen.

Die Wijnpråbe

Oinblicke in die Önologie

Lambert: »Herzlich willkommen, meine sehr verehrten Damen und Herren, zum ARD-Ratgeber ZDF mit dem Thema: ›Essen und Trinken für die, die's nicht können‹, heute aus Lahn nahe der Mosel am Rhein oder Oder. ›Der deutsche Wein bei eingehender Betrachtung im ausgehenden Jahrtausend an der Schwelle des neuen Millenniums auf dem Weg wohin?‹ ist heute unser Thema, wir wollen Ihnen einige der namhaftesten Gewächse vorstellen und natürlich ein wenig vor- und ver- und damit auskosten.

Mein Name ist Lambert Lombard-Lambert und mit mir im Studio ist Herr Dr. Holzapfel, guten Abend Herr Dr. Holzapfel ...«

Dr. Holzapfel: »Guten Abend Herr Lambert ... Lombard.«

Lambert: »Guten Abend, Dr. Holzapfel ...«

Dr. Holzapfel: »Guten Abend ... Herr ... Lambert ...«

Lambert: »Guten Abend hier im Studio ...«

Dr. Holzapfel: »Das wünsche ich auch, guten Abend zu Hause.«

Lambert: »Ja, auch dort ...«

Dr. Holzapfel: »Guten Abend allerseits ...«

Lambert: »Herr Dr. Holzapfel, als ›Meister vom Glas‹ der angesehenen önologischen ›Gesellschaft zum Trinken in Gesellschaft‹ sind Sie ein ausgewiesener Kenner der hiesigen Weinanbaugebiete und der aus den Bemühungen der Winzerschaft resultierenden Gewächse, Sie sind mit allen Lagen vertraut und mit ebenso vielen Wassern gewaschen. Wir haben auf Ihr Geheiß einige der berühmtesten deutschen Weine mit ins Studio gebracht und wollen sie nun einer strengen Prüfung unterziehen. Der deutsche Wein im Vergleich zum französischen, im Vergleich zum spanischen, im Vergleich zum italienischen, im Vergleich zum portugiesischen, im Vergleich zum aramäischen im Lateinischen und Griechischen oder auf Englisch soll ... ich meine muß ... öh ....«

Dr. Holzapfel: »Ge-nau.«

Lambert: »Richtig, womit genau wollen wir beginnen?«

Dr. Holzapfel: »Lassen Sie uns doch die Verkostung mit einem Wein aus der Nähe, der Nahe, der Nähe ... also aus der Nähe von der Nahe, also von der Nahe beginnen. Ich habe hier einen rassigen Riesling der Schloßböckelheimer Kupfergrube mitgebracht, einen Wein, der im 94er-Jahrgang noch in einigen wenigen Gebinden in der Version 5.0 vorliegt und ein nicht nur den Fachmann erstaunendes Mostgewicht von immerhin sechs Doppelzentner pro hundert Kilometer, natürlich im Vakuum und auf Meereshöhe gemessen, auf die Meßlatte wirft!«

Lambert: *(schenkt beiden ein)* »Kloßbröckelberger Schlüpfermiege, oha!«

Dr. Holzapfel: »Schloß ... öh ... Kupfergrube!«
Lambert: »Natürlich, Grube, oha!«
Dr. Holzapfel: »Pro-sit!«
Lambert: »Prost auch.«
(beide trinken, Lambert schluckt, Dr. Holzapfel spuckt vernehmlich in ein Blechgefäß)
Dr. Holzapfel: »Sie müssen danach ausspucken.«
Lambert: »So schlecht fand ich den jetzt gar nicht.«
Dr. Holzapfel: »Nein, wegen des Alkohols.«
Lambert: »Wenn Sie meinen, das hilft, gerne. *(spuckt nach lautem Nasehochziehen auf den Boden)* Ich spür's schon, es wirkt!«
Dr. Holzapfel: »So? Na, wie beurteilen Sie diesen Tropfen?«
Lambert: »Er schmeckt ... zäh ... öh ... nach Wolle, nein, nasser Wolle ... oder wie eine Badehose ... mit zu hohem Lycra-Anteil ... aber mit Zwickel ... oder so.«
Dr. Holzapfel: »Sehr gut, aber nicht differenziert genug, gehen wir ins Detail ...«
Lambert: »Wo immer Sie hinmüssen ...«
Dr. Holzapfel: »Zunächst der Alkoholgehalt: meßbar, anschlagend bis brennend, der Lackmustest zeigt aufziehenden Schwindel, alles in allem also ein Wein von befriedigender Wirksamkeit mit etwa 180 Grad Rindle, wie die Viehwaage beweist. Nun zum Körper ...«
Lambert: »Ich weiß, ich sollte etwas auf mich achten ...«
Dr. Holzapfel: »Dieser Wein kommt fleischig daher, schwerfällig, ja hinkend, er hat Haltungsschä-

den, er schwammerlt, ist behäbig und kommt leicht ins Schwitzen, besonders, wenn's bergauf geht, alles in allem eher pyknisch ...«

Lambert: »... ich nehm' noch 'nen Schluck *(trinkt)* ... jetzt schmeck' ich's auch, ganz klar pyknisch, erstaunlich, was die alten Pykten, also ...!«

Dr. Holzapfel: »Schön, daß Sie es auch merken ... nun weiter, wir nähern uns nun dem Säurekomplex ...«

Lambert: »Sehr beeindruckend.«

Dr. Holzapfel: »Stechende Säure regt den Speichelfluß an, sie ist besonders an den Zungenrändern und den Wangenschleimhäuten wahrnehmbar ... wenn Sie mich mal eben schauen lassen ...«

Lambert: »Gern ...« *(öffnet den Mund)*

Dr. Holzapfel: *(verschwindet bis zu den Schultern, klingt im Folgenden hohl)* »... aha, sehr schön, der Zungenrand weist kleinere Verschmorungen auf und die Schleimhäute schleimen, was das Zeug hält, ein herrlich nerviger Wein, der auch Ihr Zäpfchen, scheint's, ein wenig in Mitleidenschaft gezogen hat, wundervolle Riefen, herrlich geätzt, feine Punzen ...«

Lambert: *(mit vollem Mund)* »Ma pima!«

Dr. Holzapfel: *(taucht wieder auf)* »Nun zu Abgang, Länge und Harmonie ...«

Lambert: *(hält sich den Unterkiefer)* »Sear gearm.«

Dr. Holzapfel: »Zu bemerken ist ein deutlich taumelnder Abgang bei mittlerer Länge und körpersatter Harmonie, ein polierter Abschluß, somit ein erfreulicher Charakter, nicht wuchtig, nicht rauh, nicht kiesig, wenig schmirgelnd, er morchelt nicht, eine richtig ovale Sache.«

Lambert: »Find ich auch ... oval, mit taumelndem Absprung!«

Dr. Holzapfel: »Gang!«

Lambert: »Jawoll, Gangabsprung.«

Dr. Holzapfel: »Und nun zu unserem zwoten Kandidaten, einem Jungenheimer Hasensprung, auch ein Riesling, ein kraftreicher 95er, der auch im Dreikampf, also im Saugen, Schlürfen und Schütten, eine gute Figur macht, zwar manchmal, gerade im Aufgalopp, an einem winzigen Vorsäuseln krankt, dafür aber nicht die Spur dieses kollernden Nachschniefens aufweist, unter dem der 94er so litt. Die Farbe ist ein tiefes Blaßgrün, schlierig im Nahbereich, leuchtend bei Fernlicht, der Wein atmet hörbar; er sträubt sich nicht, bleibt wartend im Glase, ja, er lächelt gar, freigesetzte Aromata vermengen sich aufs Trefflichste: hier ein wenig Pfirsich, dort eine Spur eingelegter Gurke, hier ein Quäntchen Rosmarin und Liebstöckel, dort ein Wenlein Epoxit ...«

Lambert: »Ich kann es sehen!«

Dr. Holzapfel: »Zum Wohle!«

Lambert: »Genau dahin!«

(beide trinken, Lambert trinkt etwas länger und in vollen Zügen)

Dr. Holzapfel: »Aaaahhhh, zu schade zum Ausspucken, gleich noch ein Schlückchen hinterher, das rundet!«

Lambert: *(nimmt auch noch einen)* »Ge-nau! Lecker! Und keine Spur vom Röcheln ... oder so, er ... flutscht!«

Dr. Holzapfel: »Das ist zwar terminologisch etwas schwammig, trifft aber den Kern, die geschulte Zunge und der erfahrene Gaumen bemerken ein geschmeidiges Durchlaufen, ein geschwindes Umspülen, ein seidiges Umsausen der Zäpfchenwurzel und des Zungengrundes ...«

Lambert: »Eben! Sag ich doch!«

Dr. Holzapfel: »... körperschwer und vollsaftend, ein quirliges Purzeln und tanzendes Verströmen, dabei immer sittsam und tugendhaft, nicht pöbelnd, wie ein junger Wein, der, noch im krempelnden Prozeß des Reifens befangen, oft lärmend in die Gurgel stürzt, nein, aromasatt isser und zeigt uns, was er kann, gar nicht schüchtern wie so mancher Rosé, nicht larmoyant wie viele Rote, nein, freigeistig und lodernd wie Schiller in den Jahren seiner Dichterwerdung ...«

Lambert: »... Dichter-werdung, vö-llich rich-tich! Seh' ich ge-nau-so! Dicht ist wichtig! Obwohl ich, Sie entschulligen bidde, doch glaube, ein leich-tes Mitrumpeln bemerkt zu haben, ich hatte den Eindruck, er rumpelt ... so ein bißchen ... nach ... öh ... dem Abwurf, dem Abwurf, ge-nau ...«

Dr. Holzapfel: »Das ist so verkehrt nicht, der Fachmann spricht dabei allerdings von ›Brillern‹ oder ›Murmeln‹, ›Rumpeln‹ umschreibt eher das ›Hollern‹, der Wein hollert, wenn er rumpelt, und dieser Wein hollert nicht, er murmelt vielleicht ein wenig im Abrutschen, das aber wird von einem ausdauernden Zwieseln im Spülgang sauber aufgefangen!«

Lambert: »Na, Gott sei Dank, aufgefangen! Wie steht's nun aber mit dem Körper? Ist der da?«

Dr. Holzapfel: »Feinnervig und gestählt, trainiert, aber nicht faserig, jung, aber erfahren, anwesend, aber nicht lastend, einer Ballerina gleich, welche sich im Spitzentanz den Schlund hinunterpirouettiert, kein Wein, ein Gesang!!«

Lambert: *(singt)* »Ein Prosit, ein Prosit der Gemütlichkeit, ein Prosit, ein Pros ...«

Dr. Holzapfel: »Ich habe hier ...«

Lambert: »Nocheinn!«

Dr. Holzapfel: »Ge-nau.«

Lambert: »Schbidse! Meine sehr verehrdn Damenundherrn, wir bieten Ihnen heute wahrlich eine Menge an Inwormadzion, sollten Sie Redseptwündsche oder Phrasen haben, den Inhalt der heutigen Sendung betreffend, so scheuen Sie sich bidde nich, unserer Hott-Lein einen phrangierten Rüggumschlag zuzusenden, der auch eine Adresse aufweisen muß, oder rufen Sie einfach Ihr ausreichend frankiertes Postamt an ... ge-nau!«

Dr. Holzapfel: »Ich habe hier noch einen 96er-Spaltentaler Fugensaft aus der Kellerei Schimmelriefe im Möseltal beim Jungfraujoch, Hymen est Nymen, wie der Phönizier sagt, eine überreife Zuspätlese, die, herzhaft edelbepilzt, nur in den Monaten mit »k« geerntet wird und direkt nach der Mostung in alten Senffässern zwischengelagert wird, um nachher in Aluminiumtanks abgefüllt zu werden, in denen vorher mindestens zwölf Jahre gar nichts oder aber Königsberger Klopse in einer herzhaften Kapernsoße gelagert wurden, daher die erfrischenden Kaliaromata mit Bromeinsprengseln und die tieftrübe Schieferfärbung.«

Dr. Holzapfel: »Zum ...«

Lambert: »Runnter damid!«

Dr. Holzapfel: »Wohlsein.«

(beide trinken, wobei Lambert hörbar stürzt, das Getränk, natürlich)

Lambert: *(begeistert)* »O-ha, der spielt aber satt ins Allgemeinwohl, 'tschulligung, der zwiebelt aber im Aufguß zur Abfahrt, oder im Abschwung, beim Ablaß, oder beim Teufel und wie der sintert, nicht von schlechten Paten, ich schmeck's raus, ich schmeck's raus, er ... Moment ... er rödelt ein wenig am Eingang, nein ... er muffelt in der Nasennebenhöhle, dann rappelt's ein wenig am Gaumensegel, aber es schlotz sich, der Körper ist siech, blasig, die Säure seift, er ...«

Dr. Holzapfel: *(ebenfalls mit Begeisterung)* »... ja, sehr gut, sehr treffend, er scheitert bereits im Ansatz zum Aufschwung, da modert's, da west nichts, das Bouquet ist müllig, die Farbe neblig, die Konsistenz griesig bis griebig, strömt er dann am Zahn vorbei, bepelzt er diesen und bemäntelt die Zunge mit Härenem, der Gaumen trocknet schindelig, die Zunge verholzt, das Zäpfchen verzieht sich in die Kieferhöhle, die Speiseröhre würmelt angewidert und der Pförtner schließt den Magen!«

Lambert: *(mit Emphase)* »Dassisses! Da ist ein zu starkes Zöpeln, ein deutliches Scheppern, ein Bratzen, zum Brechen, das ritzelt und spannt ...«

Dr. Holzapfel: »Was jetzt?«

Lambert: *(gebärdet sich wie toll)* »Diese Miege hat einen fürchterlichen frühkindlichen Säurekomplex, deshalb hobelt er und rempelt es und zwickelt und hampelt, das ist nicht zum Trinken, allenfalls zum Einreiben, von Möbeln oder Treppengeländern aus Aluminiumsfallera, haha, oder zum Beizen, oder zum Heizen ...«

Dr. Holzapfel: *(irritiert)* »Herr Lambert, beruhigen Sie sich doch, der Wein schmeckt nicht wirklich, das ist ja wahr, aber ...«

Lambert: *(wie irrsinnig singend)* »Männer und Frauen draußen an den Gerätschaften und hier im Studium, nie ward eines Mannes Lunge zwischen seinen Dänen so gefoltert, holt die Gaumensegel nieder, fockt die Brassen, Besan öffne dich, wie viel Glasen kann ein Mensch vertragen ...«

Dr. Holzapfel: »Lambert, so beruhigen Sie sich doch ...«

Lambert: »Nimmermehr, die Zange im Munde ist mir verätzt, Sahneträger, eine Bahre, dahingerafft werd' ich, der Trensenmann legt's Halfter an, aarrgh!!«

Dr. Holzapfel: »Eine kurze Frage an die Regie ... öh ... wie soll ich ...«

Regie: *(eilig aus dem Off)* »Sagen Sie irgendwas und übergeben Sie dann an die Nachrichten!!«
Dr. Holzapfel: *(eilig aus dem In)* »Ich sage also: Irgendwas und übergebe mich nach den Nachrichten, vielen Dank für Ihr Auf- und Abmerken, meine sehr verehrten Zuschauerinnen und Zuschauer, und, bitte, schalten Sie auch nächste Woche wieder ein, zum nächsten ARD-Ratgeber ZDF, dann aus Baden-Baden zum Thema ›Heimwerken für Heimkinder‹ und ›Vollkost für Halbwaisen‹ oder ›Volksweisen zum halben Preis‹ oder ›Volkswagen mit Teilkasko‹ oder was weiß ich, auf und niedersehen!«
Lambert: *(sirmelt in die Abspannmusik, von dem Gerede des Publikums und den Studiogeräuschen fast übertönt)* »Ich bin tot, ich bin rot, ich bin Brot, ich bin Kot, ich bin ein Schlot, ich komm ins Lot oder seine Frau, ich bin Pilot, ich bin gerne Pilot lalalalalala!«

Urlaub in und mit der Familie

Gesang in etlichen Strophen für zwei Stimmen

Das Kind ist frisch.
Das Kind ist neu.
Die Mutter ist propper.
Die Mutter ist aufgeregt.

Der Vater ist souverän.
Der Vater ist im Irrtum.
Der Hund ist nur groß.
Das Auto ist nicht nur groß,
sondern voll.
Übervoll.
Die Familie ist im Urlaub.
Die Familie ist noch nicht ganz im Urlaub.
Sie will erst los.

Das Auto muß noch gepackt werden.
Das Auto ist aber schon voll.
Übervoll.

Es muß aber auch so viel mitgenommen werden.
Es gibt aber auch so viel mitzunehmen.
Gerade für das Kind.
Besonders für das Kind.

Das Kind braucht Hosen.
Viele Hosen.
Kurze Hosen.
Lange Hosen.
Mittellange *Hosen.*
Mittelkurze *Hosen.*
Hosen mit *Trägern.*
Hosen mit *Gürteln.*
Hosen, die von selbst halten.
Hosen zum Baden.
Hosen fürs Trockene.
Hosen für alle restlichen denkbaren Aggregatzu-
stände.
Auch Hemden braucht das Kind.
Hemden für drüber.
Hemden für drunter.
Hemden mit Knöpfen.
Hemden mit Reißverschluß, auch Klett.
Hemden ohne das alles, aber mit Bändern.
Hemden mit Ärmeln.
Hemden ohne Ärmel.
Hemden mit halbem Arm, bei denen Hanns Dieter
Hüsch,
und nicht nur der,
die Krätz' bei kriegen würde.

Auch Leibchen.
Und Bodys.
Gerade Bodys.
Viele Bodys.

Die stehen in ständigem Windelkontakt.
Daher viele Bodys.
Und viele Windeln.
Denn ist die Windel hin oder voll,
ist auch der Body hin oder voll
und muß weg.
Desgleichen die Windel.
Ergo viele Windeln.
Sehr viele Windeln.
In Paketen.
In großen Paketen.
In sehr großen Paketen.
In übergroßen Paketen.
In immens großen Paketen.

Wohin mit all den Paketen?
Ins Auto.
Eine gute Antwort.
Ins Auto?
Eine schlechte Antwort.
Das Auto ist voll.
Übervoll.
Das Auto ist voll mit Socken.
Und Jacken.
Und Mänteln.
Und Schuhen.
Und Ponchos.
Und Buggys.
Das sind faltbare Kinderwagen.
Buggys!

Also auch mit
Buggys!
Und Mückennetzen.
Und Bettzeug.
Also Kissen.
Kinderkissen.
Mit Mustern.
Scheußlichen Mustern.

Mit Katzen.
Das wäre okay.
Doch das sind Katzen in Lehrberufen.
Als Schaffner.
Und Bäcker.
Auch Polizeikatzen.
Oder Möbelträger und Arztkatzen.
Das ist nicht okay.
Das ist lächerlich.
Aber auch wichtig.

Das Kind liebt Kissen.
Und Katzen.
Ja doch.
Das Kind schläft auf nichts anderem.
Ein.
Katzenkissen.
Kissenkatzen.
Kein Kissen ohne Bezug.
Im Raum.
Da auch.

Und
Decken.
Solche mit Federn gestopft.
Und vom Haar des Kamels.
Viele Decken.

Es könnte kalt werden.
In Griechenland.
Im Juli.
Sicher.
Das Auto birst bald.
Der Vater birst jetzt.
So viel Zeug!
Sagt er.
Wer braucht das?
Fragt er.
Das Kind kann noch nicht antworten.
Die Mutter antwortet statt seiner.
Das Kind.
Sagt sie.
Alles?
Fragt er.
Ja.
Sagt sie.
Wo soll das alles hin?
Fragt er.
Nach Griechenland.
Sagt sie.
Und wir?
Fragt er.

Wir auch.
Sagt sie.
Im gleichen Auto?
Fragt er.
Sie antwortet nicht, gestattet ihm aber beim Hinausgehen eine wunderbare Aussicht auf ihre sich zornerregt gegenläufig auf und ab bewegenden Gesäßbacken, welche gleich zween Aprikosenhälften sanft den Stoff der Hose in leichtem Walken beulen.

Die Aussicht ist gut.
Der Vater ist abgelenkt.
Die Aussichten sind schlecht.
Der Vater ist wieder bei der Sache.
Und außer sich.
Die Pelzstiefel!
So ruft er.
Braucht es die Pelzstiefel?
So ruft er.
Ja.
Das ist die Antwort.
Wozu?
Ruft er.
Es könnte kalt werden.
Das ist die Antwort.
In Griechenland?
So fragt der Vater.
Kalt?
Ja.

Das ist die Antwort.
Aber es läuft nicht.
Das Kind.
So der Vater.
War das eine Frage?
So die Antwort.
Der Vater schweigt.
Der Vater resigniert.
Der Vater packt die Pelzstiefel zurück.
Der Vater wünscht sich Schnee.
Und Eis.
In Griechenland.
Im Juli.
Er wird nicht erhört werden.
Er weiß es.
Er haßt jetzt Pelzstiefel.
Der Haß wird bis zum Januar reichen.
Auf jeden Fall so lange, bis das Kind läuft.
Und weit darüber hinaus.

Das Auto ist voll.
Übervoll.
Randvoll.
Total voll.
Noch sitzt keiner drin.
Auch der Hund noch nicht.
Der Hund ist groß.
Sehr groß.
Rassebedingt.
Hochgroß.

Der Hund will in das Auto.
Das Auto ist
ein Kombi.
Ein voller Kombi.
Der Hund will
trotzdem hinein
Die Mutter auch.
Beide werden unter Umgehung ihrer verfassungs-
mäßigen Rechte hineingestopft.

In das Auto.
Den Kombi.
Den übervollen Kombi.
Zur Stabilisierung des Gepäcks.
Der Vater drückt die Türe zu.
Mit sanfter Gewalt.
Mit unsanfter Gewalt.
Mit roher Gewalt.
Die Türen rasten ein.
Der Vater rastet aus.

Er hat keinen Platz mehr.
Er ist der Fahrer.
Er wollte der Fahrer sein.
Er kann nicht mehr der Fahrer sein.
Er ist betrübt.

Aber nicht richtig.
Ein bißchen ist er auch froh.
Aber nur ein bißchen.

Aber nur kurz.
Die Mutter räumt seinen Sitz frei.

Sie nimmt die Kühltasche zwischen ihre Beine.
Sie nimmt den Atlas auf ihren Schoß.
Sie nimmt die Taschenlampe zwischen die Zähne.
Sie nimmt die Campinggasflasche an die Brust.
Da will das Kind hin.
Das Kind schreit.
Es hat Durst.
Der Vater auch.
Ganz plötzlich.
Die Mutter spricht mit dem Vater.
Er hört es nicht.
Er denkt an Bier.
Und an Sechsämter.
Dann
wieder an Bier.
Und Fernet.
Branca.
In dieser Reihenfolge.

Die Mutter spricht immer noch mit dem Vater.
Jetzt lauter.
Das Kind schreit.
Jetzt lauter.
Der Hund bellt.
Noch lauter.
Der Vater denkt an Bier.
Und schalltote Räume.

In dieser Reihenfolge.
Dann setzt er sich auf den jetzt freien Fahrersitz.
Und spricht mit der Kühltasche neben ihm.
Ihm ist entgangen, daß er einmal eine Kühltasche
geheiratet hat.
Aber so ist das Leben.
Der Vater startet den Motor.
Die Kühltasche spricht.
Der Hund bellt.
Das Kind bricht.
Der Vater auch.
Und zwar zusammen.
Der Urlaub bricht auch.
Ab.
Der Vater steigt aus.
Und geht Bier trinken.
Und Sechsämter.
Und Fernet.
Branca.
In dieser Reihenfolge.

Und wacht auf.
Die Mutter hat ihn geweckt.
Reise, Reise.
Ruft sie.
Das Kind kräht.
Nebenan.
Der Hund bellt.
Neben dem Bett.
Alles ein Traum?

Fragt der Vater.
Und stellt sich tot.
Niemand merkt's.
Draußen wartet das Auto.
Und die Pelzstiefel.
Der Vater steht auf.

Das Kind ist frisch.
Das Kind ist neu.
Die Mutter ist propper.
Die Mutter ist aufgeregt.
Der Vater fühlt sich alt.
Und das ist er auch.

Und es ist Urlaub.
Die schönste Zeit des Jahres.
So sagt man.
Das aber ist gelogen.
In dieser Reihenfolge.
Punktum.

Anschwellende Bocklosigkeit

Nachlassendes Drama in drei Aufzügen

von Epidermis d. J. (504 bis kurz nach sechs v. Chr.) nicht übersetzt oder gar eingerichtet von Ulrich von Wilamowitz-Moellendorff

1. Aufzug: Ohrenstein & Koppel
2. Aufzug: Schindler
3. Aufzug: Wulff Heben & Schieben

DRAMATIS PERSONAE

Erster Hirte
Chor der traurigen Schafe
Vorblöker McFarlane
Toffe, ein Hund (lebendig)
Muffe, auch ein Hund (tot)
Ein Gärtner
Fahrstuhlführer Herrmann
Flohbiß, stellvertretender Reißmeister des Wolfsrudels »Hetz nicht so 1848 e.V.«
Leitplanke, Chef des Bretterstapels
Hamblock, westfälischer Seniorenmeister im Pfahlsitzen
ein Sack Saft
vier Wiesen

1. Aufzug, 1. Szene, zwoter Stock
(ein Fahrstuhl schwebt vom Erdgeschoß nach oben)

Fahrstuhlführer Herrmann: *(in richtiger Fahrstuhlführerdiktion)* »Zwoter Stock …«

Eine Wiese in Irland oder in der Nähe von Thessaloniki; natürlich draußen; früher Abend; aus der Ferne hört man recht undeutlich, daß der Fahrer des Wagens mit dem Kennzeichen WHO 5213 aufgefordert wird, sich sofort zu seinem Wagen zu begeben, da dieser in Flammen stehe; aus der Nähe hört man kaum etwas; im Vordergrund viel Gras und wenig Schafe; dafür im Hintergrund mehr Schafe und entsprechend weniger Gras; dazwischen die Silhouette eines Menschen, auf seinen Hirtenstab gestützt, welche im Laufe der Szene von einem Bühnenarbeiter in der Maske eines Bühnenarbeiters abgeräumt wird; zwei Hunde, davon einer offensichtlich seit mehr als 14 Tagen tot; der Himmel ist rotgold oder grün.

»… jemand?«

Es steigt niemand ein noch aus, die Fahrstuhltür schließt sich, das Geräusch des nach oben entschwindenden Fahrstuhls verklingt, Stille.

Der gute Mond: *(scheint schon ein wenig)*

Toffe: *(in die Lefzen brummelnd)* »Liegen, Rennen, Springen, Bellen, Rennen, Liegen, Springen und Bellen! Und dann wieder Rennen! Und Springen! Danach, wenn man Glück hat ... pah, Glück ... wenn man KEIN Pech hat und es nicht einer dieser vielen ganz und gar unerträglichen Tage ist, dann darf man zwischendurch etwas liegen, nicht zu viel, bloß nicht zu viel ... auf daß man sich nicht daran gewöhne und gänzlich dem Liegen verfalle und somit in Hinkunft nichts mehr taugt als Beschützer der Schafe vor des Wolfes unersättlicher Gier und der reizenden zarten Lämmlein vor des Marders Würgegriff und der Hinterlist des Wiesels.

Und wie oft lenkt man des tumben Bockes Schritte fort vom Abgrund, dem er sich in brünftiger Verblendung oder gar der eigenen stupenden Blödigkeit wegen zornesblind genähert hat, ohne dem Taumeln der eigenen kotbeschmierten Spaltfüße in der Raserei auch nur den Hauch von Aufmerksamkeit zu widmen. Bekäme er nicht schnell den zwickenden Biß ins stramme Schenkelfleisch, was ihm durch die verstörte Oberstube als wie eine frische Brise von Salmiak fährt und kurz zwar, doch immerhin, die quergeschlitzten Augen, die haßgelben, ihm öffnet für so manche geologische Realität, würd' er stürzen klaftertief und aus wär's mit dem fröhlichen Bespringen, dem herzhaft-schläfrigen Wiederkäuen und endlosen Verkötteln weiter Landstriche!

Davor bewahr'n wir ihn wohl hundertmal im Jahr, was wiederum den Fortbestand der Herde sichert.

Doch wer bemerkt's?
Und wer dankt einem die Rennerei, tagaus, tagein, bei jedem Wetter?
Niemand!!
Ist man erst einmal lahm an Herz und Bein und auch die Lende sprudelt nimmermehr, das Auge gar vom Star getrübt und das Gehör verfallen, die Zähne sind das Einzige, was noch ausgeht, und das Gnadenbrot, wenn's denn eines gibt, ist laues Wasser und ein Hühnerfuß einmal die Woche, wenn's hoch kommt! Eher noch wird man mit dem Ziemer totgeschlagen als ein toller Hund!
(zu Muffe gewandt, der stocksteif mit vier in den Himmel gereckten Füßen neben ihm liegt)
Sag halt auch einmal was, Kamerad, die letzten Tage schweigst du still als ein Stück Holz. Auch riechst du heut nicht sonderlich, du solltest schon etwas auf dich achten, wo alles um uns herum sich in der eignen Scheiße suhlt und stinkt zum Gottserbarmen.«

Muffe: *(ist tot)*

Vorblöker McFarlane: *(volltönend)* »Mir scheint dein Kamerad recht matt, und dies schon eine Weile!«

Chor der traurigen Schafe: *(uninspiriert, aber deckungsgleich, wie amerikanische Musical-Tänzerinnen während einer Massenszene)* »Uns scheint, der Kamm ist nicht recht hart, so nimm doch eine Feile!«

Vorblöker McFarlane: »Maul halten, Schafszeugs! Dies ist ein Gespräch unter Männern!
(zu Toffe) ... Sie verstehen's halt nicht besser, Wolle ist ihr Lebenszweck, nie schmeckten sie die bittre Süße ungebändigten Galoppes, nie erlebten sie die betäubende Hitze des Sommers im eigenen Haarkleid, immer in der Gruppe und lammen auf Teufel komm raus, das wandelte noch jeden Horizont zum Pferch!«

Toffe: »Loggisch.«

Chor der traurigen Schafe: *(alle durcheinander, also wie deutsche Musical-Tänzerinnen während einer Massenszene)* »Was blökst du viel mit einmal Atmen, Vorblöker?
Wie soll'n wir nachblöken, was du vorblökst, wenn du nicht die Pause machst, die unsereiner braucht, das Gesagte zu verdauen, es dem Vorhirn zu entreißen, durchs Netz- und Labhirn zu treiben, auf daß es in schönem Chorgeblöke unsere grasausgekleideten Mundhöhlen verlasse, dir zum Wohlgefallen und dem einen Bock, der da Weide und Zaun gemacht, hat zum Lob? Wie soll das geh'n? Hä?«

Vorblöker McFarlane: *(leidlich entnervt)* »Geht wieder käuen, verdammt, es ist jetzt nicht die Stunde allgemeinen Vor- und Nachblökens, ich hab so manchen großmächtigen Text im Kopf, den zu hören eure langen Löffel nicht geeignet scheinen und den nachzublöken eure Hirne wohl versengen täte und die Geduld eines jeden, der das hören müßte, weidlich überdehnen dürfte. Also legt euch Gräser auf die Zunge und so keine in eurer Nähe wachsen, würget und käuet wieder und köttelt und blökt für euresgleichen!«

Toffe: »Wohlgeblökt, Vorblöker, doch ... wenn Euch niemand nachblökt, seid Ihr dann noch Vorblöker? Und wenn Ihr nicht Vorblöker seid, seid Ihr dann nicht irgendein bürgerliches Stückel Schaf, welches den schützenden Hort der Herde eigenmächtig und ohne Sondergenehmigung verlassen hat, und müßte ich nicht wiederum ein solcherart verirrtes Wesen durch herzhaftes Zwicken in die Fesseln zur Umkehr überreden und, so es sich denn weigert, nicht den Ersten Hirten durch warnendes Gebell allsogleich herbeirufen, auf daß dieser jenes verirrte Schaf mit dem Krummstock am Hinterbein einfinge und vielleicht wegen allgemeiner Widerborstigkeit gleich durch den furchtlosen Einsatz seines stets besonders geschärften Hirtenmessers zu Proviant für die kühlere Jahreszeit verarbeite? Und würde dabei nicht ein Geschlinge frisch dampfenden, warmen Gedärmes voll des angedauten Grases für die treuen Hunde abfallen? *(hörbar wässernd)* Sind dies nicht plötzlich wunderbare Aussichten?«

Vorblöker McFarlane: *(schnell)* »Schafe ...?!«

Chor der traurigen Schafe: »Was jetzt?«

Vorblöker McFarlane: *(mit Emphase)* »Schafe, die Situation hat sich schlagartig grundlegend geändert, blökt mir nach!«

Chor der traurigen Schafe: »Ab wann jetzt?«

Vorblöker McFarlane: *(mit Panik in der Stimme)* »Ab jetzt, verdammt, und nun im Chor!«

Chor der traurigen Schafe: »Das Netz verschlammt, Paul Kuhn im Tor!«

Vorblöker McFarlane: »Was ist das jetzt wieder für ein Unsinn?«

Chor der traurigen Schafe: »Spaß ist Spaß, fetzt Mieder, mir ein Unding!«

Erster Hirte: *(wird von einem Wolf in der Maske eines Bühnenarbeiters wieder hereingetragen, spricht flach)* »Was ist das für ein Geblöke, um diese Zeit? Sind's Wölfe, deren scharfer Duft Euch Schafen hier die Ruhe raubt und angstvoll Euch das Maul aufspreizt, daß solches Blöken ihm entfahre, wie's nimmer ich vernahm, seit marodierend' Volk aus Punien oder Mayo mir zween Schafe samt den Lämmern nahm im vorigen August? Oder, Bock, ist's reine Lust, welche dich treibt, den Schafen solcherart dein Lied zu singen, daß nimmermehr ich ruhen kann, allwie mein Körper mir's gebietet? Ist's das Besamen, was dich krempelt? Das Zieh'n und Jucken im Gemächt?

Und du, Hund, wenn's der Wolf denn ist, der nächtens mir die Ruhe raubt, indem er mir die Schafe durch sein Aroma umeinandertreibt, daß sie die Ruh' nicht finden woll'n, was schlägst du nicht an? Ist dies nicht der Dienst, den durch regelmäßig Speis' und Trank überreich ich dir vergelte? Ist's das nicht, was die Natur in deine Seele pflanzte, zu warnen, wenn der Hasardeur im Rudel sich dir nähert, auf daß den Schafen und auch dir durch lodernd' Brand in Hirtenhand Geborgenheit gegeben werde? Was zauderst du, Toffe, alter Gesell?

Will das Ohr, das scharfe, nicht mehr so recht, trübt sich dir das Auge gar, woll'n die Läufe nicht mehr rennen und der Fang packt nicht mehr so zu wie noch vor Zeiten? Tust du's dem Gefährten nach, der nunmehr 14 Tage schon bei seinen Ahnen weilt und nur die Hülle uns hier ließ, die sterbliche und, allemal, verderbliche? Hast es noch nicht gemerkt, daß Muffe doch die Wachsamkeit der frühen Tage, da ihr beide Welpen ward, seit einiger Zeit vermissen läßt? Auch sein Geruch ficht dich nicht an? Denkst gar, alte Leute riechen immer so, vom Hauch des Grabes schon umweht, wiewohl noch unter den Lebendigen?

Doch Muffe ist hinüber, glaub's mir, über den Styx bereits seit mehr denn 14 Tagen, ich ließ ihn liegen hier, damit die Fliegen hier sich sammeln mögen, fern vom Proviant dort am andern Ende dieses Pferchs, und mir scheint, du willst ihn dort im Hades nicht lang allein die Fährte von so manchem Ätherwesen nehmen lassen, was? Soll den Übergang ich dir erleichtern, he, soll ich dich dem Fährmann überantworten, dem, der nur in eine Richtung übersetzt?
Oder willst du dich doch auf deine Pflicht besinnen und dein Warngebell dem Wolf tapfer entgegenschmettern, auf daß er merkt, wie wohl die Lämmlein hier behütet sind!?«

Toffe: *(kläfft hochmotiviert, wie irr)* »Ahh, Bomben, Granaten, Schuhnägel, Krawatten, Sack' und Pfeif', Schockschwerenot, der Wolf, die Wölfe, Raubzeug, Marder sonder Zahl, Kampfiltisse, rennet, rettet, flüchtet, zu Hilf', zu Hilf', Hirten, Hirten, kömmt herbei, die Wölfe reiß'n die Schaf' entzwei, Spitz, paß auf, eins, zwei, drei, wer hat den Ball, ene mene ming mang ping pang eia weia weg, Potz Sapperment, die Wölf', die Wölf', es sind zwölf, es sind zwölf, zwölf Wölf', zwölf Wölf', Sapristi ...«

Vorblöker McFarlane: *(von Toffe kläffend umtanzt)* »Was ist ... wer … wo ... zu Hilfe, Schafe, die Metzger in Grau sind über uns, zu Hülfe kömmt mir, bin ein Raub der Würger, bin schon entleibt, entbehr' der

Wolle, liege schutzlos hier im Dreck, die Kehle zitternd dargeboten dem finalen Biß, lieg schon überm Hackklotz, spür, wie kräft'ge Hiebe mir die Sehnen und Gelenke spalten, hör die Schulterpfannen krachen, spür das Reißen meiner Haut, wie zäh sie sich dem Zerren widersetzt, um doch noch gespannt als wie ein Segel in frischer Böe das warm dampfend' Fleisch mir zu verlassen und schutzlos mein Innerstes dem rohen Wüten feilzubieten, gibt's denn keinen, der Entsatz uns bringt in dieser Not?«

Im Hintergrund kommt Hamblok schräg von hinten auf die Bühne mit einem Pfahl über der Schulter, baut diesen links hinter der Szene im Vordergrund auf, nimmt auf ihm Platz, öffnet eine mitgebrachte aktuelle Tageszeitung, aus der einige Scheiben Plockwurst fallen, und beginnt mit der Lektüre.

Chor der traurigen Schafe: *(wieder alle durcheinander)* »Als würd' man reden gegen eine Wand! Wie oft noch sollen wir, verehrter Meister, Euch beschwören, so Euch nachgeblöket werden soll, und nachgeblökt muß werden, in kleinerer Portion das kundzutun, was Euch umrührt, auf daß wir folgen können, wie es Brauch ist nun seit alters her. Oder von wo.«

Flohbiß: *(sitzt fern auf einem Hügel, aber in Hörweite, und versteht nichts, wiewohl er alles hört)* »Was haben die immer mit meinem Geruch ... und das mit

den Sehnen find ich übertrieben, also ... geschmacklos, und, bitte, wo bleibt die Hetzjagd, wo?
Voll daneben! Scheußlich.« *(dreht sich um und entfernt sich, um in diesem Stück nie wieder eine Rolle zu spielen)*

Vorblöker MacFarlane: *(stirbt derweil am koronaren Infarkt, von niemandem beachtet)* »Ahhh, die Pump'n versagt mir ihren Dienst, so werd' ich also nicht gerissen, nein, gefällt werd' ich, ach, was wird aus meinen Schafen werden, wenn nicht ich sie penetrier'? Ob der Hirt wohl einspringen wird? Oder, wie ich hoffe, eher Toffe? Was macht's, ich werd' es eh nicht ändern können, was ein hartes Schicksal, die Herde Schäflein ohne Bock ... ahh.«
(sinkt entseelt zu Boden, wo sich sogleich zwei kleine schwarze Pillendreher um seinen Leichnam streiten, die Entscheidung abzuwarten, würde den Rahmen dieses Werkes sprengen, daher ist ein weiterer Mehrakter mit dem Titel »Aaskäfers Frohlocken« in Arbeit)

Chor der traurigen Schafe: *(abschwellend)* »Wir haben keinen Bock, wir haben keinen Bock, wir haben keinen Bock!«

Vorhang

Deutschlandland – Land der Ideen

Gemeinden aus NRW und ihre Einfälle
Heute: Wallach

Der lange Weiler Wallach liegt am Rhein, auf einer Gegend zwischen Alpen, Wesel und Xanten, die nur Verrückte oder betriebstaube Elektriker als Spannungsfeld bezeichnen würden. Hier passiert nichts, das aber ständig. Wer hinwill, kann die B58 nehmen oder auch die B57, beides führt zu nichts, in jedem Fall aber nach Wallach. Es gibt Häuser und Leute. So viel zur Gemeinde, jetzt zur Idee:
In Wallach versuchte man bereits vor gut 270 Jahren erstmals, männliche Pferde, die Stute nennt so was Hengste, getrennt von ihren Keimdrüsen aufzubewahren. Dieses gerade in Pferdekreisen nicht unumstrittene Vorgehen brachte nicht nur Lager- und Kühlprobleme mit sich, sondern torpedierte auch, in einer gerade den Wallacher überraschenden Art und Weise, den Fortpflanzungswillen der Tiere. Aus diesem Grunde gibt es seit gut 268 Jahren in Wallach keine funktionierende Pferdezucht mehr und auch die damals plötzlich prosperierende Tabakbeutelmanufaktur mußte ihren Betrieb nach nur drei Wochen wegen akuten Sackmangels wieder einstellen. Einzelne besonders gelungene Exemplare sind aber noch in der auch weit über die Grenzen des Ortes nahezu unbekannten Skrotumsammlung des Wallacher Beutelmuseums, neben der sechs

Exponate umfassenden Badekappensammlung der einzige touristische Magnet des Ortes, nach vorheriger Anmeldung zu besichtigen. Doch die Wallacher Lust am Experiment scheint ungebrochen. Nach der Verdrängung des Pferdes durch das Automobil ging man, getreu dem vierten Erhaltungssatz der Thermodynamik, nach dem ja eine Idee nicht allein deshalb zwingend schlecht zu sein braucht, weil sie bei Pferden nicht funktioniert, daran, Automobile getrennt von ihren Rädern aufzubewahren. Das erklärt den immer noch frappierend ruhigen, ja eigentlich nicht meßbaren innerdörflichen Verkehr in jeder denkbaren Ausformung und die enorme Schwierigkeit, in Wallach einen Parkplatz zu finden.
Na also! Der gute Vorschlag setzt sich durch!
Ideenschmiede NRW, manchmal ist es so einfach!

Deutschlandland – Land der Ideen

Gemeinden aus NRW und ihre Einfälle
Heute: Köln

Da NRW das Hinterland von Köln ist, liegt Köln davor. Der Rhein liegt daneben, bisweilen gar darin. Und der Dom liegt drauf. Sehr viele Häuser, sehr viele Leute, einige aus Köln, der Rest aus Japan oder aus Zufall.
So viel zur Gemeinde, jetzt zur Idee:
Der Kölner genießt gerade als Erforscher naturwissenschaftlicher Phänomene einen Ruf, denken Sie nur an den erstmals hier nachgewiesenen Rauschzustand, der aus konsequenter Selbstbeweihräucherung resultiert. Das ist schön und billig. Nun wurde das Phänomen Strom endlich wissenschaftlich untersucht.
Die Kölner Stromforschung unterscheidet folgende Stromsorten:
Zuerst einmal Gleichstrom, etwa für Heizungen und Rasierapparate, dann Wechselstrom für Ampelanlagen und den Geldverkehr, Wirbelstrom für Mixer und Whirlpools, Stand- oder Hockstrom für Steh- und Bettleuchten sowie Taumelstrom für Wankelaggregate und Kreiselkompasse. Kompanten. Komposter. Komponisten.
Die Wahl der Stromqualität jedoch ist sehr vom angestrebten Verwendungszweck abhängig. Bei anstrengenden Arbeiten im Freien, unter Wasser

oder in Feuchträumen empfiehlt sich imprägnierter wasserabweisender Strom in einer langfaserigen stabilen Qualität, der sich gut biegen und, bei Bedarf, ohne großen Spanabfall sägen läßt, während sich im Bergbau, besonders beim Streckenvortrieb, Kriechstrom bestens bewährt hat. Dieser sollte allerdings wegen der zu erwartenden Abnutzung im Kniebereich einen starken Lederanteil aufweisen, wobei die Stromstärke im Querschnitt nicht über drei Zentimeter betragen darf, was direkt in Ampere zu messen ist.

Das alles war so bekannt nicht, jetzt aber kam die Kölner Stromforschung auf die bahnbrechende Idee, Strom gelb einzufärben! Das ergibt Sinn, läßt er sich so auch bei schlechter Beleuchtung, etwa hinter der Stereoanlage, leichter auffinden und in das Kabel stecken, damit dem Senf nicht unähnlich, der ja gelb ist, damit er sich von der Wurst unterscheidet. Nun unterscheidet sich endlich auch Strom von Wurst! Na also, der gute Vorschlag setzt sich durch! Ideenschmiede NRW, manchmal ist es so einfach.

Deutschlandland – Land der Ideen

Gemeinden aus NRW und ihre Einfälle
Heute: Mackenbrock

Mackenbrock ist ein Flecken, liegt zwischen Beckum und Lippetal und geht nicht raus. Ein Schicksal, das es mit Hessing, Willenbrink und Beckvogt teilt. Aber auch Frölich, Wintergalen und Schacht geht es nicht besser. Allen gemein sind ein paar Häuser, Kühe, deren Personal, fließend Wasser ab 18 Uhr und Post in den Monaten mit K.
So viel zur Gemeinde, jetzt zur Idee:
Der Mackenbrocker Arbeitskreis »Bosch-Mitarbeiter im einstweiligen Ruhestand«, kurz »Bier« hat eine Waschmaschineninnovation vorgestellt, welche bei der Wäschebehandlung völlig neue Wege beschreitet. Das Waschgut muß nicht mehr nach Faserstärke oder -herkunft, nach Farbe, Verschmutzungsgrad oder -art getrennt werden, ja vielleicht mühsam und olfaktorisch nicht unproblematisch, denken Sie an krustige Sportsocken, die zwischengelagert werden.
Durch einen im Frontbereich doppelt gemufften, im Heck gepufferten Zuführstutzen wird die Wäsche unsortiert mit stattlichen sechs atü angesogen. (Achtung: auf sicheren Stand achten!) Dann wird das zu Waschende in der Brennkammer ohne Wasser (!) auf 600 Grad Celsius erhitzt, von zwei kräftigen Hadern-Mahlwerken gespleißt, in der anschließenden

Lumpenmühle bis in die Zellstruktur aufgebrochen, schockgefrostet, ultrahocherhitzt, gewalzt, gegoren, eingedampft und geschreddert. Nach nur etwa 35 Minuten Laufzeit genügt die Wäsche in ihrem Sauberkeitsgrad sogar klinischen Ansprüchen, kann mit Fug und Nut als »rein« betrachtet werden und wird aus einer seitlich am Gerät angebrachten Schütte in 500-Gramm-Portionen granuliert und sackabgefüllt ausgegeben. Nun kann sie bedenkenlos dem Sportbodenbau oder etwa der Wärmedämmung von Altbauten zugeführt werden.

Kleinliche Naturen werden natürlich einen gewissen Verlust an Tragekomfort beklagen. Denen sei ins Stammbuch geschrieben, daß sich Wäsche, welcher Couleur auch immer, nie bequemer trug als in je einem Säckchen in der Hand. Na also, der gute Vorschlag setzt sich durch!

Ideenschmiede NRW, manchmal ist es so einfach!

Deutschlandland – Land der Ideen

Gemeinden aus NRW und ihre Einfälle
Heute: Seppenrade

Seppenrade liegt an der B474 rum, im sogenannten bleiernen Dreieck, zwischen Leversum, Emkum, Reckelsum und Kökelsum und wird durch den Dortmund-Ems-Kanal von Lüdinghausen getrennt, was aber nicht wirklich hilft. Seppenrade ist auch überregional vollkommen unbekannt geblieben, trotz der von dem betagten Holsteiner Kaltblutwallach Schlüter so überzeugend gegebenen alljährlich stattfindenden Hengstparade. Neben Schlüter leben in Seppenrade noch einige Leute, Wackersteine und fünf tote Briefkästen.
So viel zur Gemeinde, jetzt zur Idee:
Inspiriert durch das von der Frankfurter IAA (Internationale Automobil-Ausstellung) herüberwehende Hybridantriebsgemurmel und Biodieselgeraune internationaler Treibstoffverschwender, die sich unter dem Blechmantel »Automobilhersteller« jeder zukunftsweisenden Idee verschließen, hat sich der ortsansässige Interessenverband »Seppenrader Schlepperfahrer« dazu entschlossen, den Ortstrecker, einen Lanz Bulldog, Baujahr 1954, allein mit Biogas zu betreiben. Also mit Methan. Vorsicht, Falle: Nur Methan ist ein Gas, Bhutan hingegen ist ein Land und Kottan ein Ermittler aus dem Alpenländischen. Biogas also. Das wirklich Neue an

der Idee ist, daß das zum Betrieb des umgerüsteten 3-Zylinder-Dieseltriebwerks mit 18 PS notwendige Biogas vom Piloten selbst hergestellt wird. Und zwar während des Fahrbetriebs. Dazu wird die vom Fahrer emittierte Gasmenge über eine Weichgummimanschette oder ein Darmrohr fortlaufend entnommen und unter Eigendruck der Verbrennung im Motorraum zugeführt. Also »Gas geben« in seiner schönsten Form! Um den Startvorgang auch bei niederen Temperaturen zu beschleunigen, muß der Fahrer allerdings noch mit einer Lötlampe im rektalen Bereich vorgewärmt werden, was nur ausgesuchten Seppenradern wirklich gefällt. Hier besteht noch Verbesserungsbedarf. Die einzige Tankstelle in der Ortsmitte hat ihr Mäntelchen bereits nach diesem widrigen Winde gehängt und ihr Sortiment an Brennstoffen den neuen Anforderungen entsprechend umgestellt. Super, Normalbenzin und Diesel wurden aus dem Angebot herausgelöst und durch Erbsensuppe mit Einlage, Zwiebelkuchen und Lauchpastete Herzogin ersetzt. Jetzt macht Tanken nicht mehr nur Spaß, was wichtig ist, denn, wie wir alle wissen, kommt nur aus einem lustigen Arsch ein fröhlicher Furz, sondern auch noch satt.
Na also, der gute Vorschlag setzt sich durch!
Ideenschmiede NRW, manchmal ist es so einfach!

Deutschlandland – Land der Ideen

Gemeinden aus NRW und ihre Einfälle
Heute: Vettweis

Vettweis existiert wirklich, womit es sich beispielsweise von Elephantenfriedhöfen deutlich unterscheidet. Der letzte Elephant verstarb in Vettweis nachweislich vor etwa 16 000 Jahren, ein Schicksal, das Vettweis nur noch mit Kreuzau, der Elephant, ein Wollmammut, hingegen mit Tausenden seiner Artgenossen teilt.

So viel zur Gemeinde, jetzt zur Idee:

Seit im Februar 1968 auf einer innerstädtischen Backstraße in Nörvenich der erste Teilchenbeschleuniger auf deutschem Boden eine einfache Mandarinen-Quark-Schnitte auf erstaunliche 38 km/h beschleunigen konnte, ist dieser Apparat von deutschen Backstraßen wie der B7 nicht mehr wegzudenken. Erst kürzlich ist es Wissenschaftlern des Fachbereichs Schmierstoffe im Viskoseinstitut der Solotechnischen Grundschule Vettweis gelungen, den Teilchenbeschleuniger dahin gehend weiterzuentwickeln, als daß nicht mehr nur einzelne Teilchen beschleunigt werden, wie etwa Puddingstreusel, Aprikosentaschen oder das sehr seltene, im Vettweiser Fachjargon als »Higgs-Boson« bezeichnete und nur durch aufwendige Experimente im Mürbeteigzyklotron vorhergesagte Plunderteilchen. Nein, die beschleunigten Teilchen können nun gleich blechwei-

se bis zu 90 km/h erreichen, und das auch innerhalb geschlossener Ortschaften, wie etwa Vettweis, das ja das ganze Jahr geschlossen ist. Durch die blechweise Beschleunigung werden die Zustellzeiten der Backwaren zwar verkürzt, andererseits erschwert sich deren Verzehr natürlich erheblich, da der Kunde, um in den vollen Teilchengenuß kommen zu können, das Backwerk ja einholen, besser noch überholen muß. So also hat die ungehemmte Teilchenbeschleunigung direkt zu einer Verringerung der Nachfrage an beschleunigten Teilchen selbst geführt und ist somit unter ökonomischen Gesichtspunkten als Schuß in die Heizung zu betrachten, eine ähnlich fatale Entwicklung wie etwa die bei der Kernspaltung von Steinobst. Vettweis hat nun von der Teilchenbeschleunigung abgelassen und widmet sich endlich wieder der Erforschung des Elephantenmangels in der Region Düren.
Na also, der gute Vorschlag setzt sich durch!
Ideenschmiede NRW, manchmal ist es so einfach!

Deutschlandland – Land der Ideen

Gemeinden aus NRW und ihre Einfälle
Heute: Waltrop

Waltrop hieß früher Waltran und wurde lange als Brennstoff für die Straßenbeleuchtung in Datteln herangezogen. Das mißfiel vielen Waltranern. Als Waltran dann eine eigene Straße hatte, erleuchtete es diese im Gegenzug mit Glühdatteln. Diese wurden später dann in Glühbirnen umbenannt, wie Waltran dann in Waltrop. Der Vorstoß von Datteln, sich in Nüsse umzubenennen, ging ins Leere, das ist in der Gegend von Selm. In Waltrop leben einige Waltroper und Waltroperinnen mit ihren Waltröpchen, es gibt Häuser und manchmal sogar Wetter.
So viel zur Gemeinde, jetzt zur Idee:
Lange schon suchten die Waltroper nach einem angemessenen Heim für ihre auch Experten Rätsel aufgebende Kunstsammlung, die bis dato in der ehemaligen Pferdepathologie der Abdeckerei Schulte-Bocksberg zwischen Fohlenpräparaten und Zahnformeln in Druckguß in völliger Dunkelheit ein Schattendasein fristete. Die Sammlung des 1972 unter ungeklärten Umständen verschwundenen Waltroper Unternehmers und Misanthropen Harm Utz Rösner, eines Mannes, der jahrzehntelang versucht hatte, ein Ceranfeld zu beackern, um dort eine den Landwirt befriedigende Fruchtfolge leistungsfördernder Cerealien wie Weizen und Mais

zu installieren, dessen Sammlung also sollte einen würdigeren Platz erhalten. Das war die Meinung aller. Bei den drei die Sammlung bildenden Kunstwerken handelt es sich um ein Pfund Stahlnägel in einer Tüte mit dem Titel »oder acht Schrauben«, des Weiteren um die Assemblage »Beutel voll der Liebe Tod«, bestehend aus einem weißen Leinensack mit der Aufschrift »Mollerus«, und einer am Knie gerissenen langen Unterhose sowie einem Gemälde in Mischtechnik, Acryl- und Ölfarbe auf Sackleinen mit dem Titel »50 Kilo beste Bohne«. Alles in allem also Exponate, die in ihrer stupend miserablen Ausführung und ehrfurchtgebietenden Bedeutungslosigkeit nie und nimmer der Öffentlichkeit präsentiert werden dürfen, will Waltrop nicht irreparablen Schaden an Image und Tourismus erleiden. Auch das ist die übereinstimmende Meinung aller. Kunst haben, aber niemand damit belästigen. Ein schöner Ansatz. Ergo gründete man die Waltroper Kryptothek, die einzig ständig geschlossene Ausstellung Deutschlands. Und weil diese nicht eröffnet werden muß, erspart man sich nicht nur sedierende Ansprachen zwielichtiger Existenzen, wie Kommunalpolitiker und Kunstdiakone, sondern auch noch ein kaltes Buffet aus Datteln.
Na also, der gute Vorschlag setzt sich durch!
Ideenschmiede NRW, manchmal ist es so einfach!

Der Tag des Baumes

Hier spricht Heribert Saßmann für WDR 5, aber auch für sich selbst. Am Tag des Baumes melde ich mich direkt aus einem Unterholz. Über mir Wald, Wald, Wald, so weit die Augen tragen. Hier herrscht noch verhaltene Ruhe, aber auch gespannte Erwartung. Oder gespannte Ruhe und verhaltene Erwartung. Vielleicht aber auch einfach ruhige Verhaltung und erwartete Spannung. Wer will das beurteilen, noch kann ja keiner sehen, was in einem Baum vorgeht, ohne ihn zu fällen. Gezweige denn in einer Esche.

2015, das Jahr des Mischwaldes, gipfelt nun, nach einem Monat des Geästs, wir berichteten aus der Krone einer Kastanie in Ibbenbüren, und der Woche der Wurzel, die wir in der Einzimmerschonung Stefan Zweigs verbrachten, nun im Tag des Baumes. Wie aber sieht nun so ein Tag des Baumes eigentlich aus? Für den Baum?

Über den Tagesablauf des ehemaligen Innenministers wissen wir einfach zu wenig, das ist deshalb eine Sache fürs Zeitzeichen, bleiben wir also im Wald.

Gängige Nadelgehölze erwachen bereits in den frühen Morgenstunden, exotische dagegen eher selten. Alle nehmen dann aber ein frugales Frühstück aus Mineralien, Wasser und Mineralien ein und spülen mit einem Schluck Wasser nach. Nach einem zweiminütigen Nadelputzen verabschieden sich die Berufstätigen von ihren Lieben und gehen vorwiegend Beschäftigungen im Dienstleistungsbereich oder in der Möbelindustrie nach, während die Daheimgebliebenen den Wald fegen und die Kleinen geordnet in die Baumschule bringen.

Die Halbwüchsigen stehen in der Schonung in kleinen Gruppen beieinander und rauchen. Einige sogar Zigaretten.

Einer steht Föhre, um vor dem Förster zu warnen. Gegen zehn erwachen die Laubbäume und das Unterholz. Nach ausgiebiger Stamm- und Blattpflege steht man ruhig beieinander und bespricht die Ereignisse des Vortages. Das sanfte Gewisper wird nur ab und an durch die mahlenden Kaugeräusche der Eßkastanien unterbrochen. Die sind Vegetarier.

Anders die Roßkastanien, die unter den gestiegenen Pferdepreisen leiden und deshalb oft hungrig bleiben oder die Äste essen müssen. Espen fröspeln in der Morgenkühle, eine Birke murmelt etwas von Luftveränderung und macht sich in der Dämm'rung auf den Weg. Alles in allem beeindruckt hier die Ruhe, da kann sich so manch ein hektisch getriebener Großstädter eine Eibe von abschneiden.

Pappeln rappeln, Eichen weichen Buchen, fluchen, und einer blinden Linde wird's etwas ulmig. Zwei Mann gleich bei ihr. Vermutlich hat sie sich bei einem der Kleinen angesteckt, die Maserungen gras-

sieren zurzeit. Das aber ist natürlich kein Anlaß zur Sorglosigkeit.
Eschen springen in die Breschen, ohne die Föhren zu stören, ältere Bäume werden in Stammheimen liebevoll gehegt, bis sie zu Brett gehen. Zur allgemeinen Zerstreuung werden bisweilen Furniere veranstaltet, dort können gerade die Jüngeren in sportlichem Spiel ihre Säfte messen. Bisweilen kippt man sich abends in trauter Runde auch mal einen hinter die Rinde, doch das ist die Ausnahme. Alles in allem also ein ganz normaler Tag, keine Spur von Aufregung, besonderer Freude, Stolz.
So sind unsere Bäume, und das sollte uns zu denken geben, bescheiden, zurückhaltend, fast heckig in ihrem Willen zum Nichtherausragen. Sie kümmert der Tag des Baumes herzlich wenig, in holziger Ruhe wachsen sie einfach nach oben. Astlosigkeit ist ihnen ein Fremdwort. Keine hektische Ortsveränderung transportiert hier gesellschaftliches Ansehen, nein, gerade das Beharrliche, Ortsfeste beeindruckt den müßigen Spaziergänger ebenso wie ganze Schülergruppen.
Hier läßt sich noch einiges abschauen. Fest steht, daß der Tag des Baumes eher für uns ersonnen wurde, unseren Blick zu schärfen für die Schönheit von Stasis, die Ruhe von Ruhe. Bedenken wir also immer: Der viel besungene deutsche Wald wäre, ohne die Anwesenheit von Bäumen, auch nur eine Wiese wie jede andere. Ehren wir ihn

also heute, den Baum, aber vergessen wir auch die Staude nicht, das Moos, die bunte Flechte.
Dazu müssen wir noch nicht einmal die Lichtung wechseln.
Bedenken Sie: Die Woche des Gestrüpps beginnt in wenigen Tagen.
Und damit verabschiede ich mich, das war Heribert Saßmann, direkt aus einem Unterholz bei Oberhof für WDR 5 am Tag des Baumes, und gebe direkt zurück ins Sägewerk. Funkhaus.

50 Jahre „Unterhaltung am Wochenende“

oder: Worüber lacht eigentlich wer wie und warum?
Ein Besinnungsaufsatz

Die »Unterhaltung am Wochenende« ist 50 Jahre alt geworden.
Das ist toll.
Und ungewöhnlich!
Also, man hat sich natürlich immer schon an Wochenenden unterhalten, viele sprechen sogar unter der Woche miteinander, gemeint ist hier jene wunderbare Radiosendung, die minzfrische Brise von Geist, Witz und Verstand in der allwaltenden thumben Schwüle talkschaulichen Moderatorengestammels, multimedialen Verblödungsgeblökes und unsozialnetzlichen Trollgerülpses.
Aber, daß eine Sendung wie die »Unterhaltung am Wochenende«, trotz rätselhafter Programmreformen, undurchsichtiger Umstrukturierungen und allgemeiner Intellekt-Erosion 50 Jahre alt werden konnte und sich nicht längst im Sendungshimmel etwa mit der »Zugabe« eine Wolke teilt, ist durchaus bemerkenswert.
Aber mit dem Feiern von Geburtstagen ist das ja so eine Sache.

Im Jahre 2018 etwa feierten wir beispielsweise auch zum 248ten Mal den Geburtstag von Friedrich Hölderlin, aber feierten ihn eben auch schon zum 175ten Mal ohne ihn, da er bereits seit dem 7. Juni 1843 unter einer latenten Vitalschwäche leidet.

Wir lernen: Allein das Feiern eines Geburtstages sagt nichts über den Zustand und die Vitalität des Gefeierten aus und schon gar nichts darüber, ob er, sie oder es den nächsten noch erleben wird.

Vielleicht lädt man sich deshalb Gäste zum Geburtstag ein, damit die sich davon überzeugen können, daß der Auslöser des Jubiläums von demselben noch was mitkriegt.

Jetzt also auch noch die »Unterhaltung am Wochenende«.

Daß sie 50 Jahre alt sein soll, kann natürlich eigentlich nicht sein, weil ich sie bereits seit etwa 30 Jahren höre; dann wäre ich ja heute über 80!

So ein Unsinn!

Ich mag ja nur ein mittelmäßiger Komiker sein, aber im Rechnen macht mir keiner etwas vor! Weder in brutto noch in petto!

Obwohl hier also ein offensichtlicher statistischer Irrtum vorliegt, wird groß gefeiert, was ich schon auch irgendwie verstehen kann, denn Unterhaltung, ja Humor tut Not, und das nicht nur am Wochenende, aber da besonders.

Humor und dessen kleinen Bruder, das Kabarett habe ich eigentlich erst im Radio kennengelernt und als ich dann, Jahre später, selbst das erste Mal im

Radio, in der »Zugabe«, auftreten durfte, lernte ich auch jenen zentralen Satz kennen, der mein Schaffen bis heute begleitet: »Zu lang!«
Ich stand im Flur vor dem Studio, während der Moderator, ein gewisser Axel Naumer, einen brandneuen Witz aus offenbar chinesischer Produktion aus der Zeit des langen Marsches erzählte, in dem es um einen Bergführer ging, der anläßlich einer Wanderung durch die Alpen in eine Spalte gestürzt war, ein schreckliches Schicksal, Herr Naumer war sehr betroffen, vor allem, da der Bergführer fast 250 Seiten gehabt habe und einige schöne Abbildungen, nachdem ich also diesem Generalkracher gelauscht hatte und ins Studio gebeten worden war, wurde ich bei abgeschalteten Mikrophonen nach meinem Namen gefragt, gab ihn preis, worauf Herr Naumer sagte: »Zu lang! Ich werde dich duzen.«
Ich war sehr dankbar. Immerhin hat mein Vorname nur zwei Silben! Und Sendezeit ist knapp und teuer.
Das ist der Moment, an Heinrich Pachl zu erinnern, jenen kleinen großen Mann der gewitzten und verschmitzten Aufklärung, eines ganz speziellen, menschlichen, politischen Kabaretts und eines besonders kreativen Umgangs mit dem hohen Gut »Zeit«.
Lange bevor ich selbst die ersten zaghaften Gehversuche auf dem holprigen Acker der Unterhaltung unternahm, war ich schon Zeuge der Pachl'schen Unterhaltungskunst, weil wir zu Hause eben ein Radio hatten, einen weißen Schleiflackschrank mit magi-

schem Auge, in dem immer eine Frau schrie, wenn meine Eltern davor saßen, die behaupteten, die Frau sei nicht in Not, sondern in einer Operette.

Oder es lief eben die »Unterhaltung am Wochenende«, und die besonders laut, weil in der Nachbarwohnung die Schaltkonferenz der Bundesliga durch die Rigipswände dröhnte, eine sterbenslangweilige Veranstaltung für mittelalte Männer in Unterhemden, die sich ohne diese ballsportausgelöste Ganzkörperbeschallung nicht in der Lage sahen, ihr Auto zu waschen.

Und ein dreckiger Opel Kadett oder VW Käfer am Wochenende wurde dazumal als Anfang der Anarchie gewertet und hätte die Säulen, auf denen das christliche Abendland bis heute ruht, bis an den Rand des Einsturzes zermürbt.

Während also draußen unsere Wertegemeinschaft durch Autowaschen gestützt und gesichert wurde, hörte ich drinnen, vor einer rigipsgedämpften Stadionkulisse, Heinrich Pachl zu.

Er hat das sicher nicht mitbekommen, er war ja in dem kleinen Kasten drin, ich hingegen saß davor und habe alles mitbekommen.

Und obwohl ich damals noch recht jung war, ging mir schnell auf, daß das politische Kabarett Pachl'scher Prägung deutlich anders funktionierte, als ich es gemeinhin gewohnt war.

Es war nämlich lustig.

Und das bereits gut 20 Jahre bevor Jürgen Becker sinngemäß zu Recht bemerkte: »Kabarett hin oder

her, man muß auch mal nen Witz machen dürfen.« Gerade das politische Kabarett krankte und krankt an jener oberlehrerhaften Attitüde derer, die es betreiben, diese Haltung:
»Ich weiß, wie es geht und, wenn ihr schön aufpaßt, könnt ihr was lernen.« Diese Haltung ging mir schon in der Schule auf den Sack, obwohl sie da deutlich mehr hingehört als ins Kabarett.
Also in die Schule natürlich, nicht auf den Sack.
Heinrich Pachl also war anders und sehr lustig, aber ab und an hatte ich den Eindruck, daß sein letzter Satz fehlte. Der Abspannjingle und die Nachrichten kamen oft recht abrupt …
Seltsam.
Erst Jahre später, als ich selbst bisweilen Gast der »Unterhaltung am Wochenende« war, löste sich dieses Rätsel.
Das Schwierigste für einen Anfänger, wenn er zum ersten Male für das Radio, am besten in einer Livesendung, arbeitet, ist ja, ein Gefühl für die Zeit zu entwickeln.
Der private Mensch sagt ja gerne, wenn er eine verschwindend kleine, ja eigentlich nicht meßbare Zeitspanne meint: »Nur 2 Minuten!!«
»Nur 2 Minuten« heißt umgangssprachlich eigentlich: »Jetzt«.
Im Radio oder im Fernsehen aber sind zwei Minuten exakt jene Zeitspanne, die man Werner Heisenberg einräumen würde, die Unschärferelation in der Quantenmechanik so zu erläutern, daß sich Kinder

mit Migrationshintergrund oder Erwachsene mit Stagnationshintergrund in der Lage sähen, das Wesentliche in eigenen Worten wieder zu geben.

Also ein halbes Leben eben.

Ich hatte dem zuständigen Redakteur der Livesendung, dem legendären Hilmar »Hille« Bachor eine von mir vorzulesende Geschichte geschmeidig aber in Unkenntnis der Sachlage mit 4:30 Minuten angedient. Als ich sie dann laut las, dauerte es 8:45 Minuten.

Ein Desaster.

Zwei Kollegen mußten ihre Vorträge kürzen, und eine extra eingeflogene bretonische Fischerband mit einem sehr unübersichtlichen, natürlich selbst hergestellten Instrumentarium mußte auf eine polyphone Austernbeschwörung, die der Sendung eben jenes Quäntchen mediterranen Flairs und Fischmarktcharmes verliehen hätte, die sie von anderen Unterhaltungsformaten unterschied, verzichten, um nicht in die Nachrichten hineinzugeraten.

In die Nachrichten!

Also in was Wichtiges!

Nicht etwa Markus Lanz!

Alle teufelten auf mich ein, Heinrich Pachl aber nahm mich beiseite und sagte, ich solle mich nicht grämen, auf den Inhalt käme es an, nicht auf die Dauer und das mit der Zeit sei deutlich überschätzt. Ich wußte damals nicht recht, was er meinte, aber als ich ihm dann einige Sendungen später beim Überziehen zuhören durfte und sah, wie Redakteure Schluckbeschwerden bekamen, wenn Heinrich Pachl im Abgehen in wahrhafter Columbo-Manier noch was einfiel, war mir alles klar.

Seitdem bezeichne ich das verschmitzt-gutmütige, aber hochbewußte Überziehen des Zeitlimits als »pacheln«.

Heute passiert mir das nicht mehr aus Unkenntnis. Sondern allenfalls bewußt.

Das Bestreben der »Unterhaltung am Wochenende«, wie das des Komikers, ist ja, daß das Publikum daheim an den Empfängnisgeräten, wie vor Ort im jeweiligen Saale, lacht. Und andere zum Lachen zu bringen ist in den meisten Fällen Kärrnerarbeit. Wer anderen das Autofahren beibringt, sollte selber fahren können, wer andere zum Lachen bringen will, sollte das also auch selber draufhaben. Ich werde tatsächlich bisweilen gefragt: Worüber lacht eigentlich der Komiker, also ich?

Allein die Frage könnte bedeuten, daß der Komiker, wenn überhaupt anders, oder aber über anderes lache als der anderweitig berufstätige und daher naturgemäß feierlich-ernste Mensch … die berufliche, also im besten Falle professionelle Beschäftigung mit Humor vielleicht zu einem anderen Gelächter führe denn das humoristische Dilettieren.

Ja, daß sich dem Adepten durch die intensive Beschäftigung mit dem Humor vielleicht sogar neue, andere, dem Laien nicht zugängliche Ebenen des Gelächters erschließen, so daß das Lachen des Komikers nicht nur anders, sondern reicher, tiefer, wissender, genußvoller, insgesamt vollmundiger sei als das freiberufliche Herumkichern oder gar das alltägliche Gelegenheitslachen, also dieses dümmliche Grinsen mit Ton, welches ja jeder heutzutage, bisweilen sogar ohne jeden Anlaß, absondert und das man als Charakterschwitzen bezeichnen könnte, gegen das noch kein Desodorieren hilft, selbst das ohne Aluminiumsalze nicht.

Lassen Sie mich also zur Problemventilation zunächst einmal die Begrifflichkeit klären, damit wir, also Sie, ich weiß es ja, ich bin ja Profi, wissen, warum wir, also Sie, eigentlich lachen und warum wir, also Sie, dann lachen, wenn wir, also Sie, lachen.

Wie die internationale Ridenzforschung schon vor Jahren erst unter Laborbedingungen, dann aber auch im Freiland nachweisen konnte, erleichtert das Vorhandensein von Humor das eigene Lachen ungemein. Das Lachen anderer, und hier besonders Dritter, hingegen ist von den eigenen Humorvorräten abgekoppelt und gesondert zu betrachten.

Humorpräsenz ist dem Lachen also durchaus zuträglich, aber nicht zwingend notwendig, wie wir, also Sie, ja alle wissen.

Erstaunlich viele Laien lachen trotz anhaltender Humorvakanz viel und zudem noch äußerst ergiebig, zum Beispiel aus Schadenfreude, aus Überraschung oder weil sie die Situation falsch einschätzen oder gleich gar nicht verstanden haben; sie lachen aus Peinlichkeit, aus Verlegenheit, zur Entschuldigung, zur Einschüchterung, zur Mundraum- wie Innenohrbelüftung, in Folge einer Gesichtslähmung oder der irrigen Annahme, es ließe sie sympathischer erscheinen, sie lachen aus Angst, oder um das Schweigen zu beenden, sie lachen, um eine Telephonnummer zu erbeuten, oder als Aufforderung zum Kampf, am meisten wird inzwischen gelacht, weil einem irgendwer sein Smartphone vors Gesicht hält und sich anschickt, ein Grelfie, also ein Grinse-Selfie zu schießen.

Sie entnehmen dieser nicht vollständigen Aufzählung hoffentlich, daß das humorausgelöste, befreiende und lustgesättigte Lachen selten ist und daher kostbar.

Es ist äußerst schwer zu erzeugen, sehr flüchtig, aber nachhaltig wie ein teurer Duft, es animiert andere, es einem gleich zu tun und läßt sich nicht reproduzieren, sondern muß ständig und aufwendig neu ausgelöst werden.

Soviel zum Lachen.

Was aber nun ist Humor?

Und was ist der Unterschied zwischen Witz und Humor?

Gibt es da einen?

Aber ja!

Der Unterschied ist zuerst einmal rechnerisch eine Silbe.

Und das eine macht man, das andere hat man, was bedeutet, daß das eine Handwerk ist, das andere aber Talent.

Humor ist unter anderem die Voraussetzung dafür, zuerst einen Witz in seiner Struktur, dann die Pointe und schließlich das Leben selbst zu verstehen.
Ich halte ihn für so eine Art Seelenfeuchte, was auch die Etymologie des Begriffes nahelegt, jene Seelenfeuchte also, die Grundbedingung für ein gesundes psychisches Klima ist und welche unter anderem so wichtige Emotionen wie Mitgefühl, Freude und Einfühlungsvermögen erst möglich macht.
Horst Seehofer, Erika Steinbach oder Alexander Gauland sind nicht für ihren Humor bekannt.
Und haben deshalb vom Leben, wenn überhaupt, nur den Teil verstanden, der sich auf sie selbst bezieht.
Und auch den offenbar nur partiell.
Der Wunder sind aber noch mehr:
Humor und Humidor zum Beispiel trennen nur zwei Buchstaben, i und d, zusammen »id« ausgesprochen, was im Lateinischen »etwas« bedeutet, also nicht etwas bedeutet, sondern etwas bedeutet, womit bewiesen wäre, daß Humor und Humidor etwas trennt und das ist doch auch schon was.
Der Weg von Humor zu Humus ist ein kurzer, auch im Humus spielt die Feuchte eine wesentliche Rolle und selbst wenn man die Buchstaben von »Humus« deutlich schüttelt, kommt »Husum« dabei heraus, aus Blumenerde also wird eine Stadt am Meer, die Feuchte aber bleibt in jedem Fall erhalten.
Dagegen wird, wie ich schon vor Jahren herausfand und um es noch etwas komplizierter zu machen, das Wort »Husum« nicht nur ganz anders geschrieben als

etwa »Falte«, es bedeutet obendrein auch noch etwas völlig anderes.

Verstehe das, wer will.

Tatsache ist, daß Sprache eben jede Menge sagt, wenn sie redet.

Man muß dann aber auch hinhören.

In einem allerdings sind sich Humor und Humidor übrigens sehr ähnlich: Nur die wenigsten haben einen. Viele glauben offenbar, das sei zu kostspielig und man käme auch ganz gut ohne klar. Es braucht ja auch nicht jeder einen.

Nur wenn man leben, lachen oder rauchen möchte, fehlt plötzlich das eine wie das andere schmerzhaft.

Humor ist also eine Grundvoraussetzung für das Lachen.

Zudem sollte man ein Gesicht haben, das einem gehorcht und genug Substanz zwischen den Ohren, die einem das inhaltliche Mitkommen ermöglicht.

Das ist wichtig, denn der gute Witz funktioniert nur in der Überraschung, man muß also mental ziemlich präsent sein!

Der gute Witz stellt erst eine Erwartungshaltung her, die er anschließend in der Pointe zerstört.

Witz ist also nichts anderes als enttäuschte Erwartung.

Lachen Sie also mal, wenn Ihr Kind eine unerwartet schlechte Note mit nach Hause bringt oder wenn Sie am Morgen danach die Bettdecke von dem zurückschlagen, was Sie am Abend zuvor im Halbdunkel kennengelernt haben.

Das wird die Situation schlagartig entkrampfen. La-

chen löst Verspannungen wie Schleim, es weitet die Lungen wie den Horizont, versorgt so abgelegene Teile Ihres Selbst mit Sauerstoff und klärt Kopf und Blick.
Worüber aber lacht er denn nun, der Komiker?
Nun: Wenn er ein guter ist, zuerst mal über sich, und das ausdauernd, wenn er ein schlechter ist, ausschließlich über andere.
Wer sich selbst nicht als im reinen Wortsinne komische Figur wahrnimmt, sondern stattdessen zutiefst überzeugt ist von seinem sittlichen Gewicht, von seiner innovativen Kraft, seiner von ihm selbst als tief empfundenen Wahrheit, seiner intellektuellen Strahlkraft, seiner blitzenden Intelligenz, seiner wegbereitenden Gestaltungskraft, seiner makellosen Eleganz und schattenwerfenden Präsenz, wer nur seinem eigenen Urteil rückhaltlos vertraut, seine monokulare Sicht auf die Welt als Durchblick mißversteht, wer glaubt, daß er alles schon mal gesehen hat und ihn deshalb nichts mehr überraschen kann, der taugt nicht zum Komiker.
Ja, eigentlich taugt so einer zu rein gar nichts.
Außer vielleicht als Wandfliese in Feuchträumen oder als Sprudelstein in einem Aquarium voller Antennenwelse.
Ich weiß, daß man das in der Parallelwelt der dunkelblauen Anzüge, also in Wirtschaft und Verwaltung, allgemein anders sieht.
Und, daß das selbstverständlich, wie übrigens alles andere auf der Welt auch, genauso für Frauen gilt.
Der gute Komiker also lacht über sich selbst.

Doch keiner ist nur komisch.
Nicht mal Anwälte.
Die meisten Leute sind sogar meistens unausstehlich, viele sind vielfach durchgehend extrem langweilig, und alle sind eigentlich überall überheblich, egoman und unsensibel.
Entscheidend ist also, daß einem die paar Minuten, in denen man Spielball komischer Mächte oder einfach mal wieder zu blöd für irgendetwas ist, nicht entgehen, und daß man sich ihrer nicht schämt oder sie holprig zu überspielen sucht, sondern solche raren Momente als das begreift, was sie sind, als das Aufblitzen nämlich jener so oft beschworenen Gottähnlichkeit des Menschen.
Als Er uns, wie ja immer wieder behauptet wird, nach Seinem Ebenbilde schuf, hat Er sicher herzhaft gelacht und sich in diebischer Vorfreude auf die ganze unerhörte pfostige Volltrotteligkeit, die von da ab nun in der Welt wohnen sollte, die Hände gerieben.
Ich privat bin, und Er möge mir das verzeihen, nicht sicher, ob es Ihn überhaupt gibt, aber die Existenz dieser unserer, geradezu human-inhärenten Generalverstoffelung, das Vorhandensein von Selbstironie, von slapstik-ausgelöster Schadenfreude, der die Rache in Form des eigenen »In-die-Torte-Fallens« auf dem Fuße folgt, ist für mich schon ein starkes Indiz dafür.
Das haben die Fusselbärte, wie übrigens alle Orthodoxen aller Religionen, die Dogmatiker, Fanatiker und Frömmler neben vielem anderen mehr, auch

nicht verstanden.
Humor ist, wie die Liebe, ein Geschenk.
Und wer ein solches Geschenk zurückweist, ist im Baum der Evolution einige Hauptäste wieder herabgeklettert, daher fürderhin und allgemein von nun an den Skrotalwanzen zuzurechnen und mit Jodtinktur oder Wespenschaum zu bekämpfen.
Denn wer nicht über sich lachen kann, liebt sich nicht, und wer sich nicht liebt, kann auch andere nicht lieben.
Und wer andere nicht liebt, kann sie auch nicht zum Lachen bringen.
Der Komiker braucht also neben einer Spur Talent und der Fähigkeit, sich vor wildfremde Menschen zu stellen und aus dem Schwitzkästchen zu plaudern, auch noch ein gerüttelt' Maß an Menschenliebe.
Was nicht immer einfach ist, stellt doch gerade der Mitmensch in den meisten Fällen eine ungeheure Herausforderung an Toleranz, Geduld, Mitgefühl et cetera pp. dar. Und das fängt ja schon in der eigenen Familie an.
Die Humor-pflegenden und Gelächter-generierenden Bemühungen eines solchen radiophonen Kleinodes, wie es die »Unterhaltung am Wochenende« darstellt, können also nicht hoch genug geschätzt und geehrt werden und den Anstrengungen derer, die sie auf redaktioneller wie künstlerischer Seite mit Inhalten zu füllen suchen, sollte mit freundlicher und liebevoller Nachsicht begegnet werden.
So laßt uns denn beten, daß der WDR diesen 50ten

Geburtstag der »Unterhaltung am Wochenende« nicht zum Anlaß nimmt, diese auch in den vorzeitigen Ruhestand zu verabschieden und durch eine Witzesendung mit Videopräsenz in den unsozialen Netzwerken und Baumarktwerbung als Pointentrenner zu ersetzen.

Denn Radio, das sich beim Radio machen filmen läßt, gibt ohne jede Not sein wesentlichstes Alleinstellungsmerkmal, nämlich das des Hörens, ohne ein die Phantasie beschneidendes Bild, und damit die ihm eigene Magie, auf und wird so nicht nur einfach ein weiterer Mißton im multimedialen Gegrunze, sondern zur Gänze obsolet.

Denn schlechtes Fernsehen gibt es schon zur Genüge.

Ich mußte nicht wissen, wie Heinrich Pachl aussah, es reichte, seine Texte zu hören. Der Inhalt zählt, nicht, wie es aussieht.

Schauen wir also beim 60ten Geburtstag nach, wie viel Radio das Fernsehen noch übrig gelassen hat und wer dann wie, wann und über wen lacht.

Das wird spannend!

Bleiben Sie also dran.

Dogensuppe Herzogin

Ein Austopf mit Einlage nach Motiven von Erasco von Rotterdam

Wenn ich ab und an mit etwas Neuem, völlig Unerprobtem auf der Bühne vor Ihnen stehe, dann denke ich eigentlich immer:
Wie, um Gottes Willen, konnte es nur so weit kommen?
Dabei war das auch diesmal wieder ganz einfach: Haben Sie schon einmal bemerkt, daß sich Unschönes, Unwürdiges und allemal Vernachlässigbares immer so ankündigt: Die Piepse zirpt.
Ich nenne das Ding Piepse. Oder Schreppe.
Wohin die Zeit, da Telephone noch klingelten.
An ein Telephon konnte man »drangehen« oder »abheben«! Also den Hörer.
Den kalten Glasbarren kann man, wenn überhaupt, nur hochheben und hinterher hat man dann diesen widerwärtigen Muschelabdruck in Ohrfett auf der Oberfläche und muß diese idiotische, glasklärende Wischbewegung über den flanellhemdbespannten Oberbauch vollführen.
Ich nehme also einen Ohrabdruck.
Der Agent ist dran und wünscht ein neues Programm.
Ich murmele etwas wie: Mürmelwasdbenüzogugglirrebescheuert? und lege auf.
Diese Antwort scheint nicht direkt befriedigt zu haben, denn die Klirre frunzt erneut.
Derselbe Anrufer. Dieselbe Forderung.
Was glaubt der Kerl? Daß ich eine andauernde Supernova prachtvoller Ideen, eine nie versiegende Protuberanz irisierender Textflares bin? Ha!

Auf der anderen Seite habe ich natürlich großes Verständnis für meinen Agenten.
Sein Beruf ist ein wahrlich harter solcher – ewig diese divenhaften, die eigene Strahlkraft und Wirkmächtigkeit deutlich überschätzenden Künstler, dazu sperrige Veranstalter, unwillige Kulturämter, kenntnis- wie lustfreie Eventagenturen, zähe Verhandlungen mit eigentlich Metierfremden, die Kunst als Zugabe zum Catering verstehen – das alles schlägt aufs Gemüt. Daher bin ich schon vor langer Zeit mit mir übereingekommen, meinen Agenten, der mir auch stets ein guter Ratgeber war und ist, besonders zu pflegen, ihn meine Wertschätzung jederzeit spüren zu lassen, auf daß sein geschundenes Selbst an mir gesunde.
Also rief ich IHN an, also nicht im Sinne von »Anruf«, sondern von »Anrufung«:
»Agent, o Agent! Gebenedeiter Vermittler! Der Du Dich stets so kümmerst, der Du mir Lohn und Brot bedeutest, o Agent, der Du mein Einkommen, Ankommen, Auskommen und Hinkommen besorgst und vermehrst, der Du mein Schaffen anregst und begleitest, wohlwollend und vatergleich, o gesegneter Agent, was also ist Dein Begehr?
Soll ich mich denn nun erneut versuchen? An einem Text, großmächtig und lang? Wie vordem schon so oft? Und auch in Teilen komisch soll er sein?
Ist dies Dein Wille, o Agent?
Du, der Du schon so manch' jungen Künstlers täppischen Schritt behutsam auf den schotterreichen

Hohlweg nationaler Anerkennung lenktest, dabei voll väterlicher Geduld den Jünger lehrend, den Fuß nicht in die tückischen Schlaglöcher der Selbstüberschätzung, nicht in die Pfützen der Eitelkeit zu setzen, so daß er trockenen wie ungeknickten Fußes jenen Weg zum Ruhm beschreite und darob allenthalben ein Frohlocken herrsche, itzo, fürderhin und immerdar, Du, Agent, gleichsam Oheim und Eidam des Erfolges!

Ansagt mir also frisch: Ist dies Euer erklärter Wille, Herr?«

Und, siehe, es sprach der Agent: »Mach nicht so einen Wind und schreib endlich.«

Also tue ich, wie er mich hieß.

Ihnen, die mit meinen bescheidenen Beiträgen zu unser aller Dasein vertraut sind, sage ich nichts Neues, indem ich wie vormals schon so oft darauf verweise, daß die mit großem Abstand, mit sehr großem Abstand, mit immensem Abstand langweiligste Textsorte der Welt natürlich immer noch, ja eigentlich seit ihrer Entstehung, das Reisetagebuch ist.

Und ich hatte ja geschworen, nach meiner Exkursion nach Salzgitter-Ringelheim nie wieder über solches zu schreiben.

Aber …

Was kann ich dafür, daß meine Frau, die Einzige, gleichermaßen Richtschnur meines Handelns wie Ziel meiner Sehnsüchte, Tanzboden meiner Realität wie Inspiranz meiner Phantasie eines Tages zu mir sprach: »Wie wäre es mal mit einer Städtereise? Vielleicht nach Venedig? Nur ein paar Tage. Also, ich hätte Lust!«

Als langjähriger, in mancherlei Scharmützeln perforierter wie ergrauter Ehemann weiß ich natürlich, daß ich jeden sich mir bietenden Moment der Lust schon in ureigenstem Interesse stehenden Fußes, oder sonst was, wahrzunehmen habe.

»Zweimal die Woche kann man hinfliegen«, sprach es aus der Gefährtin.

Nun, vielleicht ist die Lust als solche auch überschätzt.

Ich kann nämlich nicht fliegen. Weder aktiv noch passiv.

Wenn der Herr gewollt hätte, daß ich fliege, hätte er mich insgesamt deutlich leichter angelegt, tropfenförmig gestaltet, mir eine windabweisende Oberfläche verliehen, das gesamte Skelett und nicht nur den Kopf als Hohlknochen eingerichtet, mir Häute zwischen den Fingern zugestanden und mich etwa Malmiopteryx oder Pterodaktylus malmiensis genannt.

Hat er aber nicht.

Höhe als Aussicht, Zustand oder Versprechen ist mir gleichermaßen zuwider. Je höher, um so zuwiderer.

Ab einer Kopfhöhe von zweimeterdreißig über Normalnull verwandele ich mich in einen wimmernden Sack alter Wäsche, ein Zustand, der selbst der Wäsche peinlich ist.

»Kann man da nicht auch anders hinkommen?«, fragte ich.

»Laufen, Schwimmen oder Fahren«, war die Antwort meiner Gattin, die in ihrer Art in Lakonien sicher Begeisterungsstürme entfesselt hätte.
»Laufen scheidet aus, wir haben nur ein paar Tage«, erwiderte ich, »Schwimmen dauerte auch zu lange, wir müssten ja erst durch die Ruhr zum Rhein, den dann runter und das alles bei dem Schiffsverkehr und vor allem gegen die Strömung …«
»Ein bißchen Bewegung täte dir gut …«, sinnierte die Gefährtin mit jenem Gesichtsausdruck, der gemeinhin nichts Gutes, oft gar Mißliebiges und Anstrengendes verheißt.
»Fahren wäre doch toll!«, grätschte ich ambitioniert in diese unheilvolle Entwicklung und wurde mit einem »Hatte ich auch vor, ich freu' mich, wir nehmen den Bus!« eiskalt und keinen Widerspruch duldend, ausgekontert.
Den Bus.
Offenbar anders als jene Frau, die über meine Sinne herrscht, fühle ich mich aber insgesamt noch nicht reif, irgendwie noch nicht weißhaarig, nicht sabbernd, nicht gebrechlich, nicht beige genug für eine Busreise. Aber mein Gefühl spielt hier, wie übrigens auch in vielen anderen, ähnlich gelagerten Fällen, keine Rolle.
Ein Bus also.
Mir schwanden die Sinne, was bei mir recht schnell geht, es sind ja nicht so viele. Dafür erhole ich mich aber auch schneller.
Ich fahre übrigens gern mit dem Auto, sehr gerne sogar.

Allerdings zum einen selber und zum anderen allein, zwei Bedingungen, die sich in einem Bus nur realisieren ließen, wenn ich etwa eine Viertelmillion Euro in den Erwürb eines Personenbeförderungsscheines und eines entsprechend großräumigen Vehikels investierte, was im Moment außerhalb aller mir zu Gebote stehenden Möglichkeiten lag.
Und liegt!
Während ich noch mit mir rang, hatte die Gattin mein Schweigen, wie so oft als Zustimmung mißdeutet und die entsprechenden administrativen Schritte in einer Geschwindigkeit eingeleitet, die meinen Verdacht, daß sie auf meine tatsächliche Zustimmung offenbar so direkt gar nicht angewiesen zu sein schien, nicht nur nicht zerstreute, sondern, im Gegenteil, tatkräftig nährte.
Die Benutzung eines Busses zum Erreichen eines Reisezieles impliziert, ja droht mit der Anwesenheit einer Gruppe.
Nun ist der Mensch bauartbedingt ja bekanntermaßen schon im Einzelfall in den allermeisten Fällen eine Heimsuchung, im Plural allerdings, und über einen Zeitraum von länger als, sagen wir 120 Minuten, ist er im Prinzip unaushaltbar.
Mit einem Bus ist man in 120 Minuten von uns aus etwa in Minden.
Warum aber sollte man dahin wollen, nach Minden und wenn man dahin muß, ist das schon ohne Begleitung hart genug.

Das wußten offenbar auch schon die Gründungsväter Venedigs und legten deshalb ihre Stadt dann folgerichtig etwa 1132 Kilometer weiter südlich an, was dann wiederum die reine Fahrzeit der Anreise bis heute auf annähernd 12 Stunden verlängert hat.
12 Stunden. Eine Fahrt. In der Gruppe.
Und ich habe Arthrose in den Knien. Oder Arthritis. Oder Dextrose.
Oder Karies.
Eben irgendetwas, was da nicht hingehört und sich bei Belastung meldet, ich weiß es nicht genau, jedenfalls kann ich die Knie nicht lange beugen.
Das war ja bisher auch nicht nötig, ich bin ja Protestant.
Aber 12 Stunden in einem Bus können lang werden, gerade wenn man eine Eintagsfliege oder ein protestantisches Knie ist.
Oder zwei davon besitzt.
Knie besitzen geht übrigens gar nicht, weil man sie nicht unter den Hintern bekommt. Selbst der ayurvedisch hoch biegsame Yogist, Yogeur, Yoghurt muß hier scheitern.
Und Busse und Buße schreiben sich heutzutage nicht umsonst gleich.
Ich blickte in das Gesicht der Gefährtin und sah alles, nur keinerlei Verhandlungsspielraum.
»Wann?«, fragte ich matt. »Am Freitag geht's los«, antwortete sie.
»Und wenn ich nicht gekonnt hätte?«

»Dann hätten wir das Wochenende irgendwo in der Gegend verbracht. Vielleicht im Heide Park Soltau. Da läuft zurzeit die Deutsche Meisterschaft im Pfahlsitzen. Oder vielleicht zur ersten Internationalen Heizkörpermesse nach Minden«, entgegnete die Schlange.
Jetzt muß ich ihr wohl auch noch dankbar sein.
Es heißt ja im Volksmund: Reisen bildet.
Das wäre ja auch nicht weiter schlimm, wenn das im Volksmund bliebe, da hört's ja keiner, aber nein, raus aus dem Mund kommt er, der Kalenderspruch, und zwar jedem, der von meinem Schicksal erfuhr. Jedem.

Am Freitag stehen wir in Gesellschaft vertrauter Taschen und fremder Menschen auf dem Parkplatz und warten auf den Bus.
Als der dann kommt, bin ich doch leidlich überrascht, wie groß und geräumig er aussieht, vielleicht wird es doch nicht ganz so schlimm. Beim Einsteigen verflüchtigt sich der Eindruck von Geräumigkeit schnell, denn der gesamte Innenraum ist mit riesigen Stühlen vollgestellt.
Man kann sich kaum bewegen, an Kerle meines Formats, also mit bewußt dreidimensionaler Anmutung ist bei der Konstruktion des Innenraumes auch nicht ein Gedanke verschwendet worden.
Dieser hier war offensichtlich für den Transport von Schüttgut wie japanischen Touristen oder Schulkindern konzipiert worden.

Hauptsache die Möbel haben genug Platz.
Danke.
Ich zwänge meine Körperlichkeit in die mir von der Gefährtin zugewiesene, mit einer Art Fensterleder notdürftig bepolsterte Hartschale und konstatiere bereits jetzt stechende Schmerzen in beiden Knien.
Ohne sie überhaupt gebeugt zu haben.
Dessen ungeachtet zwinge ich meine Beine an der vom Herrn dafür vorgesehenen Stelle in einen 45 Grad Winkel, ringe wegen der diese Anstrengung begleitenden Pein im Bein kurz mit einer Ohnmacht und obsiege knapp.
Dann wirft sich eine Mitfahrerin hochbarocker Konstitution impulsiv in die mir vorgelagerte Sitzmulde und prellt mein linkes Knie derart, daß ich den Schmerz im rechten nicht mehr spüre.
Nach Venedig laufen ginge jetzt auch nicht mehr, selbst wenn ich genug Zeit hätte.
Ich werde diese Beine NIE wieder gerade bekommen und nach meinem Ableben wie ein Angehöriger der Glockenbecherkultur in einem Hockergrab bestattet werden müssen.
12 Stunden sind doch auch nur 720 Minuten, rechne ich mir vor, aber wie so oft enttäuscht die Mathematik als Beitrag zur Alltagsbewältigung.
Praktische und persönliche Initiative ist jetzt gefragt.
Also begegne ich dem Knieschmerz, indem ich meine Persönlichkeit willentlich aus meinem Unterleib abziehe und nehme, solcherart sensorisch halbiert, ergo sub nabulam gefühllos, meine Mitreisenden in

Augenschein. Diese Technik der partiellen Anästhesie habe ich übrigens der Zauneidechse abgeschaut, die ja bei Bedrohung einen Teil ihres Schwanzes abwerfen kann.

Soweit bin ich noch nicht, ich könnte selbst den Verlust auch nur eines kleinen Teiles davon kaum verschmerzen, aber ich kann mich immerhin sensorisch aus einem Teil meiner Physis zurückziehen. Meist mache ich das nachts und nenne es Schlaf, jetzt versuche ich es tagsüber und mal nur mit den Beinen.

Es scheint zu klappen, die Waden kribbeln bereits und von den Füßen habe ich schon keine Meldung mehr.

Die Knie scheiden sowieso ganz aus.

Die restliche Busbesatzung besteht übrigens – neben dem gedungenen Kutscher und dem dürren Reiseleiter, der in seiner eigenartig langen, schütteren Pflanzlichkeit ein wenig an Kelp oder eine dieser Flechten erinnert, die in Schweden immer in den Kiefern hängen – die restliche Busbesatzung besteht also offenbar zu etwa zwei Dritteln aus Ausgewachsenen meiner Entwicklungsstufe, bester Laune und gekleidet in allen Farben des Regenbogens: Man sieht frisches Khaki, ein fröhliches Sand, leuchtenden Schlamm, da sind feine Lehm- und lockende Karamelltöne, da ist Ocker und Dreck, die Farben alten Laubes oder jungen Mulches, da ist ein in allen Schattierungen leuchtendes, gebrochenes Weiß, die Farben von Schilf, Binse und Röhricht, die des Jugendkleides der Amsel ebenso wie die der Feldmaus, des Reihers, des Elches, das frische Grau des Rens, das zarte Grün der Minze, leuchtendes Isabellengelb, benannt nach der über Monate nicht gewechselten Unterwäsche einer spanischen Königin, kurz alle frischen, lebensbejahenden Töne, die der Farbkreis für uns bereithält.

Da sticht das von mir gewählte, leicht abgetönte, fast jugendlich jubilierende Zimt schon deutlich, fast zu grell heraus.

Hinter mir nimmt eines dieser Ehepaare Platz, die sich, wiewohl in meinem Alter, bereits mit »Mutti« und »Vati« anreden, also jede sexuelle Aktivität zu Gunsten gemeinsamer Bügelabende eingestellt haben. Irgendwo gab es günstig Windjacken, denn beide tragen das gleiche Modell in einem kräftigen Marinebeige mit einer unverständlichen, den Wassersport verherrlichenden Aufschrift in Pidgin-English.

Vor mir klemmt die barocke Putte, daneben sitzt ihr eher gotisch anmutender Gatte, hager und gerade wie eine Altarkerze.

Sein Rücken berührt die Sitzlehne nicht, vermutlich trägt er in Hüfthöhe ein rastbares Scharnier, das es ihm erlaubt, ermüdungsfrei und rechtwinklig geknickt, stundenlang zu verharren.

Ein kleines Leinenhütchen mit Schlüsseltasche an der Seite hockt über dem Haarkranz auf der gotischen Platte wie eine schläfrige Taube auf einem Fahnenmast.

Das letzte Drittel Mitreisender besteht aus so genannten Jugendlichen, also Heranwichsenden, wie Axel Marquardt es einst so schön formulierte, die, hilflos im Reifeprozeß gärend und noch dem Diktat der Eltern unterworfen, die Reise gezwungenermaßen mitmachen müssen.
Sie haben daher sofort meine spontane und herzliche Sympathie.
Mehrere dieser merkwürdig fremd anmutenden Lebensformen haben die durchgehende Rückbank des Busses mit Beschlag belegt und errichten dort ein vorläufiges Feldlager aus Rucksäcken mit Ohren oder dem Gesicht eines gelben Schwammes und diversen Sechser-Packs irgendeines Getränkeimitates wie Schnapsbrause oder Fruchtbier.
Sie haben sich innert Minuten hinter einer Mauer fahl flackernder Unterhaltungselektronik verschanzt, deren Mörtel ein geisterhaft kataleptischer Rhythmus mit rätselhaft monotonem Singsang bildet, der offenbar in einer kleinen Schachtel mit der Aufschrift »Boombox« wohnt.
Ich wende mich um, was sich deutlich einfacher schreiben läßt als zu bewerkstelligen ist, denn die Verhältnisse kommen mir schon nach Minuten irgendwie u-boothaft beengt vor.
Offenbar schrumpft das Mobiliar durch Arschwärme oder Luftfeuchtigkeit oder ich bin in den letzten Minuten deutlich gewachsen, und zwar wie ein Ofenkäse, also in alle Richtungen.

Während ich den Blick nach vorne richte und die beiden Sitzreihen links und rechts vom Mittelgang betrachte, in dem jetzt der Kelp steht und über das Bordmikro irgendwelche Verhaltensmaßregeln in Flechtenserbisch oder Algendeutsch absondert, wie soll man sich ohne Platz überhaupt verhalten?
Verhält sich Wurst in ihrer Pelle? Oder Zahnpasta? In der Tube?
Verhält die sich?
Während ich also so umdröhnt blicklos in den Gang starre, springt mich die Ähnlichkeit der Szenerie mit dem Inneren einer griechischen Kriegsgaleere an.
Ich meine gar, den rauen Schaft des Riemens vor mir in den Handflächen zu spüren, das Klirren der Fußketten zu hören, der Schweiß rinnt in Strömen, der Rücken schmerzt, vor drei Stunden sind wir von Nauplia aufgebrochen, keine Pause, kaum Wasser, die Peitsche schnalzt über unseren Köpfen und die erbarmungslose Trommel gibt die Schlagzahl vor, bumm bumm, als würde man, bumm bumm, vor den Kopf getreten, bumm bumm, aua, ich bin mit dem Kopf vor mir auf das kleine Tischchen geschlagen.
Es war spät gestern und heute ziemlich früh und ich habe gestern den ganzen Tag gepackt.
Zuerst ein, logisch.
Dann wieder aus, weil ich meinen Reisepass gesucht habe.
Dann alles wieder ein, weil mir eingefallen ist, daß ich für eine Reise nach Venedig gar keinen Reisepass brauche, es reicht ja ein Personalausweis.

Dann alles wieder aus, weil ich meinen Personalausweis gesucht habe.
Dann alles wieder ein, weil ich meinen Reisepass gefunden habe, der geht ja auch.
Dann alles wieder aus, weil ich doch meinen Personalausweis brauche, da der Reisepass bereits seit 2004, ähnlich wie meine Turnschuhe, abgelaufen ist.
Dann habe ich keine Lust mehr auf das Einpacken und teile meiner Frau mit, daß sie und Venedig ohne mich auskommen müssten, worauf sie antwortet, daß sie persönlich damit durchaus klarkäme.
Mist.
Obwohl meine Frau also so schön selbstständig ist, beschließe ich, sie trotzdem zu begleiten, aber ich packe nicht mehr, ich werfe.
Und zwar alles in eine Sporttasche, die ich auch noch nach der Entfernung eines offenbar in den Wirren der 70er Jahre vergessenen krustigen Sportsockenpaares mit drei roten Knöchelstreifen, im Dunkeln am Geruch erkennen würde.
Daß durch diese Gepäckentscheidung dann aber auch die Bekleidung meines ganzen Körpers wie dessen unteres Ende riechen wird, hatte ich mir so nicht klar gemacht. Mist, Mist, Mist!
Ergo desodoriere ich die Tasche samt Inhalt mangels anderer Möglichkeiten, indem ich eine Flasche Autan in sie ausleere.
Nun riecht sie zwar wie die Arbeitskalebasse eines Notfallschamanen am Oberlauf des Sambesi, wird dafür aber auch garantiert nicht gestochen.

Ich kann die Dankbarkeit der Tasche und die Begeisterung meiner Frau beinahe körperlich spüren.
Ich hab's schon irgendwie drauf!
Ein leichter Naphthalin-Kampferduft mit einem Hauch Romadur steigt aus der Auslegeware unter meinem Sitz und hüllt mich ein.
Ich sitze also direkt über meiner Tasche und werde so, wie sie, während der Fahrt nicht gestochen werden.
Der Fahrer wirft den Motor an.
Sofort erwachen die Luftdüsen über den Sitzen, senden einen bleistiftdünnen Strahl eiskalter Luft direkt auf meinen Kopf und versuchen so, meinen Körper auf eine Kerntemperatur herunter zu kühlen, in der der Zellstoffwechsel zum Erliegen kommt, die Zellflüssigkeiten jedoch noch nicht gefrieren.
In dieser Kryostase ließe sich problemlos der Mars erreichen, leider läßt es der momentane Stand der Antriebstechnik jedoch vorerst nur zu, uns in die Gegend von Venedig oder so zu bringen.
Allerdings kühl wie holländische Schnittblumen, also schön frisch.
Das Geplapper der Mitreisenden, die arktischen Fallwinde, das Rhythmus-Gesangs-Gelee von der Rückbank, die nicht unkritische verbale Würdigung meiner Person und meiner Gepäckentscheidung durch meine Gattin verbinden sich zu einer Art Grundrauschen, welches sich mit dem olfaktorisch ausgelösten Gefühl der unbedingten Sicherheit vor Insektenstichen zu einer Legierung allgemeinen

Wohlbefindens amalgamiert und mich im Verbund mit der andauernden Unterkühlung in jene geistige Starre versetzt, wie wir sie beispielsweise dem Seeigel oder der Sülze unterstellen.
Draußen dreht jemand den Globus unter dem Bus, Deutschland gerät in Bewegung.
Weil die A 45, die Sauerlandlinie, benannt nach dem Boxpromoter Wilfried Sauerland, da sie so unterhaltsam wie ein Leberhaken ist, auf unserem Weg liegt und so schön nach Süden weist, wo wir ja hinwollen, nutzen wir diesen merkwürdigen Zufall aus und fahren auf ihr ab.
Die A 45 ist schon ein erstaunliches Bauwerk!
Nur knapp einen halben Meter hoch, aber irrsinnig lang!
Hätte man sie damals hochkant installiert, hätte sich das ganze Versorgungsproblem der ISS mit Space Shuttles und irgendwelchen russischen Frachtern gar nicht gestellt, sondern man hätte die Sache mit LKWs regeln können.
Oder, besser noch, man hätte die ISS gleich nach Gießen legen und sich die Versorgung damit insgesamt deutlich erleichtern können.
Aber vermutlich wäre es dann auch keiner Meldung wert gewesen, daß Alexander Gerst inzwischen zum zweiten Male auf der ISS weilt.
Es gibt Leute, die pendeln täglich nach Gießen und machen keinen Wind drum.

Wir passieren Siegen.

Ich glaube, wir sind nach langer Zeit das Erste, was Siegen wieder passiert. Es nimmt aber keine Notiz davon, sondern liegt bleiern an der Autobahn herum.

Von Siegen lernen heißt liegen lernen.

Ich liebe ja Städtenamen, die an Infinitivformen erinnern. Da ergibt sich von selbst ein ganzes Wörterbuch untergegangener Verben und es lassen sich wundervolle Sätze damit bilden, etwa wie die folgenden:

Sie konnte es nicht ver*Minden*, daß er sie, obwohl sie sich erst zwei Tage *Xanten*, direkt *Boffzen* wollte und das auch noch von *Rinteln*. Also bitte!

Dabei mochte sie das eigentlich *Bern*.

Ihn hingegen *Schwerte* gewaltig, daß er sie um alles *Witten* mußte und manchmal hätte er vor Wut *Meißen* können. Aber er wollte sie zu nichts *Bingen*.

Und sie?

Konnte sie es wirklich *Hagen*, ihn darauf hinzuweisen, wie ihr sein ewiges *Borken* in der Nase auf die Nerven ging?

Und seine ständig verknitterten *Emden*?

Und *Cochem* konnte er auch nicht. *Essen* schon.

Aber anstatt sich mit ihr auszusprechen, würde er viel *Leverkusen*, das konnte sie *Düren*, aber was sollte man da *Aachen*?

Manchmal dachte sie schon: *Venedig* doch damals nicht getroffen hätte …

Und dennoch schwebte sie auf *Olpe* 7.

Soest die Liebe.

Meine Kerntemperatur ist inzwischen unter 29° Celsius gefallen und meine Wahrnehmung dadurch stark verlangsamt.
Deswegen habe ich ausreichend Gelegenheit, die fremden, jungen Lebensformen im Rückraum verstohlen in Augenschein zu nehmen.
Sie kleiden sich nach meinen praktischen Maßstäben eher ungewöhnlich und kommunizieren auf eine mir unbekannte Art und in einem mir nicht vertrauten Idiom. Was einen aber nicht wundern sollte, denn:
Eine stark gerätegefilterte Umweltwahrnehmung verändert eben auch die Sprache, denken Sie nur an das, was Piloten dienstlich so von sich geben.
Oder Taucher.
Die Generation Glotz-auf-die-Hand kommuniziert mittlerweile doch fast ausschließlich in getippter Spreche über das Telephon.
Sie tippen, auch und gerade, wenn sie nebeneinandersitzen, so dass es dem Telephon damit eigentlich an allem Urtelephonischen gebricht.
Tele heißt: weit. Im Sinne von weg.
Die Entfernung zwischen zweien, die miteinander sprechen wollten, war mal Auslöser und damit eine Grundbedingung des Telephonierens. War!
Ist gar der Geschreibpartner gerade nicht vor Phon, wird ihm oder ihr eine ins Telephon gesprochene und anschließend als Tondatei fixierte Mitteilung zugesendet, die der Empfänger dann öffnen und anhören kann. Am Te-le-phon.

Eine vorher aufgenommene Nachricht anhören.
Von einem, der einen in diesem Moment auch hätte anrufen können.
Oder ansprechen! Weil er ja daneben sitzt!
Mehr Unfug war nie.
Fatalerweise sprechen viele, wenn sie sprechen, auch inzwischen so wie sie tippen, zu dem man ja maximal zwei Daumen benutzt und weder die Zeit noch oft die Fähigkeit existiert, das Gedaumte vor dem Absenden noch einmal gegenzulesen.
Erst unlängst hörte ich, wie eine junge Frau, während sie in der Innenstadt im Kreise zweier Freundinnen, nein, in der Ellipse zweier Freundinnen an mir vorbei ging, den für mich anfangs rätselhaften Satz: »Laß ma' Kik oder so gucken …« absonderte.
Da drängt sich doch die Frage auf, woher Kinder eigentlich genau kommen. Und ob da noch viele sind.
Kinder erscheinen, irritierenderweise oft schon Monate nach erfolgtem Beischlaf, plötzlich aus dem Nichts, womit ich natürlich nicht die Mutter meine, deren Rolle als eine Art Pforte ins Hier und Heute gar nicht laut genug besungen werden kann.
Viele Männer sind ja angesichts ihrer Kinder oft erst unsicher, was ihre Verantwortung für diese Vaterschaft betrifft, was aber so verwunderlich nicht ist, sind Mütter diesbezüglich doch oft auch erstaunlich schmallippig und gerade frische Kinder uns äußerlich doch nur bedingt ähnlich.
Sie haben viel zu große Köpfe, kaum Bartwuchs, können ohne Assistenz weder liegen noch essen und

was man oben in sie einfüllt, kommt unten kaum modifiziert, aber immerhin leicht erwärmt wieder heraus. Ich habe mich oft gefragt, warum ich das eigentlich tue, warm machen könnte ich das Zeug auch selber und müßte es danach nicht aus der Unterwäsche anderer Leute waschen!

Kinder sind so etwas wie die undichte Hülle eines offenbar submarin anmutenden Stoffwechsels, submarin deshalb, weil es auch dem Fisch egal ist, wo er unter sich läßt.

Anders als dieser befleißigt sich unser Laich die erste Zeit über eines stark vokalisch geprägten Idioms, das nicht nur ihren Eltern, sondern sogar in Bayern, dem Ursitz des reinen Vokalismus', vollkommen unverständlich ist, und sie sind oft erst nach Jahren einigermaßen stubenrein und sinnvoll in ein Gemeinwesen zu integrieren. Sind Kinder endlich in der Lage, einfachen Dreiwortsätzen zu folgen, beginnen sich ja die meisten Jungs zu rasieren und die Mädchen schmieden Pläne für die Zeit nach dem Studium.

Die helle Freude ihrer Wärter ob dieser Entwicklung entpuppt sich als grundlos, setzt doch nun jener chemische und physische, aus mir unverständlichen Gründen ausgerechnet Reife genannte Prozeß ein, das benutzte Idiom wird täglich wieder unverständlicher, der Stoffwechsel beginnt erneut, diesmal aber andere Undichtigkeiten der Hülle auszunutzen und das Verhalten wird im besten Falle allgemein undurchsichtig, meist allerdings eher abgelegen.

Und dann sind sie plötzlich weg.
Wo man doch gerade anfing, sich an all das zu gewöhnen.
Hernach halten Kinder den Kontakt zum heimischen Horst oder Klaus im Prinzip nur noch durch die zeitweise und zweckgebundene Überantwortung kristalliner Socken, mürber Unterwäsche oder kompliziert verschmutzter Mischgewebe.
Manchmal ist aber auch einfach Weihnachten.
Die positive Antwort auf elterliche Fragen nach Schule, Studium, Beruf, Beziehungsstatus und Befinden lautet: Gut.
Mit zum Ende ansteigenden Wortton, was Nachfragen unterbinden will und das auch schafft.
Die negative oder indifferente Antwort lautet: Geht so, wobei das nicht als Zweisilbigkeit zu werten ist, sondern als doppelte Einsilbigkeit, der Zenith sprachlicher Virtuosität.
Der beklagenswerte Mangel an mentaler Präsenz gerade junger Männer ist aber, neben der ganz natürlichen Blödheit, auch dem Testosteron geschuldet.
Testosteron ist ja für vieles verantwortlich, ob es letzten Endes auch für etwas gut ist, wissen wir nicht.
Immerhin kommen Test und Ost in ihm vor, zwei Worte, denen ich immer mit größtem Mißtrauen begegnet bin und das bis heute tue.
Das Hormon Testosteron ist letztlich auch nichts anderes als ein Kommunikationsmittel des Körpers, und der will, wie jeder, verstanden werden.

Der Gesprächspartner des Hormons ist das Protein und erstaunlicherweise sind Schlüsselelemente der Proteinsynthese beim Menschen und etwa auch bei deutlich einfacheren Lebensformen, wie dem Blasenmützenmoos durchaus vergleichbar.
Der hormonell übersättigte junge Mann entspricht also zumindest chemisch und, wie ich bisweilen zu glauben geneigt bin, auch intellektuell dem Blasenmützenmoos, das ja zwei dem jungen Manne sehr wichtige Elemente in seinem Namen vereint, nämlich blasen und Mütze, was ja dann auch vieles erklären würde.
Wenn mal endlich einer fragte.

Mittlerweile ist die Sonne untergegangen.
Normalerweise beneide ich die Sonne nicht, heute aber schon, denn sie hat keine Knie und ist schon im Süden.
Ich aber bin immer noch hier und da draußen liegt irgendwo das eben schon mal erwähnte Gießen.
Gießen. Noch so ein Infinitiv.
Die Putte vor mir schläft, der Gote neben ihr hält Wacht.
Oder schläft auch, ich weiß es nicht, er hat seine Körperhaltung wohl wegen des Scharniers nicht verändert, sitzt unbeweglich wie ein Wasserspeier an der Westfassade von Notre Dame, und das Hütchen wacht unbewegt auf hoher Warte über allem, bisweilen sanft bestrichen von den Lichtfingern des Gegenverkehrs.

Hinter mit ratzen die Wassersportler, durch die Ehe an Atmung im Gleichtakt gewöhnt, mit geöffnetem Mund, den Kopf in den jeweiligen Nacken gelegt. Obwohl ich keine Amsel bin, verspüre ich die starke Versuchung, je einen Regenwurm in ihre Münder zu stopfen. Nur der deutschen Reisebussen eigene Regenwurmmangel erspart den beiden einen ungewöhnlichen Mitternachtssnack.

Meine Frau trägt die Totenmaske Clara Schumanns zur Schau und gibt Geräusche von sich, die man gemeinhin nicht mit Atmen in Verbindung bringt, sondern eher mit der toten Clara Schumann.

Sie schläft tief, den Kopf an meine Schulter gelegt.

So ein Kopf wiegt ja, ich habe das nachgelesen, um die sechs Kilogramm. Ich weiß nicht, was daran oder darin so schwer sein soll, aber ich werde wohl nicht nur die Knie aus meinem Bewegungsprogramm streichen, sondern auch versuchen müssen, in Hinkunft ohne die Schulter auszukommen.

Nun, man soll ja gerade im Alter noch mal mit was Neuem beginnen. Warum nicht mit einarmigem Robben?

Die Rückbank ist geschlossen auf der Toilette, mit Smartphones und Boombox, vielleicht um mal in Ruhe miteinander telephonieren zu können.

Wenn sie mit dem Telephon nicht mehr telephonieren, vielleicht pinkeln sie dann auch nicht mehr auf dem Klo, sondern malen nach Zahlen.

Oder grillen. Was weiß denn ich?

Ich fühle mich fremd, fremd im eigenen Bus.

Ich lehne den Kopf an die sanft vibrierende Scheibe und schließe die Augen.
Nur für einen Moment.
Der Diesel summt sonor sein Duett mit dem fast Ilse Werner'schen Gepfeife der Klimaanlage, das vielstimmig gedämpfte Geplapper der Mitbussenden, das erfrischungsverheißende Zischen sich öffnender Bierdosen, das seelenlose Gepiepse und Eminem'sche Gequake von der Rückbank und aus dem Klo, all das bildet eine zäh leimige Geräuschmelange, die mich erst sanft um-, dann überspült, mich einhüllt und abtauchen und wegtreiben läßt.
Wie Boromir über die Rauros-Fälle.
Und ich erinnere mich.

Es gab durchaus mal eine Zeit, da nahm ich genauso selbstverständlich wie die unbekannten Lebensformen auf der Rückbank am Leben teil, obwohl es auch zu meiner Zeit, die ich mir übrigens mit erstaunlich vielen anderen teilte, durchaus Gelegenheiten zum Mißverständnis gab.
Auf der anderen Straßenseite, unserem Wohnblock genau gegenüber, gab es einen kleinen Lebensmittelladen, in den ich immer zum Einkaufen geschickt wurde und der sich den damaligen Gepflogenheiten nach »Konsummarkt« nannte.
Das war aber zu lang, um es in Leuchtbuchstaben über den Eingang zu schreiben, als kürzte man das beherzt zu »KoMa« ab.

Ich war damals also oft zweimal die Woche im Koma, aber immer nach gut einer halben Stunde wieder zurück; damals mein Alltag, wäre das heute eine medizinische Sensation.
Ich verbrachte einen Gutteil meiner Zeit bei meiner Großmutter, die auch sprachlich einen starken Eindruck auf mich machte, indem sie beispielsweise die Artikel nach eigenem Gutdünken verteilte.
Sie sagte immer »der Salz«.
Auf meine Frage, warum sie einer Sache einen männlichen Artikel voranstelle, antwortete sie, daß die Fähigkeit des Salzes, mit nur wenigen Körnchen eine ganze Mahlzeit zu ruinieren, eine sehr männliche Eigenschaft sei und das müsse man hören.
Sie behauptete auch, daß die schlechte Laune mit den Heiligen Drei Königen in die Welt gekommen sei, denn die hätten dem Jesuskind ja Gold, Weihrauch und Myrrhe mit gebracht, Myrrhe aber sei das Substantiv zu »mürrisch« und damit wäre auch klar, warum Josef trotz der Geburt des Erlösers eigentlich immer so schlecht drauf gewesen sei und daß man sich dann auch nicht zu wundern bräuchte.
Hab ich dann auch nicht.
Ich durfte manchmal sogar fernsehen, meist am späten Nachmittag, wenn die Schularbeiten erledigt waren.
Ja, wir hatten damals, anders als die Kinder heute, ein wenig Zeit für uns, es war also nicht alles schlecht.
Ich schaute besonders gerne »Raumschiff Enterprise« unter seinem Captain James T. Kirk, von dem

ich wegen des »ø« lange annahm, er sei Däne und das »T.« stünde für »Søren«, was aber nicht stimmte. Wie ich später herausfand, stand das »T.« für Tinnitus, nach diesem gleichnamigen römischen Kaiser.
Am liebsten aber schaute ich »Daktari«, eine Serie über eine Tierklinik, irgendwo im afrikanischen Busch.
Die Besatzung bestand aus dem Doktor, Marshall Tracy, seiner fast erwachsenen Tochter Paula, je einem schwarzen und einem weißen Mittzwanziger, Mike und Jack, einem großen und einem kleinen Schimpansen, Judy und Toto, sowie dem berühmten schielenden Löwen Clarence.
Außerdem spielte ein Landrover fahrender englischer District Officer mit, der Hedley hieß. Übrigens privat wie im Film. Der trug den Hosenbund über dem Oberbauch, also das genaue Gegenteil dessen, was heute modisch ist, grobe Wadenstrümpfe und einen Hut, dessen Krempe an nur einer Seite hochgeklappt war. Das sah bombig aus.
Er repräsentierte die Kavallerie, weil er immer rechtzeitig kam, selbst zu Dingen, die noch gar nicht passiert waren.
Aber eigentlich schaute ich »Daktari« nur wegen Paula.
Ich war erst 8 oder 9 oder 25 Jahre alt, aber Paula zur Gänze verfallen.
Und zwar wegen ihrer Hosen.
Paula trug immer Herrenhemden, die sie bisweilen da verknotete, wo bei Hedley der Hosenbund saß,

also natürlich bei sich und nicht bei ihm, und Hosen, die so eng saßen, daß ich sie sehr lange für Make-up gehalten habe.
So blöd das Bild auch ist, aber man konnte ihr wirklich jeden Wunsch von den Lippen ablesen. Ob man wollte oder nicht.
Der weiblichen Anatomie, zumindest den Teilen derselben, die ich von zu Hause kannte, konnte ich noch keine rechte Faszination abringen, waren die doch meist irgendwie kompliziert verhüllt und offenbar insgesamt unansehnlich, da man sie so streng verbarg.
Doch Paulas Hosen oder sagen wir, die Gestaltung ihrer südlichen Hemisphäre in Tateinheit mit dem unter ihren spitzkegeligen Brusteistüten verknoteten Oberhemd ließ mich, zumindest was die Anatomie anging, dennoch erwartungsfroh in die Zukunft schauen.
Ich wußte da aber auch noch nicht, wie fatal Physis und Psyche zumindest bei Mädchen zusammenhängen und was das dann für Konsequenzen haben kann.
Heute weiß ich es, habe es aber noch immer nicht ganz durchdrungen. Also intellektuell.

Und wenn wir nicht fernsahen, spielten wir draußen.
Und zwar das, was wir gerade im Fernsehen gesehen hatten.
Also jetzt nicht die Sache mit den Hosen, sondern eigentlich immer was mit Lex Barker.

Ja, genau jener Schauspieler, dessen Mimik und Frisur eine ähnliche Beweglichkeit aufwiesen und daher auch gleich aussagekräftig waren.
Er kannte zwei Frisuren, strubbelig und glatt und zwei Gesichter, die genauso hießen.
Für Karl May reichte das allemal.
Und für das Deutsche Fernsehen sowieso.
Heute muß man ja dankbar sein, wenn einer der Protagonisten der deutschen Fernsehlandschaft zwei Frisuren beherrscht.
Gesichter kann sich eh keiner mehr merken.
Lex Barker also trug sein Dienstgesicht glatt, dazu entweder weiße Tropenuniformen oder Lederhemden mit Fransen dran und gab den bösen Jungs, die erstaunlicherweise auch immer böse Namen hatten, wie etwa Rattler, und schwarze Hüte tragen mußten, denen also gab Lex, was auch ein Imperativ sein kann, nicht muß, aber kann, enorm was auf die Nuß und wenn das nicht reichte, dann erschoß er sie eben.
Das machte Eindruck.
Zuerst natürlich bei den Erschossenen und zwar einen punktförmigen, und dann aber einen übertragenen, vor allem bei den Frauen, die immer irgendwo im Kugelhagel herumstanden oder saßen.
Selbst in schwer zugänglichen jugoslawischen Bergtälern standen immer irgendwelche ansehnlichen Amerikanerinnen mit schwachen Knöcheln herum.
Die lehnten sich dann immer an Lex, der dann sein strubbeliges Gesicht aufsetzte, und dann schauten

die ansehnlichen Amerikanerinnen schwer atmend mit bebenden Brusteistüten in den Sonnenuntergang, obwohl wir wußten, daß man nicht einfach so in die Sonne schauen durfte, weil man sonst blind wurde.

Und wenn man Grimassen wie Sam Hawkens schnitt, konnte das Gesicht stehen bleiben, was besonderer Mist ist, wenn der Rest weitergeht.

Und aufgeschlagene Knie heilten durch Drüberblasen und ein Streifschuß war nie richtig schlimm, man konnte immer noch bleiben und sie aufhalten, mit einer Patrone, und wenn die verschossen war, konnte man immer noch mit der Pistole, die übrigens mit Vornamen Colt hieß und mit Nachnamen Peacemaker, der Amerikaner!, man konnte also immer noch mit dem Colt werfen und den Anführer der Schwarzhüte, der immer ungewaschen und verschwitzt war und streng roch, selbst im Schwarz-Weiß-Fernsehen, sauber aus dem Sattel holen.

Wunden mit viel Blut waren meist nur ein Kratzer, die ganz ohne Blut waren immer schlimm, man starb dann am Feuer oder in den Armen einer der ansehnlichen Amerikanerinnen, die ständig heulte oder an der Schulter eines Freundes, der sagte, er werde sich um die Frau und den Jungen kümmern, und dann kamen hohe Geigen und dann ging das Bild zur Mitte hin zu und wir rannten auf die Straße, um das genau so nachzuspielen.

Das Schwierigste war die Rollenverteilung, weil alle mal am Lagerfeuer sterben wollten und sich keiner um die Frau und den Jungen kümmern wollte oder so ein Quatsch.

Also spielten wir die immer gleiche Szene so oft, daß jeder mal ans Sterben kam.

Am häufigsten und am schnellsten starb mein Kumpel Rudi, weil der die irritierende Angewohnheit besaß, bei allem, was er tat, immer die jeweils passende Filmmusik mit zu summen. Im Prinzip sorgt sowas für Stimmung, ist aber eher kontraproduktiv, wenn man sich als Apache an die ahnungslosen Bleichgesichter am Lagerfeuer anschleicht. Die waren zwar bleich, aber nicht taub und Rudi wurde, wiewohl ansonsten von fast indianischer Geräuschlosigkeit, natürlich sofort entdeckt, weil sich das Winnetou-Thema unüberhörbar im Unterholz näherte, und starb innert Sekunden überrascht im Kugelhagel. Zu der passenden Musik!

Er lag dann nach menschlichem Ermessen längst tot mit theatralisch verdrehten Augen im Unterholz, dudelte aber, wie ein weggeworfenes Kofferradio, leise immer noch irgendeine Schicksalsmelodie vor sich hin.

Er ist heute Pastor, hat also immer noch eine Beschäftigung, die abschnittsweise durch theatralische Musik begleitet wird.

Gott sei Dank hat er das bis heute unbeschadet überstanden.

Und Old Shatterhands Pferd war ein Bruder von Winnetous Pferd Iltschi, dessen Name mich immer an diese chinesischen Pflaumen erinnerte, die man

im China-Restaurant »Langer Marsch« unter dem Kampfnamen A 40 als Nachtisch bestellen konnte.
Old Shatterhands Pferd also hieß Hatatitla, einen Namen, den ich mir nur merken konnte, weil der einbeinige Opa von gegenüber oft, wenn er vom Krieg erzählte, sagte: »Hattat Hitler eigentlich gewußt? Ich glaub' ja ja.«
Und wenn es am Lagerfeuer Bohnen gab, und es gab immer Bohnen am Lagerfeuer, dann war vor allem Intschutschuna die Hölle los, denn der Indianer war solche Kost nicht gewöhnt.
Der Cowboy hingegen blies das Feuer einfach mit dem Hintern aus und hatte wegen der Stichflamme niemals Haare am Gesäß, was bei langen Ritten in immer der gleichen, ledernen Unterwäsche sicher wohltat.
So ergab alles einen Sinn.
Und die erste Frauenzeitschrift des Wilden Westens hieß bestimmt »Klekihpetra« und ihre Nullnummer war sicher, wie die Unterwäsche ihrer Abonnenten auch aus Leder.
Sex gab es auch schon, der wurde aber meist in ungelenken Rißzeichnungen auf Schulklotüren exerziert.
Wer über persönliche Erfahrungen verfügte, stellte diese gerne, leidlich überhöht, der Allgemeinheit in der Pause zur Verfügung.
Solche Schilderungen und die ihnen innewohnende sportliche Komponente, nährte in mir, als Verächter sportlichen Ehrgeizes, sehr bald das Verlangen nach ungeschlechtlicher Vermehrung, vielleicht über die Post.

Jede Art von Wettbewerb ist mir seit jeher ein Greuel, ich hatte schon im Weitpinkeln versagt und mußte über eine Woche lang Nscho-tschi spielen, weil ich mir dabei auf die Schuhe gelullert hatte.
Morgens wurde ich von meinem Vater nach dem explosionsartigen Hochreißen des Rollos gern als Fabrikbesitzer begrüßt, offenbar weil sich unter meiner Schlafanzughose deutlich ein Schornstein abzeichnete.
Es handelte sich dabei allerdings, um der Wahrheit die Ehre zu geben, um ein eher mittelständisches Unternehmen.
Nun: Der Mittelstand ist schließlich die tragende Säule dieser Gesellschaft!
Äußerst unangenehm war das Sprießen erster Intimbehaarung, weil sich die Härchen immer, wenn man saß, in der Frotteeunterhose verklemmten und dann bei ruckartigem Aufstehen, etwa nach dem Pausenklingeln, ausgerissen wurden. Der Schmerz war bisweilen so intensiv, daß ich klammheimlich auf der Toilette nachschaute, ob nicht Wesentlicheres mit ausgerissen worden war.
Es war eine aufregende Zeit, als wir uns den ersten Bartflaum mit einem Bleistift 2B dunkler färbten, was aber eben nur bis zum nächsten Regen hielt und wo wir Westernbildchen sammelten und ständig Sätze sagten, wie: »Folgt mir!« oder »Auf die Pferde, Männer!«
Jemand stößt mich hart in die Seite.

Nach der Kraft zu urteilen Lex Barker, der sich jetzt für die Würdigung von Gesicht und Frisur nach alter Apachensitte rächen will.
Aaahh! Ich fahre hoch und stelle fest, daß Lex Barker sein drittes Gesicht, von dem ich gar nichts wußte, aufgesetzt hat.
Es ist das meiner Frau.
Gut gemacht, das muß der Neid ihm lassen, es ist ihr sogar ähnlich.
Jetzt spricht er auch noch mit ihrer Stimme: »Du schnarchst.«
»Merci Bocuse«, bedanke ich mich polyglott, ganz Weltmann, für den Hinweis, »aber«, setze ich nach, »ich habe gesprochen.«
»Hugh!«, sagt sie.
»Was?«, frage ich. »Hugh!«, sagt sie, »ich habe gesprochen, heißt das. Und du hast nicht gesprochen, ich weiß, wie das klingt, du hast geschnarcht.« Indigniert wende ich mich dem Fenster zu und interessiere mich für die Landschaft draußen.
Die hüllt sich aber in Dunkel und man kann nur hoffen, daß sie überhaupt da ist.
Lex atmet verärgert durch die Nase aus und würdigt mich keines weiteren Wortes.
Das ist wirklich schade, denn ich spreche im Prinzip gern.
Eigentlich seit ich hören kann.
Also ich schlafe zwischendurch auch mal. Wie eben offensichtlich.

Dann spreche ich eben mehr so durch die Nase, offenbar im Idiom eines Husumer Protestschweines.
Ich höre auch anderen gerne mal zu, man kann da viel lernen.
Wirklich. Erst unlängst wieder, als ich hörte, wie ein junger Mann, dessen auf das eigene intellektuelle Niveau tiefer gelegter 3er-BMW wohl defekt war, und der sich darob gezwungen sah, den ÖPNV zu nutzen, in der U-Bahn, nachdem ihm vom zugestiegenen Kontrollpersonal wort- und bildreich der Zusammenhang zwischen der Beförderung auf der einen und der monetären Vergeltung dieser Anstrengung auf der anderen Seite transparent gemacht worden war, seine negativ eingefärbte Überraschung in die grammatikalisch anspruchsvolle Sentenz goß:
»Ey, was für beschissen ist das?«
Ey, was für beschissen ist das.
Aber, seien wir ehrlich, man kann niemandem einen Vorwurf machen. Sprache entwickelt sich durch Vorbild und Lektüre, durch Hören und Sehen. Und wem nicht vorgelesen wurde, der hörte nicht und wer nicht liest, sieht nicht. Solange »Pokémon«, »World of Warcraft«, »Clash of Clans« oder »FIFA 2018« die Grundlage für die sprachliche Entwicklung einer ganzen Generation darstellen, darf man sich über nichts wundern.
Dann wird auch klar, für was beschissen das ist, gell?!

Ich wende mich dem an der Fahrzeugdecke angebrachten Monitor zu. Heute ist ja überall alles wie im Flugzeug. Bis auf im Flugzeug.

Vermutlich werden Durchsagen inzwischen auch dreisprachig vorgenommen und gleich kommt eine Schwester durch den Mittelgang und verteilt Tomatensaft. Oder Zäpfchen gegen Verstopfung. Wobei sich mir nicht erschließt, wie man das dann einführen will.

Wenn ich doch wenigstens noch rauchen würde!

Als ich das letzte Mal eine längere Strecke Bus gefahren bin, hieß der ÖTV-Chef noch Heinz Kluncker und sah auch so aus.

Busfahren war nicht jedermanns Sache und das Onboard-Unterhaltungssystem bestand aus der Gelegenheit, jemandem live dabei zuzuschauen, wie er würgend versuchte, sein Frühstück im Aschenbecher an der Rückenlehne des Vordersitzes unterzubringen, was eigentlich nie ohne Rest gelang.

Da hat sich doch einiges getan.

Zum einen gibt es nun eine Naßzelle, in der sich ganze Mahlzeiten postmetabolant hygienisch verstauen lassen, zum anderen gibt es eine hochwertige Audiovisionsanlage, die keine Wünsche offen läßt, bis auf den nach Ruhe.

Gerade startet eine dieser betäubenden Talkshows, in der sich so ein Journalistenimitat und eine Reihe von Nullen mit abwegigen Hobbys oder Talenten, die in einer Gesellschaft von Geist, Witz und Ver-

stand als Makel gewertet würden, in dem ergehen, was sie für ein Gespräch halten, das aber eigentlich nur die Lebenszeit des Zuschauenden frißt und die Unordnung im Universum erhöht.
Aber die Programmauswahl wird von der langen Alge, von der Bank der Reiseleitung bestimmt.
Die Sendung sollte wegen ihres Rhythmus und Gehalts eigentlich unter »Monatsbeschwerde« abgeheftet werden, aber heute soll es um Bildung gehen. Das ist interessant. Woher sollten die wohl etwas darüber wissen?
Ich schau's mir an. Erst kommt der obligatorische Eimer Musikmüll mit hektisch geschnittenem Bildergewitter.
Dann spricht irgendwer:
»Meine sehr verehrten Damen und Herren, hier ist der Westdeutsche Rundfunk und der Norddeutsche Rundfunk, es ist im Moment null Uhr dreißig und wir schalten nun direkt nach Hamburg zu Günther Güll und seinen Gästen …«
Günther Güll ist einer dieser Typen, die Frauen ohne Kinder gerne als Schwiegersöhne hätten. Er ist im Bild und spricht:
Güll: »Ein herzliches Dankeschön nach Köln und einen guten Abend, ich begrüße Sie zu einer weiteren Sendung aus unserer Reihe ›Ficus TV‹, heute mit dem Thema: ›Dummheit in der Jugend, Blödheit im Alter – Voraussetzung, Bedingung, Schicksal oder Chance?‹ und ich begrüße bei uns als Experten zu diesem Themenkomplex Herrn Dr. Widukind

Rieselfeld, Orbitalparaphrast für Hartgeldnumismatik und Banknotenwart im Fiskalareal des Finanzministeriums des Landes NRW, sowie Honorarasymptot der Arbeitsgemeinschaft ‚Bürgerplünderung' im Bund der Steuereintreiber … guten Abend, Herr Dr. Rieselfeld …«

Rieselfeld: »Wer? Ja."

Güll: »Des Weiteren begrüße ich Privatdozent Engelher Ziesemann aus dem Landesschulministerium, er ist Spiritus Rectum der Düsseldorfer Excellenzinitiative ›Wir sind Erste! Kurze Bildungswege, langes Arbeitsleben, Rente gegen Entgelt!‹, guten Abend, Herr Ziesemann …«

Ziesemann: »Guten Abend.«

Güll: »Außerdem heiße ich Herrn Fürchtallah Pommerenke willkommen. Herr Fürchtallah Pommerenke ist Integrationsbeauftragter im Abschiebezentrum des Düsseldorfer Flughafens … Guten Abend, Herr Pommerenke.«

Pommerenke: »Tschüss."

Güll: »Bitte?«

Pommerenke: »Verzeihung. Als Angestellter im Abschiebezentrum sag ich natürlich viel öfter Tschüss als … als … na …«

Güll: »Guten Abend?«

Pommerenke: »Richtig.«

Güll: »Natürlich. Aber gestatten Sie die Frage: wieso Fürchtallah?«

Pommerenke: »Nun, getauft wurde ich seinerzeit auf Fürchtegott, hielt es aber, gerade als Abschiebungsbeauftragter für sachdienlicher, meine Klientel, die mehrheitlich moslemischen Bekenntnisses ist, nicht noch unnötig zu provozieren, deshalb: Fürchtallah.«

Güll: »Und das funktioniert?«

Pommerenke: »Recht gut, man muß das natürlich durchhalten, erinnern Sie sich noch an den Chorleiter Allahhilf Fischer? Oder den Literaten Allahhold Ephraim Lessing? Oder an die erst kürzlich verstorbene Marallah Honnecker?«

Güll: »Toll. Nun, zur Sache, bitte. Namhafte Blödheitsexperten, Demenzspezialisten und internationale Ignoranzkoryphäen sind einhellig der Meinung, daß der beobachtbare Nationalismus, der religiöse Fanatismus, die allwaltende und enthemmte Gewaltbereitschaft, der Verlust von Vernunft, Anstand und Nachsicht gerade bei jungen Männern vor allem dem ungeheuer niedrigen Bildungsniveau von Herz wie Kopf geschuldet ist. Was aber genau meint Bildung eigentlich, Herr Ziesemann?«

Ziesemann: »Nun, der Begriff ‚Bildung' setzt sich aus den Bestandteilen ‚bil', also englisch für Rechnung und ‚dung' wie Dünger zusammen. Das heißt, daß das Wesen des jungen Menschen mit Wissen gedüngt werden muß und daß das teuer ist.«

Güll: »Aha. Teuer, das fällt in Ihr Metier, Herr Dr. Rieselfeld.«

Rieselfeld: »Falsch, unser Credo lautet: Billig. Daher sind wir nach Absprache mit dem Bildungsministerium übereingekommen, etwa im gymnasialen

Bereich die Höhe der Bildungsdosis beizubehalten, die Vermittlungszeit aber zu senken, also den Kostenverursacher zu minimieren.«

Güll: »Ah ja. Das G36 Modell …«

Rieselfeld: »Neineinein, das G36 ist ein schadhaftes Gewehr, unser Modell heißt G8 …«

Ziesemann: »… wobei 8 ja 4-mal in 36 geht …, also wenn man will …«

Rieselfeld: »… richtig, es bliebe dann allerdings ein Rest von 4.«

Ziesemann: »… den man sich ja für später zurücklegen könnte. Etwa für ein Studium.«

Güll: »Entschuldigung, Entschuldigung, G8 heißt also, nur noch 8 Jahre höhere Schule bis zum Abitur. Ist das nicht zu kurz für die Bewältigung eines Stoffpaketes, für das man früher zu Recht 9 Jahre veranschlagte?«

Rieselfeld: »Bedenken Sie bitte, daß Sie sich ja vier vorher zurückgelegt hatten …«

Güll: »Ach ja, ich vergaß, dann ist das also gar nicht so … schlimm. Bildung findet also weiterhin statt?«

Rieselfeld: »Aber natürlich. Eben komprimierter. Das erhöht den Druck.«

Ziesemann: »Genau, was dann ja, bei gleicher Auslaßbohrung, den Strahl festigt, das ist Physik.«

Güll: »Ich kann Ihnen nicht ganz folgen.«

Ziesemann: »Der Druck festigt den Strahl, nachlassender Druck schwächt ihn, was Ihnen in Ihrem Alter eigentlich bekannt sein müsste. Zum Schluß tröpfelt's dann nur noch.«

Pommerenke: »Das kenn ich, manchmal muß ich

nachts raus …«

Güll: »Meine Herren! Bitte. Herr Ziesemann …«

Ziesemann: »Ich kann nachts durchschlafen, ich nehme irgend sowas wie Pfirsichkerne …«

Rieselfeld: »… es sind, glaube ich, Kürbiskerne, die lassen sich auch viel leichter schlucken, so ein Pfirsichkern wäre ja viel zu groß, auch später dann …«

Ziesemann: »Ich habe mich schon gewundert …«

Güll: »Meine Herren, könnten wir jetzt bitte wieder zurück zu unserem Thema, der Bildung kommen. Herr Dr. Rieselfeld, noch einmal gefragt, was gehört für Sie in den Kanon der Bildung?«

Rieselfeld: »Nun, zuerst einmal ein gesicherter Klettersteig …«

Güll: »Herr Rieselfeld …«

Rieselfeld: »… eine Informationstafel über die Entstehungsgeschichte …«

Güll: »Herr Dr. …«

Rieselfeld: »… die Geologie, die Erosion …«

Ziesemann: »… aber natürlich auch ein Toilettenhäuschen …«

Güll: »Herr Ziesemann …«

Pommerenke: »… und vielleicht ein Kiosk, wo man Eis kaufen kann …«

Rieselfeld: »… oder Andenken.«

Güll: »Meine Herren! Ich sagte: Kanon! Nicht Canyon!«

Rieselfeld: »Ach so.«

Ziesemann: »Ach so.«

Pommerenke: »Ach so.«

Güll: »Also bitte! Was also gehört Ihrer Meinung nach in diesen Kanon?«

Rieselfeld: »Nun, verschiedene Stimmen …«

Ziesemann: »Ja, und sie müssen unterschiedlich einsetzen …«

Pommerenke: »Richtig und unbeirrt weitersingen …«

Rieselfeld: »Das nennt man heute Loop …«

Pommerenke: »Ist das nicht der Mädchenname eines Vergrößerungsglases?«

Rieselfeld: »Herr Pommerenke …«

Pommerenke: »Sagen Sie doch Fürchtallah …«

Rieselfeld: »Wenn Sie meinen: Dochfürchtallah, ein Loop ist eine Schleife.«

Pommerenke: »… und die markiert dann einen Wanderweg?«

Güll: »Bitte, bitte, bitte! Ich sagte: Kanon!«

Ziesemann: »Ach, Sie meinen den Photoapparat?«

Güll: »Nein!«

Pommerenke: »Oder einen Kopierer?«

Güll: »NEIN! Ich meine: Was ist Bildung? Was gehört dazu? Zur Bildung?«

Rieselfeld: »… aber eben sagten Sie deutlich: Kanon.«

Ziesemann: »Jawohl.«

Rieselfeld: »Sie müssen schon wissen, was Sie wissen wollen, damit wir wissen …«

Pommerenke: »Das habe ich jetzt nicht verstanden …«

Güll: Ich werde jetzt wahnsinnig: BILDUNG! WAS? IST? DAS?«

Rieselfeld: »Nun …, daß … man was … weiß.«

Ziesemann: »Genau. Was weiß.«
Güll: »Aber WAS denn, zum Kuckuck!«
Ziesemann: »Nun, … zum Beispiel … Rechnen.«
Rieselfeld: »Oder Fremdworte.«
Ziesemann: »Genau, oder Fremdworte …, daß man zum Beispiel weiß, was Equilibristik ist.«
Pommerenke: »Was?«
Ziesemann: »Equilibristik.«
Pommerenke: »Ach. Und was ist Equilibristik?«
Ziesemann: »Soweit ich weiß, ist das die Kunst, Pferden das Lesen beizubringen.«
Pommerenke: »Toll.«
Güll: »Herr Ziesemann, das kann doch nicht Ihr Ernst sein …«
Pommerenke: »Ist dann Walküre die Fußpflege bei riesigen Meeressäugern?«
Ziesemann: »Sehen Sie? DAS ist Bildung.«
Güll: »Pediküre bei Walen nennt man Walküre?«
Ziesemann: »Wenn man über dem Bruchstrich kürzt!«
Güll: »Ich bitte Sie! Wo bleiben Literatur, Philosophie, alte Sprachen, bildende Kunst, wo Musik und Tanz, Schauspiel, Oper, Operette, Ballett? Wo bleibt das Handwerk, wo Puppenspiel, Kunsttischlern oder Sport? Wo bleibt das Spiel? Das Spielen?«
Rieselfeld: »Na wo wohl? Wie alles. Im Internet.«
Ziesemann: »Die Kanzlerin hat beim nationalen MINT-Gipfel in Berlin gesagt, der Zugang zum Internet müsse so selbstverständlich sein, wie der Zugang zum Wasser.«
Güll: »Toll, das kommt bei Beduinen sicher gut

an. Und was machen die in der Sahelzone? Oder im Tschad? Und wo überhaupt bleiben Homer, Aristoteles, Plato …«

Rieselfeld: »Ja.«

Güll: »Hermes Trismegistos, Giordano Bruno, Michelangelo …«

Ziesemann: »Ja, doch.«

Güll: »Martin Luther, Melanchton, Hildegard von Bingen, Dürer, die Medici, Alexander von Humboldt …«

Ziesemann: »Ja , ja, ja!«

Güll: »Jeanne d'Arc, James Cook, Sir John Franklin, Cervantes …«

Pommerenke: »… heißt es nicht: Verwandtes?«

Güll: »Herrgott! Shakespeare, Goethe, Schiller, Heine, die Schwestern Brontë …«

Rieselfeld: »Ja, ja, ja doch! Das kann man doch alles googeln …«

Ziesemann: »… wenn man das braucht …«

Güll: »Aber Herzensbildung kann man nicht googeln, die muß man erfahren und lernen und dazu braucht es auch kein Internet, sondern Gespräch und Lektüre!«

Pommerenke: »Lektüre! Ist das nicht ein undichtes Schott an Bord eines Schiffes?«

Ziesemann: »Nein, es ist der Befehl, an einer Pforte zu lutschen …«

Güll: »Sie machen mich wahnsinnig! Es geht doch um Charakterbildung, braucht die nicht vor allem Zeit? Und Muße? Und Anleitung? Also eine richtige Schule? Mit echten Lehrern? Und Schülern, die nicht nur in die Faustglotze starren, sondern auch mal ihrem Gegenüber ins Gesicht? Und die nicht nur googeln können, sondern überlegen?«

Ziesemann: »Was genau meinen Sie denn jetzt damit? Überlegen. Es geht doch um gleiche Chancen für alle.«

Pommerenke: »Also für die, die am Wasser wohnen!«

Güll: »Stattdessen haben wir IT-Zombies als Lehrer in den Schulen, die die gesunde Skepsis von Eltern gegenüber der Digitalisierung und deren Wunsch, ihre Kinder lieber auch mal draußen spielen zu lassen, als sie autistisch vor der Glotze verkümmern zu sehen, mit dem Vorschlag abspeisen, man könne doch auch Geocaching betreiben, diese schwachsinnige elektronische Schatzsuche im Freien. Hauptsache, irgendeine Piepse ist immer dabei.«

Pommerenke: »Auch Vögel piepsen! Oder Mäuse!«

Güll: »Meine sehr verehrten Damen und Herren, es gibt keinen Zweifel mehr, dies ist ein Perpetuum debile, wir stecken in einem Perpetuum debile. Und die Welt fällt an die Ingenieure.«

Pommerenke: »Was meinen Sie damit, Tapetum mobile …«

Ziesemann: »Das war Latein. Eine Sprache. Wird aber nicht mehr gesprochen.«

Pommerenke: »Und man kann sie trotzdem immer noch hören? Toll!«

Güll: »Verstehen Sie denn nicht: Wenn wir die Welt

den Ingenieuren überlassen, sieht es doch bald überall so aus, wie am Berliner Flughafen. Und das kann doch niemand wollen!«
Pommerenke: »Es sei denn, man wohnt am Wasser. Da hat man dann wenigstens Internet.«
Güll: »Daß gerade die, die selbst einen deutlich längeren Bildungsweg am Nötigsten gehabt hätten, den unserer Kinder vorsätzlich verkürzen ist doch grotesk. Liebe Zuschauerinnen und Zuschauer, schenken Sie Ihren Kindern das, was Ihnen die Politik vorenthalten will, nämlich Zeit, Liebe und Lektüre! Und noch mehr Zeit! Wie es schon Ulrich Treichel, Lehrer für Deutsch und Geschichte am Stauffer Gymnasium in Pfullendorf so wunderbar formulierte: ‚Geistiger Besitz belastet nicht!' Denn, anders als Geld, generiert er keinen Neid, braucht keinen Safe, er brennt nicht, ist wasserfest und hitzebeständig, spendet Zufriedenheit, ja Glück und ist überall und für jeden zugänglich. Man muß nur hinlangen. Also bitte. Langen Sie hin. Und damit zurück nach Köln!«

An der Autobahnschulter zeigt sich ein Rastplatz.
Ellwanger Berge West.
Ein bißchen Pipi ohne Publikum und ein Bier.
Und Mails checken.
Der Haselbachsee ist in der Nähe, es sollte also ein Netz geben.

Bei Betrachtung meiner Schullaufbahn könnte man ja durchaus denken, daß lebenslanges Lernen auch

lebenslangen Schulbesuch bedeutet.
Das stimmt aber nicht.
Es ist mir Gott sei Dank gelungen, meine Schule noch rechtzeitig zu verlassen, bevor meine Kinder dort auftauchten.
Was uns alle gleichermaßen erleichterte.
Apropos erleichtern, die Pause auf dem Rastplatz tat gut.
Ich konnte mir ein wenig die Beine vertreten, was ja interessanterweise etwas ganz anderes meint als sich den Fuß vertreten. Wer sich den Fuß vertritt, kann nicht mehr laufen, anders, als wenn man sich die Beine vertritt. Die Welt steckt voller Wunder.
Nehmen Sie zum Beispiel die Konservendose.
Die Konservendose ist eine sicherlich großartige Erfindung, aber nur solange sie geschlossen ist.
Ist sie erst einmal geöffnet, büßt sie ihre Faszination zur Gänze ein, dessen eingedenk läßt sie sich nur widerwillig öffnen, wenn überhaupt.
Man sagt ja, Sir John Franklins berühmte Expedition sei wegen der giftigen Bleinähte seiner Konservendosen gescheitert; ich persönlich glaube, daß er sie einfach nicht hat öffnen können.
Die Konservendose wurde im Jahre 1810 erfunden, der Dosenöffner aber erst 1855.
Anders herum wäre ein Schuh draus geworden, dann hätte man nämlich nicht 45 Jahre vor verschlossener Dose hocken müssen.
Wer weiß, wie die Entdeckungsgeschichte dann

verlaufen wäre?

Fest steht, daß der deutsche Gelegenheitserfinder und Neigungsingenieur Erwin Tupper aus dem sächsischen Langeweila im Jahre 1938 die nach ihm benannte Plastikschachtel erfand und sich noch am selben Nachmittag zur Ruhe setzte.

Was wiederum bedeutete, daß sich seine Angestellte überlegen mußte, wie sie die ganzen Döschen, die überall herumstanden, denn nun verkaufen sollte. Sie packte also Tee und belegte Brote in die Döschen und fiel in der Nachbarschaft ein, was die Tupperpartys begründete, deren Dosenspur nun durch die ganze Welt bis zu dem Sitz hinter mir führt, auf dem die Dame eine dieser Dosen, die übrigens aus dem gleichen Material wie ihre Jacke und die ihres Gatten besteht und genauso luftdicht schließt, aufreißt und das Aroma eines selbstangefertigten Kartoffelsalates in die eh schon vielfarbig geruchsgesättigte Umwelt entläßt.

Sie drängt mir einen Löffel mit Kartoffelkitt auf, den ich wiederwillig einnehme. Es sind noch gut 600 Kilometer, da will man es sich nicht zu früh mit den Nachbarn verscherzen, aber ich möchte nicht wissen, was jetzt gerade chemisch in mir so los ist.

Dann doch lieber Physik.

Aus der Quantenwelt – womit übrigens nicht die auch oft rätselhafte und bisweilen intellektuell wie olfaktorisch herausfordernde Umgebung unserer Füße gemeint ist – ist nur ja wenig sicher bekannt, vor allem, weil sie zu klein ist, als daß man da hinab-

steigen könnte.
Tatsache ist aber, daß man in der Quantenwelt Teilchen allein dadurch, daß man sie beobachtet, verändert, eine Eigenschaft, die man sich bisweilen auch in den Stockwerken darüber, beispielsweise in unserem Existenzmaßstab wünschen würde.

Wäre es nicht wundervoll, wenn man Idioten allein durch Beobachtung zur Erkenntnis ihres ungeheuren Idiotenseins führen könnte, der dann vielleicht sogar eine Eigenentidiotisierung auf dem Fuße folgen könnte und so die Menge an Spitz- und Flachköpfen, Maulärschen und Kompostschädeln durchs Zu-, An- und Draufsehen endlich mal wieder kleiner würde.
Man könnte enzephale Pegidioten, a-f-deuse Genitalwarzen und den braunen Klärschlamm, die ganze nationale Jauche, die uns um die Füße schwappt, allein durchs Hinschauen verändern und da es ja dümmer nimmer geht, würde es zwangsläufig besser.
Die Intelligenteren dieses Haufens exzeptioneller Generalidioten würden sich, natürlich im Rahmen ihrer intellektuellen Möglichkeiten, zur Abwechslung mal gesellschaftlich verwertbar einbringen, etwa indem sie an Hundestränden mit dem Zeigefinger Kringel um die Häufchen malten, auf daß man nicht unvermutet reintrete.
Und jene, deren geistige Möglichkeiten solcherlei spezielle Tätigkeiten nicht zuließen, könnten vielleicht persönlich zur Uferbefestigung oder dem

Deichbau herangezogen werden, indem man sie etwa anwiese, sich für ein Paar Jahre in den Oderbruch oder an das Rheinufer zu setzen.
Als Buhne oder Wellenbrecher.

Sicherlich müssen doch auch Offshore-Windkraftanlagen mal von jemandem gestrichen werden.
Entschlossen begrünt, oder 150 Kilometer vor der Küstenlinie im offenen Meer, ließe sich selbst so eine Generalausfallerscheinung wie die grenzdebile Freischützin von Storch, oder dieses dickfellige Hohlmantelgeschoß André Poggenburg ertragen, und sie leisteten dazu mal was Sinnvolles.
Und aus Gauland würde Bauland und wir stellten einen Container drauf, in dem dann Flüchtlinge wohnen könnten.
Wenn mentale Klosteine vom Schlag eines Björn Höcke nur lange genug mit dem scharfen Strahl konziser Argumentation benetzt werden, lösen sie sich in nichts auf.
Es bleibt nur ein übler Geruch, der mit der Zeit verfliegt.
Das macht doch Hoffnung.
Gesetzt den Fall also, nur die allerwenigsten kommen als Arschloch auf die Welt, wo um alles in der Welt kommen die dann aber alle her?
Hier muß angesetzt werden.
Und Bildung ist auch hier das Zauberwort.
Bildung macht nämlich auch klug!
Und wir bräuchten Helden! Helden! Wie in den Ge-

schichten!
Helden, die es richten, wenn die Verantwortlichen schon so schmählich scheitern! Helden!
Doch woher nehmen?
Ich schloß entmutigt für einen Moment die Augen.
Und riß sie sofort wieder auf, jetzt nur nicht einschlafen, es schlug eben acht Glasen.
Was?

Mißmutig starrte Captain James Cook an Bord der »Endeavour« auf die Karte.
Das konnte unmöglich Lüdenscheid sein.
Da hatte ihm doch jemand einen gehörigen Bären aufgebunden!
Empört trat der berühmte Seefahrer, Entdecker und Naturforscher an Deck, ein kurzer Augenkontakt mit Mr Striker, dem ersten Offizier, ein wortlos geblinzelter Befehl, und schon schallten die vertrauten Kommandos zum augenblicklichen Ablegen über das Deck:
»Los Männer, entert auf, in die Wanten! Hißt Rah und Toppsegel, setzt Klüver und Fock, brazzt die Zossen, lüpft die Brunzen! Vergeßt mir auch den Rimper nicht, den Strahmel und die Pöllm! Spillt die Mampfen, klofzt die Klöten an den Sparrer und vergeßt mir ja das Riepelzulpen nicht und bimst mir brav auch den Besan, hepp hopp, ans Werk!«

Ich schreckte hoch.
Riepelzulpen? Den Besan bimsen? Bitte?
Draußen in der Dunkelheit floss Bayern unterm

Busse durch.
Heidenheim an der Brenz sei in der Nähe verkündete die Beschilderung.
Aber auch Nattheim, Syrgenstein und Bachhagel.
Das beruhigte mich keineswegs.
Und wer nennt einen Fluß »Brenz«?
Gibt es eine Kommission zur Würdigung ortstypischer Eigenheiten durch angemessene Bezeichnung?
Was also mag in Orten los sein, die Bachhagel heißen, Prollheim oder Strapsenberg?
Und warum, zum Emu, heißt ein Fluß Brenz?
Ist damit sein flüssiges Umsäuseln, sein Plätschern und Plantschen, sein Reißen und Strömen, das Wirbeln, Strudeln, Tanzen und Spritzen, das Nässen und Nieseln akustisch wirklich angemessen modelliert?
Oder klingt Brenz nicht vielmehr nach Vollgummi, Benzol, Rinderpisse und Schwelbrand?
Und würde hier Riepelzulpen helfen?
Ich schaute mich um, die anderen Fahrgäste schliefen, ein leises, offenmundiges, intensivstationäres Grundröcheln lag über dem sonoren Brummen des Diesels, draußen herrschte kaum Verkehr, nur ab und an leckte Scheinwerferlicht ins Innere, wie ein Schiff in sanfter Dünung segelte unser Riesengefährt sachte schaukelnd der Lagune entgegen.
Kein Wunder also, daß ich, leicht eingenickt, von der Seefahrt geträumt hatte.
Erleichtert ließ ich den unwillkürlich angehaltenen Atem entweichen.
Also alles in Ordnung. Aber der Platz neben mir war

leer.

Offensichtlich war meine Frau abgängig.

Vielleicht zum Riepelzulpen?

Oder doch Pipi machen?

Ich nahm mal an: Letzteres.

Bei der Frequenz, in der hier in der Feuchtabteilung Bierextrakt und Kartoffelsalatrückstände entsorgt werden, kann ich die Größe des dafür notwendigen Sammeltankes zwar nur ahnen, glaube aber, daß sich so das offenkundige Mißverhältnis zwischen äußerer Größe und innerer Weitläufigkeit des Busses aufs Trefflichste erklären läßt.

Auch was zusammen einsteigt, muß im weiteren Verlauf dann doch irgendwann getrennt aufbewahrt werden.

Ich betrete ja fremdes Sanitärgelände nur ungern, gerade, wenn ich es mir mit vielen anderen und deren Angewohnheiten teilen muß, da ziehe ich doch lieber hoch.

Auch betrachte ich es als persönlichen Affront, wenn sich, zum Beispiel im Bad eines Hotelzimmers, der Ventilator bereits in dem Moment, wenn ich den Raum betrete, quasi präventiv einschaltet.

Aus purem Mißtrauen meiner Person gegenüber!

Ohne zu wissen, was da kommt!

Eine Frechheit!

Der Bus rumpelte über eine Unebenheit, ich hoppelte ein wenig im Sitz, wandte mich, eine launige Bemerkung über die italienischen Straßenverhältnisse auf bayerischen Autobahnen auf den Lippen, dem

Platz meiner Gattin zu und erstarrte:
Direkt neben mir, auf dem Platz meiner Frau, saß ein vierschrötiger Kerl. Einfach so! Ich wollte ihn gerade fragen, was in drei Teufels Namen er sich da einbilde, da wandte er mir sein Gesicht zu und ich verstummte augenblicklich.
Ich starrte wort- wie fassungslos in die wasserblauen Augen Long John Silvers.
Long John Silver! Die schillerndste Figur aus dem Roman »Die Schatzinsel« von Robert Louis Stevenson.
Plötzlich wusste ich, daß ich den Kartoffelsalat der Dame hinter mir nicht hätte essen sollen.
Ich schlug mir die Hand vor den Mund.
Mein Ring sprengte ein Stückchen Porzellan von der Krone des Zweier oben links ab. Ich würde beim Sprechen ab jetzt etwas pfeifen.
Long John Silver wandte sich mir zu.
Er richtete sein Holzbein akkurat im Mittelgang aus und raunte mir ein heiseres: »Ahoi Jimbo, hier sind wir, welcher Kurs liegt an?« entgegen, während mich der Brodem seines Atems streifte, eine säuerliche Mixtur aus stockigem Fisch, salzigem Rauchfleisch und Zwiebeln mit einer leichten Kopfnote billigen Rums.
Ich erstarrte. Das war kein Wachtraum.
Nein, das hier war tatsächlich Long John Silver, der Steuermannsmaat auf der Walrus, dem Schiff des berühmten Piratenkapitäns Flint!
Eine fiktive Gestalt aus einem Roman! Also nicht echt!

Und dennoch saß er hier, in einem Reisebus auf der A 7, auf der Fahrt nach Italien, irgendwo zwischen Eselsburg und Hürben auf Platz 12b!
Einer der vielen Helden meiner Jugendjahre, hier neben mir!
Was ihn selbst aber offenbar nicht im Geringsten irritierte.
Silver trug die Züge des englischen Schauspielers Ivor Dean, der ihn in der ZDF-Verfilmung aus dem Jahre 1966 gespielt hatte und polkte sich etwas Unbestimmbares aus einer Zahnlücke im Oberkiefer, während er mich mit dieser eigentümlichen Silver'schen Mischung aus lächelnder Verschmitztheit und lauernder Bosheit anstarrte, den Dreispitz keck über das rechte Ohr geschoben, in dem ein dicker Goldring glänzte.
Ich roch das Aroma nach Salz, Werg und Fisch, das seine Teerjacke verströmte, ein dickes Ding aus schwarzblauem Tuch.
Und meine Frau ist auf dem Klo!
Wenn ihre Anwesenheit einmal wichtig ist, dann ist sie auf dem Klo!
Oder auf Spitzbergen beim Riepelzulpen, jedenfalls ist sie nie erreichbar, wenn mal was ist! Übrigens auch dann nicht, wenn nichts ist.
Ich hatte ihr mal ein Handy gekauft.
Damit ich sie besser erreichen kann.
Wenn mal was ist.
Das hätte ich auch im Garten vergraben können.
Ich schenkte ihr darauf ein zweites.

Auf diesem bekommt sie jetzt die Nachricht, daß ich sie, weil etwas war, auf dem ersten angerufen habe.
Was ich inzwischen auch nicht mehr tue.
Selbst, wenn mal was ist.
Wenn mal was ist, schreibe ich inzwischen wieder Postkarten.
Bislang war ja auch nichts.
Aber jetzt ist gerade was!
Und sie geht pinkeln!
Vermutlich, weil sie weiß, daß was ist.
Es ist zum Verzweifeln!
Das schien mir nun der richtige Zeitpunkt für eine Frage zu sein.
»Was … äh, ahoi, … was machen Sie hier?«
Ein guter Anfang.
Silvers blaue Augen hielten meinen Blick fest, während er antwortete: »Nun, Ihr rieft nach Helden und da sind wir! Euer Wunsch ist uns Befehl, weil Ihr ein treuer Leser seid, und: Schaut Euch um und seht, wer alles kam, Euch Entsatz zu bringen in dieser schweren Zeit!«
Ich verstand ehrlich gesagt kein Wort, wandte mich aber artig um und schaute nach hinten:

Wo eben noch das zweiköpfige Windjackenensemble in einem ehelichen Duo bronchialer und trauter Narkose die Nacht in rhinalem Kanon verröchelt hatte, saßen nun drei Indianer mit auffallend ähnlichen Gesichtszügen und in farbenprächtiger Kriegsbemalung.

Long John stellte sie vor: »Das sind der Friedenshäuptling, der Kriegshäuptling und der Finanzhäuptling der Apachen: Winneone, Winnetwo und Winnethree. Es sind Drillinge.«
»Hi!«, »Hello!«, »Hugh!«, sprachen die Indianer feierlich und hoben jeweils ihre rechte Hand.
»Hic, haec hoc!«, antwortete ich spontan, ohne nachzudenken, in dem Bemühen, höflich zu sein.
Während Winneone und Winnethree eher irritiert aus der Lederwäsche schauten, antwortete Winnetwo mit »Huius, huius, huius …«
Da fiel mir wieder ein, daß Karl May ihn ja hatte katholisch werden lassen, er konnte also vermutlich Latein.
Famos.
»Hui, hui, hui!«, gab ich zurück. »Dativ!
Drillinge also«, sagte ich zu Silver gewandt, »Eineiig?«
»Wo denkt Ihr hin …«, sagte Silver schnell, noch ehe die Apachen etwas mitbekommen konnten, »sie sind vollständig, jeder hat, was er braucht und das in der vorgeschriebenen Menge.«
»Aber das …«, wollte ich gerade nachhaken, als mich ein Blick der drei Indianer traf, »ist ja toll! Toll!«, vollendete ich den Satz.
Winneone, Winnetwo und Winnethree nickten mir ernst und würdevoll mit indianischer Grandezza zu.
Ich schaute zwischen ihren Adlerfedern hindurch und traute meinen Augen kaum.

Im Schein der Leseleuchten und Notausgangsschilder saßen alle die Helden meiner Kindheit und Jugend, die Gefährten so mancher durchwachten Nacht, in der ich im Schein der Taschenlampe unter der Bettdecke atemlos ihrem Schicksal gefolgt war.
Der Typ mit der Pfauenfeder am grünen Hut und dem Bocksbärtchen mußte Robin Hood sein.
Er unterhielt sich angeregt mit einem baumlangen Kerl mit Holzbein, hohem Hut und schwarzem Mantel, durch dessen Antlitz ein Blitz oder ein lackierter Fingernagel gefahren war und der sich mit einem Gesichtsausdruck wie Abe Lincoln mit Sodbrennen auf eine mörderische Harpune stützte, offenbar Kapitän Ahab.
Daneben saß Siegfried, ich erkannte ihn an dem Lindenblatt auf der Schulter und dem etwas dümmlichen Blick, der germanischen Helden eignet.
Germanien bestand damals zu etwa 105 % aus Wald. Da lohnte es sich nicht, intelligent zu gucken.
Er hatte sein Schwert Balmung quer über die Knie gelegt und naschte kalten Braten aus einem Lunchkörbchen. Auf seiner Serviette, die er artig unter das Kinn geklemmt hatte, las man in Gotisch-Fraktur gestickt »from Kriemhild with love«.
Der untersetzte, vollbärtige Herr im Faltenrock, dessen Saum ein Mäandermuster zierte und der sich gerade zum wiederholten Male nach dem Weg erkundigte, mußte der listenreiche, aber offenbar seit Jahrtausenden orientierungslose Odysseus sein.

Daneben saßen zwei Schweizer in kauzigen Ledershorts, Wilhelm Tell und sein Sohn Walther, beide vollmundig je einen Apfel kauend und dabei sprechend, was die Verständlichkeit ihrer Rede erstaunlicherweise nicht um ein Jota schmälerte.
Des Weiteren konnte ich den enterbten Ritter Ivanhoe, Lederstrumpf – nie ward ein Name passender vergeben, denn er trug das Gesicht Helmut Langes – und Robinson Crusoe erkennen, die der Reihe nach von Freitag beim Hütchenspiel abgezogen wurden.
Aber auch alle zwölf Brüder der Wilden 13, die Faxe Fadøl aus 1-Liter-Dosen tranken, lauthals »Dreizehn Mann auf des toten Manns Kiste, hoho und ein Rudel voll Bumm!« sangen und jeder gegen jeden Siebzehn und Vier spielten.
Ich sah Jim Knopf und Lukas den Lokomotivführer im Gespräch mit Marco Polo, der seinen Dogen mitgebracht hatte, einen feinen älteren Herrn in lustiger Hörnchenmütze mit Namen Leonardo Loredan.
Polo zeigte allen unaufgefordert die vielen Wandermarken an seinem Spazierstock, während Lukas und Jim lauthals die Vorteile einer Zugreise gegenüber dem Busfahren herausstrichen, wenn man nicht zu einem bestimmten Zeitpunkt an einem bestimmten Ort sein mußte, was Marco Polo, der weder Zug noch Bus kannte, mit dem verständnislosen Lächeln dessen, der weder Zug noch Bus kannte, quittierte.

Der Doge nickte allen freundlich zu, sagte ständig zu niemand Besonderem: »Chi è quello?«, was etwa soviel wie »Wer ist das?« bedeutete.
Er hatte offenbar keinen Schimmer, wo er hier war und warum.
Nebendran saßen König Artus und Sherlock Holmes, die in einer zerlesenen Shakespeare-Ausgabe blätterten und »Was ihr wollt!« mit verteilten Rollen lasen. Artus war als Malvolio offenbar so überzeugend, daß Sherlock Holmes, von stummen Lachkrämpfen geschüttelt, mit dem Spritzbesteck ausrutschte und einen großen Teil seiner Heroindosis in die Lehne des Vordersitzes und damit zum Teil auch in den Rücken des darin Hockenden injizierte.
Das war Sam Hawkens, wenn ich mich nicht irre, der, infolge der unerwarteten rückseitigen Penetration, kurz zusammenzuckte, dann aber einen Gesichtsausdruck höchstmöglicher Entspanntz aufsetzte.
Offensichtlich sah er gerade Geräusche.
Der joviale Dicke mit der Adventskranzfrisur und den abenteuerlich schlechten Zähnen, der ungeniert krachend furzte und mit Stentorstimme, um den eigenen Lärm zu übertönen, das augenblickliche Ablassen vom Ablaßhandel forderte, konnte nur Martin Luther sein.
Als hätte er bemerkt, wie ich ihn musterte, ließ Luther einen mächtigen Wind, während Käpt'n Ahab den feuchten Finger hob, um seemännisch korrekt die Richtung der kräftigen Böe zu prüfen, und fasste mich scharf ins Auge.

Auweia, den Blick kannte ich.

Er erinnerte mich an den meines Griechischlehrers, als der mir meinen mit null Punkten bewerteten Vokabeltest mit den Worten zurückgab, daß das einzig richtig geschriebene Wort auf dem Zettel mein Name gewesen sei.

Wenn man Malmsheimer neuerdings ohne h schreibe. Ich hatte sogar meinen eigenen Nachnamen falsch geschrieben!

Wo blieb nur meine Frau?

Wenn mal was ist, wenn man sie einmal braucht, um zum Beispiel einen Reformator in die Schranken zu weisen, ist sie nicht da.

Typisch!

Jeder der vormals Mitreisenden war auf irgendeine Weise, die mit der hierzulande sonst obwaltenden, klassischen Physik offenbar auch nicht das Geringste gemein hatte, durch eine Figur des literarischen und geisteswissenschaftlichen Universums ersetzt worden. Und obwohl entweder fiktiv oder seit geraumer Zeit verblichen, saßen alle höchst lebendig auf ihren Sitzen, natürlich brav angeschnallt, lachten und lärmten, aßen und tranken, spielten Würfel oder Karten und unterhielten sich äußerst angeregt. Ich konnte allen mühelos folgen, obwohl mir die meisten der hier benutzten Muttersprachen überhaupt nicht zu Gebote standen.

Aber wenn sich alle verwandelt hatten, was war dann aus meiner Frau geworden?

Wenn sie also nicht riepelzulpte, sondern auch dem Zauber unterworfen war?

Wer war sie jetzt?

Ich schluckte.

Himmel, tausend Möglichkeiten schossen mir gleichzeitig durch den Kopf.

Kleopatra? Nscho-tschi? Lady Marian? Kriemhild? Circe? Esmeralda?

Oder eine namenlose Königstochter, die in ihrer Freizeit mit Fröschen warf?

Denkbar wären natürlich auch des Teufels Großmutter, jene unterbehoste Königin Isabella, Mutter Teresa oder gar Inge Meysel.

Au Backe!

Die Klotüre öffnete sich, ich mochte gar nicht hinsehen.

Tat's dann aber doch:

Einen Moment nur umstrahlt von dem Lichterkranz der Toilettenbeleuchtung stand dort eine Erscheinung, groß, muskulös, doch biegsam, wie ein Haselreis, zart gewandet in ein leichtes Gespinst, das ihre wunderbar üppigen und dennoch einzigartig ausgewogenen Formen im Gegenlicht wie ein Sommerhauch umspielte, und den glatten Leib einem Bächlein gleich murmelnd umströmte.

Alle Feuchtigkeit floh meine Mundhöhle, die Zunge verpelzte und der Atem erstarb.

Dann erlosch das Licht, sie schloß die Tür und schritt durch den Mittelgang an mir vorbei, einer Windböe gleich, die durch den Weizen fährt, ohne mich auch nur eines Blickes zu würdigen, den mächtigen Bogen in der rechten Hand.

Penthesilea, Königin der Amazonen und Tochter des Kriegsgottes Ares. Und meines Wissens nach bewußt unverheiratet. Ich tastete nach meinem Handgelenk. Kein Puls.
»Alle Wetter, was eine Fregatte!«, raunte Silver anerkennend.
»Bindet mich, bindet mich! An den Mast! Oh, Ihr Götter, bindet mich, schnell, bevor sie anfängt zu singen«, krakeelte der listenreiche Odysseus wie irr, »wir sind alle verloren, stopft Wachs in die Ohren!!«
Meine Frau singt mit Begeisterung im Chor und ich habe das eigentlich immer als sehr schön empfunden, also überhaupt kein Grund, sich irgendetwas irgendwohin zu stopfen.
»Beruhigt Euch, edler Odysseus! Das ist doch keine Sirene!« Long John Silver, der die Odyssee wohl auch gelesen hatte, hob begütigend beide Arme, die Amazonenkönigin hatte unbeeindruckt weiter vorne Platz genommen.
Offenbar passierte es ihr ständig, daß Helden und anderes Kroppzeug in ihrer Gegenwart die Fassung verloren.
»Sie wird nicht singen?« Der kleine dicke Odysseus schien nicht sonderlich beruhigt, kaute auf seinem Schnurrbart und spielte nervös mit dem Saum seines Röckchens. »Sie ist also keine Sirene. Euer Wort in Zeussens Ohr! Aber, ansagt mir frisch, wo genau sind wir, dies ist nicht Ithaka, ich spür's genau!«
Silver drehte sich zu mir um.
»Ah, wir sind auf der A 7 zwischen Sankt Nikolaus

und Elchingen«, antwortete ich wahrheitsgemäß. Odysseus schaute mich verständnislos an.
»… nördlich von … Korinth!«, schob ich nach.
»Ahh! So!« Seine Züge verklärten sich zu einem Lächeln. »Das ist fein. Was aber machen wir hier alle, nördlich von Korinth? In diesem trojanischen …«
»Bus«, ergänzte ich.
»Bus?«, fragte Odysseus.
»Omnibus«, sagte ich, »das ist Latein und heißt: ‚mit allen' oder auch: ‚für alle'!«
»La-tein …, aha«, erwiderte der Listenreiche, offenbar ohne auch nur einen Deut verstanden zu haben.
»Hunc.«
»Hanc.«
»Hoc«, ergänzten die drei Winnes. »Akkusativ.«
Mir drohten die Zügel der Unterhaltung zu entgleiten. Long John Silver faßte zusammen: »Die Frage, die uns alle bewegt, lautet doch; warum sind wir hier! Warum?«
Ich antwortete: »Weil ich glaube, daß wir, also wir außerhalb der Bücher, daß wir Ihre Hilfe brauchen.«
»Aber wie sollten wir Euch helfen können, wir sind Phantasiegeschöpfe, uns gibt es gar nicht, und wenn es uns je gab, dann sind wir lange tot. Wenn ich mich nicht irre«, gab Sam Hawkens zu bedenken.
Alle Anwesenden nickten im Gleichtakt.
Wie sollte ich das erklären?
Ich hub an zu sprechen:
»Ich glaube, nein, ich fürchte, wir leben in geistfernen Zeiten!

Fremdenhaß und Rassismus, Dünkel gegenüber dem Unbekannten, Nationalismus und sein kleiner, debiler Bruder, der Patriotismus, Herrenmenschenglaube und Biologismus, die Verachtung des Anderen und Vergötzung des vermeintlich Eigenen, religiöser wie politischer Fanatismus feiern in einer nie da gewesenen Schamlosigkeit in aller Öffentlichkeit fröhliche Urständ! Ich habe das Gefühl, daß das gesamte über Jahrhunderte gewachsene Regelwerk für ein gedeihliches und friedvolles menschliches Zusammenleben und der achtungsvollen Würdigung der Welt ins Wanken gekommen ist.«

Ich hatte, während ich das sagte, bewegt aus dem Fenster in die Nacht geschaut, drehte mich nun zu John Silver um und konstatierte, daß der sich wie der Doge verhielt und eingeschlafen war.

Ich stieß ihn unwirsch in die Seite.

»… ins Wanken gekommen ist!«, brach es aus ihm hervor, während er hochschreckte. »Nur ein Moment der Schwäche, die lange Anreise aus der Karibik, Ihr müßt verstehen!«

Ich verstand nicht, sondern machte weiter:

»Rassismus, Gefühllosigkeit und Ignoranz wohnen aber nicht von Natur aus im Menschen …«

»Blödheit aber schon!«, warf Robin Hood von der Rückbank ein. »Nehmt nur den Sheriff von Nottingham, der hat …!«

»Ich habe alles gehört, Strumpfhose!«, tönte es aus der dritten Sitzreihe und der Sheriff von Nottingham drehte sich erbost nach hinten, »Ihr müßt nicht glauben, daß Ihr damit durchkommt, sobald wir aus diesem, diesem Ding hier raus sind, zieh ich Euch Euer weibisches Beinkleid über die Ohren und gerbe Euch das Fell …«

»Habt Ihr gerade ›weibisches Beinkleid‹ gesagt?« Robin Hood hatte sich erhoben, eine leichte Röte überflog seine Züge.

»Bitte, bitte, Silizium, so beruhigt Euch doch! Wenn morgen die Welt unterginge, würde ich heute noch …« Luther ging dazwischen und drückte den Geächteten wieder auf seinen Sitz.

»Aber er hat ‚weibisches Beinkleid' gesagt …«, empörte sich der Recke.

»… ein Apfelbäumchen pflanzen. Er hat es sicher nett gemeint«, versuchte Luther abzuwiegeln.

»Hab ich ni-hicht! Wei-bisch-es Bein-kleid, wei-bisch-es Bein-kleid!«, tönte der Sheriff von Nottingham.

»Jetzt reicht's!«, schrie Robin Hood. »Das nehmt Ihr sofort zurück!«

»Nehm' ich nicht!«

»Nehmt Ihr wohl!«

»Nehm' ich nicht!«

»Nehmt Ihr wohl!«

»Bitte, meine Herren!«, rief ich jetzt, »wir wollen uns doch nicht wegen ein paar blöder Strumpfhosen …«

»Fangen Sie jetzt auch noch an!«, ereiferte sich der Waldläufer. »Blöde Strumpfhosen! Gerade von Ihnen hätte ich das nicht …!«

»Neineineineinein!«, rief ich eilig, »das ist natürlich Unsinn …«

»Sie wagen, meine Worte als Unsinn zu bezeichnen?« Nun hatte sich der Sheriff erhoben.

»Himmel, nein, aber Strumpfhosen, ich meine, es sind Strumpfhosen, das ist doch kein Grund …«

»Ich trage die Tracht des Freien Mannes!«, schäumte Robin Hood, »und ich habe allemal Grund genug, diese vor Schmähungen durch diesen Handlanger des Establishments zu beschützen!«

»Ihr schimpft mich einen Handlanger? Ihr? Im lächerlichen Beinkleid eines Balletthasen?!« Der Sheriff war außer sich.

»Aufhören!«, ging ich dazwischen, »ich versuche, Ihnen allen etwas Wichtiges zu sagen und Sie streiten sich über Strumpfhosen!«

»Er hat angefangen!«, grollte Robin Hood.

»Hab ich nicht.«

»Habt Ihr doch.«

»Hab ich nicht.«

»Habt Ihr doch.«

»Ruhe jetzt, Himmelherrgottsakrament! Ich sagte: Rassismus, Gefühllosigkeit und Ignoranz wohnen nicht von Natur aus im Menschen, sondern diese Wesenszüge sind Ausdruck einer ungeheuren, postnatal gefestigten Dummheit …«

»Hab ich doch gesagt!«, insistierte Robin Hood.

»Frechheit!«, schnaubte der Sheriff.

»Cogito ergo dumm«, lateinerte Luther.

»… und diese Dummheit ist die Folge einer jahrelangen intensiven, von Eltern und Schulen zu verantwortenden geistigen Unterversorgung und stellt ergo einen Intellektdefekt dar. Kluge und weise Menschen können weder Rassisten noch Fundamentalisten sein, dem steht nämlich die Anwesenheit ihres Intellektes wie die Bildung ihres Herzens entgegen. Und beides haben sie unter anderem durch Vorbild, Lektüre und Diskussion erworben.«

»Deshalb kann man mit Idioten auch nicht diskutieren …«, flüsterte Robin Hood.

»Hab ich gehört!«, empörte sich der Sheriff.

»Aber nicht verstanden!«, gab Robin zurück.

»Hab ich wohl!«

»Habt Ihr nicht!«

»Hab ich wohl!«

»Habt Ihr nicht!«

»… denn die Fähigkeit zur Diskussion setzt die Bereitschaft voraus, auch den eigenen Standpunkt einer Prüfung und, wenn nötig, einer Korrektur zu unterziehen, was wiederum die Einsichtsfähigkeit in die eigene Fehlbarkeit voraussetzt, eine wesentliche Grundbedingung von Weisheit.«

»Chi è quello?« Der Doge kam nicht mit.

»Ich irre mich nie!«, sagte Odysseus.

»Deshalb seid Ihr auch seinerzeit ohne alle Umwege direkt nach Hause gekommen, gell? Listenreich! Daß ich nicht lache!«, spottete Käpt'n Ahab.

»Beschreibt listenreich nicht eigentlich den Zustand einer Tasche mit vielen Einkaufszetteln?«, fragte Sam Hawkens.

»Ihr irrt!«, empörte sich Odysseus, »und daß ich nicht nach Hause gekommen bin, hatte literarische Gründe!«

»Oho! Literarische Gründe!«, spottete Ahab, »Ihr habt Eure literarische Eitelkeit befriedigt, zehn Jahre lang, während zu Hause Eure Gattin Penelope tagsüber, um die Freier in Schach zu halten, einen Teppich weben mußte, den sie nächtens wieder auftrennte und Euer Sohn Schlafgemach …«
»Telemach, er heißt Telemach!«, schrie Odysseus »und nicht ich hatte literarische Gründe, sondern Homer!«
»Das ist doch dieser Familienvater mit dem gelben Gesicht, der bei den Simpsons arbeitet, kenn ich aus dem Fernsehen!«, schaltete sich erneut Sam Hawkens ein. »Wenn ich mich nicht irre.«
»Noch ein Wort und ich vergesse mich!« Odysseus war dunkelrot angelaufen und zerknitterte sein Röckchen mit beiden Fäusten.
»Bitte, beruhigen Sie sich, alle!«, rief ich und mit einem Blick auf Sam Hawkens: »Sie sehen, wie schnell es zu Konflikten kommt, wenn Unbildung im Spiel ist!
Und deshalb«, fuhr ich fort, »ist zum Beispiel ein Großteil jener schwach Bemittelten, die sich in Pegida und sonstigen Abraumhalden enzephaler Blökbürger versammeln, für eine Genesung durch Diskurs auch verloren und sollte wie der Satz in der Teetasse behandelt werden. Wegspülen. Aber nur die allerwenigsten kommen als Arschloch auf die Welt.«
»Na ja …«, gab Robin Hood zu bedenken.
»Das hab ich auch gehört!«, erwiderte der Sheriff.

»Und hier muß angesetzt werden«, machte ich schnell weiter. »Bildung macht nicht nur klug, sondern sexy.«
»Würdet Ihr das bei Gelegenheit mal meiner Katharina sagen?«, fragte Luther.
Ich sah ihn an und glaubte nicht, daß das viel bringen würde.
Manchmal hilft neben Bildung auch Waschen oder eine Rasur.
Und mal frische Unterwäsche.
Alle drei Wochen vielleicht.
»Aber Bildung braucht Zeit und Gelegenheit«, fuhr ich fort. »Bildung ist das Bett, Liebe ist die Mutter und Respekt ist der Vater der Empathie. Und wenn man die drei eine Weile ungestört läßt, wird jede Menge Schönes und Gutes dabei herauskommen.«
»Aber was, beim Barte Käpt'n Flints, haben wir damit zu tun? Wir sind … nur Hirngespinste!« John Silver schaute mir ins Gesicht.
»Ma certo.« Dem Dogen war im Schlaf ein zweiter Satz eingefallen und darüber war er lächelnd erwacht.
»Hirn war das wichtige Wort!«, rief ich, »Sie, ihr alle seid Helden, in euren Geschichten ging und geht es immer um Edelmut, Fairness, Vertrauen und Liebe. Und natürlich auch um Gier, Haß, Neid, Mißgunst, Gewalt und Verrat! Und darum, wie das eine durch das Überwinden des anderen erreicht werden kann und wird.
Gnade, Verständnis und Empathie sind keine literarischen Tugenden, sondern es gibt sie wirklich, immer noch. Aber viele wissen offensichtlich nicht

mehr, wie sie erreicht werden können. Ihr könntet es ihnen zeigen. Jeder einzelne von euch weiß, wie man Gnade erlangt und Vergebung spendet.

Und wie wichtig Denken ist, Vorstellungskraft und Phantasie.

Ich wünschte mir so sehr eine Offensive des Guten, des Schönen und Wahren, die machtvolle Präsenz all dessen, wofür Literatur und Geistesgeschichte stehen. Macht was! Zeigt euch! Nicht nur mir, sondern allen!«

»Aber genau das ist doch das Problem!«, nuschelte der schüchterne Siegfried mit vollem Mund, steckte sein Schwert in die Auslegeware und putzte sich den Mund artig mit der Serviette ab. »Wir können uns nur denjenigen zeigen, die uns gelesen haben.«

»Wein wird gelesen, du Held!«, ätzte Marco Polo.

Siegfried konnte nicht folgen und kratzte sich unterhalb des aufgestickten roten Kreuzes den Reckenrücken.

Der Doge lächelte ebenso verständnislos wie huldvoll. »Chi è quello?«

Luther lüftete geräuschvoll und versuchte, sich selbst zu überschreien: »Aber der Junge hat doch recht, Lesen ist der Zugang zur Welt und wer den nicht hat, ist für uns unerreichbar!«

Er deutete auf den Dogen, der ihn verständnislos anlächelte: »Ich habe mal einen Zettel mit Thesen an die Kirchentür zu Wittenberg geklebt und wenn der nicht gelesen worden wäre, dann sähen die Pfaffen heute noch so aus wie der grinsende Opa da mit der lustigen Mütze!«

»Chi è quello?«, erwiderte der Doge lächelnd.

»Aber wenn ihr diejenigen, die es doch so nötig haben, nicht erreichen könnt, wer soll es denn dann richten?«

Die Drillingshäuptlinge der Apachen schalteten sich ein:

»Ihr könn…«, sagte Winneone.

»…tet es tun«, bekräftigte Winnetwo.

»Stimmt. Hugh!«, unterstrich Winnethree.

Die drei waren sich einig: Eine klassische Win-Win-Win-Situation.

»Wie, ich?«, fragte ich entgeistert, »Was sollte ich denn wohl tun? Das Kabarett arbeitet sich doch seit Jahren fruchtlos an seiner eigenen Wirkungslosigkeit ab, was ja eigentlich auch gar nicht soo schlecht ist, denn bewirkte es irgendwas, machte es sich doch selbst überflüssig! Es soll nicht Rezepte liefern, oder gar selber Kochen, sondern eher so was wie …«

»Wie was?«, insistierte Long John Silver.

»… wie die Gastrokritik sein …«, vervollständigte ich das wackelige Bild unglücklich.

»… also eine völlig obsolete, semi-journalistische Fingerübung eines Halbgebildeten für die geschmacksfreien und übersättigten Durchblätterer einer im Gynäkologenwartezimmer geparkten Lifestylepostille?«

»Na ja. Vielleicht … ja?«

»Und das reicht Euch?«

»Nein. Aber was sollte ich denn wohl eurer Meinung nach tun, hä?«

»Ihr könntet laut mit mächtigen Psalmen von der Kanzel des guten Geschmacks herab …!« Luther schaltete sich ein.

»Neineineinein, hab ich schon mal …«, gab ich zurück.

»Dann verkündet eben, daß Ihr eine Erscheinung hattet, als Ihr in der Wüste fastetet und wie wir Euch erschienen sind und …!«

»Herr, ich soll allen Ernstes in der Öffentlichkeit, also vor Leuten!, zugeben, daß ich mit Siegfried, Winneone …«

»… und Winnetwo.«

»… und Winnethree!«

»… ja doch, daß ich mit Käpt'n Ahab, Martin Luther und Robin Hood …«

»… dem mit dem weibischen Beinkleid!«

»I-di-ot!«

»… daß mir Sie alle erschienen sind?
Wissen Sie, was man dann mit mir machen wird?«

»Man wird begierig zu erfahren suchen, was Ihnen widerfuhr in jenem Moment!« Luther grinste selbstgefällig, während eine gewaltige Protuberanz seine Kutte beulte.

Dem Dogen auf dem Nachbarsitz fiel der Kopf nach hinten. Er gab keinerlei Lebenszeichen mehr von sich, lächelte aber immer noch.

Sauerstoffmangel wirkt nur auf das Bewußtsein, nicht aber auf die Mimik.

»Eben nicht. Man wird mich abholen und freundlich lächelnd in behüteter Umgebung parken, bis klar ist,

daß ich keine Gefahr für die Allgemeinheit darstelle«, erwiderte ich entrüstet.
»Nicht, wenn Ihr es geschickt anstellt«, gab Marco Polo mit erhobenem Zeigefinger zu bedenken, während er mit der anderen Hand dem Dogen frische Luft zufächelte.
Der erholte sich erstaunlich schnell. »Chi è quello?«
»Wie, geschickt?« fragte ich entgeistert.
»Ihr müßt das natürlich in irgendeine Geschichte kleiden, damit man Euch nicht für verrückt hält!«
Long John Silver begann, sich für die Sache zu erwärmen. »Laßt Euch was einfallen!«
»Vielleicht ein Traum!«, rief Luther begeistert, »mir träumte einmal, der Teufel wäre mir erschienen, ich warf ein Tintenfass nach ihm, der Fleck ist heute noch zu sehen, tatsächlich aber waren es wohl einfach die Bohnen, man soll nach 10 keine Bohnen mehr essen. Oder sie vorher kochen ...!« sinnierte der Reformator und geysierte geräuschvoll.
Der Doge sank postwendend erneut in Ohnmacht.
»Ja, ein Traum!«, begeisterten sich nun auch die drei Winnes.
»Vielleicht nach dem Genuß von selbst gemachtem Kartoffelsalat!«, setzte Sam Hawkens nach. »Das hat schon ganz andere Kaliber aus dem Sattel gehauen, wenn ich mich nicht irre!«
»Denn wer das Pferd nimmt ...«, sagte Winneone.
»Wird durch das Pferd umkommen«, sagte Winnetwo.
»Oder auch durch Kartoffelsalat«, sagte Winnethree.

»Aber von meinem Kartoffelsalat habe ich noch nie …!«
»Doch nicht von Ihrem, er ist Ihnen angeboten worden, von irgendeinem anderen …!«
»Aber wo, zum Kuckuck, bietet einem heutzutage jemand von seinem Kartoffelsalat an, das gibt es doch gar nicht mehr …!«
»Aber sicher, auf Reisen!«, gab Käpt'n Ahab zu verstehen, »stellen Sie sich vor, drei Jahre auf hoher See, immer dem Wal nach, dem verdammten Wal, und überall Skorbut und nichts zu fressen als schimmeliger Schiffszwieback, da wäre man doch direkt dankbar, wenn irgendjemand mit selbst gemachtem Kartoffelsalat …«
»Neineinein!«, unterbrach Lukas der Lokomotivführer, »nicht auf einem Schiff, kein Mensch ißt Kartoffelsalat auf einem Walfangschiff, die ewige Schaukelei, der bleibt doch gar nicht drin, nein, aber in einem Zug könnte man sich das gut vorstellen …«
»Oder in einem Bus!«, sagte Sam Hawkens.
»In einem Bus«, echote ich, »… aber wo sollte der hinfahren? Und warum?«
»Nach Venedig natürlich!«, rief Marco Polo begeistert. »Venedig!«
»Aber warum, warum sollte ich nach Venedig fahren, Herrgott!?«
Marco Polo schaute mich verständnislos an, »Sind Sie verheiratet?«
»Ja«, sagte ich.
»Mag Eure Frau Schuhe und Handtaschen?«

»Sie ist gesund, ja, danke.«
»Salami, luftige Pizza, Campari und Wein?«
»Ja, ja.«
»Nippes aus Muranoglas, riesige Sonnenbrillen, selbst gemachtes Eis, Bötchen fahren …«
»Ja, ja, ja!«
»Na, also. Venedig. Wir fragen den Dogen, wenn er sich etwas erholt hat, Luther, setzt Euch bitte mal woanders hin, der Doge hat sicher noch ein, zwei gute Tipps, wo man hingehen kann, was erleben, gut essen, die ganze Richtung, er ist immerhin der Doge, gell, Doge?!«
Kaum hatte Luther den Platz gewechselt, tauchte Leonardo Loredan aus der reformatorisch bedingten Abgasumnachtung auf und fragte fröhlich: »Chi è quello?«
»Also, damit ich das richtig verstehe, ich fahre in einem Bus nach Venedig, mit meiner Frau und während eines unruhigen Schlafes, ausgelöst durch einen angegorenen Kartoffelsalat, treffe ich euch, all die Helden persönlich und ihr verlangt von mir, daß ich das in aller Öffentlichkeit vortragen soll, damit die Leute eure Namen wieder hören, sich erinnern und die Geschichten wieder lesen und damit dann die Welt vielleicht insgesamt einen Hauch besser wird. Habe ich das wirklich richtig verstanden?«
»Also, ich fand's gut zusammengefasst«, sagte Robin Hood.
»Dann ist die Idee beknackt! Wenn der Ballethase sie versteht, ist die Idee beknackt!« Blitzschnell

ging der Sheriff hinter der Lehne des Sitzes in Deckung, in der plötzlich zitternd zwei gefiederte Pfeile steckten. »Beamtenarsch!!«, schrie Robin Hood, den Bogen noch in der Hand. »Verwaltungspussy!!«

»Per favore, ragazzi!« Alle hielten überrascht inne. Begütigend breitete der Doge seine Arme aus und erhob sich majestätisch aus dem Sitz. »Passeggere, passeggeri, signore e signori, per favore si calmino, beruhigen Sie … sich, der Plan ist verwegen, aber einen Versuch wert, und Sie haben ihn richtig verstanden. Und hernach kommen Sie alle in meinen Palazzo, bringen Sie ruhig Ihre Frau mit, wenn sie nichts anfasst und dann nehmen wir alle zusammen zur Feier dieses schonen Planes eine gute, warme Suppe ein.

Wie schon der große deutsche Dichter Hanns Dieter Husch vollkommen zu Recht sagte: Die meiste Warme holt sich der Mensch doch heutzutage aus einer Suppe. Ma certo.«

Und setzte sich unter Applaus.

Also gut. Ich versuch's, die Sache ist es schließlich wert.

Ich wünsche mir also, daß Sie jetzt nach Hause gehen, die Glotze aus- und den Computer links liegen lassen, und ein Buch in die Hand nehmen. Und lesen.

Und wenn Ihre Kinder kommen und fragen, was Sie da tun, dann lesen Sie ihnen vor oder erzählen ihnen. Von Don Quichote, von der Schatzinsel und von

Lederstrumpf, von Ivanhoe und Robin Hood, von Jim Knopf und der Wilden 13, von Pippilotta und Michel und den Kindern aus Bullerbü und all den anderen, die hier nicht genannt werden, weil der Platz nicht reicht.
Und die Zeit.
Und das sollen Sie tun, weil ich Sie darum bitte.
Und ich bitte Sie darum, weil ich darum gebeten wurde.
Von all den Heldinnen und Helden dieser Geschichten.
Die ich alle persönlich getroffen habe. Ja.
In einem Bus. Auf der Fahrt nach Venedig.
Erst vor wenigen Tagen.
Ich weiß, das ist alles vielleicht ein wenig schlicht.
Aber schlicht besticht.
Also bitte.

Eine Durchsage läßt mich hochschrecken:
Herr Malmsheimer, kommen Sie bitte umgehend in Ihre Garderobe, es liegt eine dringende Nachricht für Sie vor … habt ihr die Jacke?
Dann will ich mal, Sie entschuldigen mich bitte.
»Aspettate, vengo, vengo!«

Der folgende Text ist meinem lieben Freunde Uwe Rössler, dem herausragenden Generalmusikdirektor des erstaunlichen Tiffany-Ensembles, gewidmet, dem es geradezu körperliche Schmerzen bereitet, daß Leute, die jünger sind als er, und das werden ja täglich mehr, nicht mehr »Geht in Ordnung, sowieso, genau!« sagen, sondern: »Check!«. Dieserhalb handelt es sich im strengen Sinne um einen Entlastungs-, ja Genesungstext, eine Art Medikament also, und ist deshalb, auch wegen verschluckbarer Kleinteile, von Kindern fernzuhalten und mit einem Glas Wasser vor den Mahlzeiten unzerkaut einzunehmen. Bei Fragen wenden Sie sich an den Verfasser, Ihren Arzt oder Apotheker.

Check the duck, Chuck!

Der Westen der Vereinigten Staaten von Amerika ist, übrigens genau wie ihr Norden, der Osten, der Süden und alle Überseebesitzungen in der Hauptsache heiß, karg, wüst, kalt, oft leer und nur spärlich vegetativ verbrämt.

Er ist Heimstatt einer stark ausgedünnten und unfreundlichen Fauna, Aufenthaltsraum grenzdebiler Zuwanderer und uneinsichtiger Eingeborener, bis heute Spielball blitzbirniger Politclowns und enzephaler Waffennarren im Zusammenwirken mit einer hocherosiv wirkenden Witterung, kurz: Im Prinzip zur Gänze unwirtlich, gedankenarm, phantasielos, bigott, prüde, abweisend und desolat, also eigentlich die perfekte Umgebung für Apnoe-Taucher, wäre hier nicht insgesamt so wenig Tiefe und vergleichsweise so viel Luft.

Diese überwältigende, mentale wie geologische Trostlosigkeit schlägt sich natürlich auch in der Sprache nieder.

Das Englische ist ja eigentlich, neben dem Isländischen und dem Baskischen, eine der ältesten, bildmächtigsten und komplexesten Sprachen der Nordhalbkugel überhaupt.

Noch vor wenigen Jahrhunderten das begnadet verwendete Werkzeug Shakespeares, Byrons oder Wildes, erodierte das Englische auf amerikanischem Boden und in amerikanischem Mund, innert weniger Jahre zu einem, die überreich vorhandenen Hohlräume

des amerikanischen Kopfes allesamt in Schwingung versetzenden, semivokalisch-konsonant-versotteten Geseim, das eigentlich mehr an die Magengeräusche nach einem schwer verdaulichen, ortstypischen Essen wie Waschbärgulasch erinnert, das ja dazulande gern im eigenen Fell an Maisschlamm serviert wird. Nimmt es da Wunder, und ich meine: nein!, daß solches dann wiederum zwangsläufig direkt in diese typisch amerikanische, naturkretineuse Einsilbigkeit führen muß, die ja besonders den Dialogen in Westernfilmen ihre besondere Holzigkeit verleiht.
Als Beispiel sei hier der berühmte Dialog Bud Spencers angeführt, den der in der Rolle des alten Tracy Chapman in dem Eisenbahnepos »Weichen pflastern seinen Weg« mit dem chinesischen Koch Gang Bang im Aufwachzimmer des Saloons von Hedgehogs Hole führte, jenem winzigen Nest am Ende der Bahntrasse nach Sanity's Graveyard.
Dieser auch Fachleute ratlos zurücklassende Dialog hat nicht nur ein völlig unwesentliches Kapitel zu der an unwesentlichen Kapiteln so reichen amerikanischen Filmgeschichte beigetragen, nein dieser Dialog wurde DAS zentrale Element jenes preisgekrönten Films und wird dieserhalb hier in seiner ganzen verstörenden Pracht wiedergegeben.
Die restlichen 116 Minuten des Films bestanden übrigens, das sei für diejenigen noch nachgereicht, die ihn aus unerfindlichen Gründen noch nicht gesehen haben, aus mehreren beeindruckend kontrastarmen Graslandaufnahmen ohne Schnitt, dafür zum Teil

im Gegenlicht, einer in Schwarz-Weiß abgefilmten Detailskizze der elektrischen Schaltung zur Steuerung einer Signalanlage nach Anatol Puszkasz, sowie einer dreiviertelstündigen Tunneldurchfahrt zur Musik von Brahms' Requiem, intoniert auf einem Saugwind-Aerophon mit Tretschemelantrieb und stauballergischem Asthma in den Obertonregistern. Ich trage Ihnen nun diesen Meilenstein der Gesprächskultur, diese Mutter aller Filmdialoge, dies Text gewordene Hohe Lied auf den diskutanten Informationsverzicht Wort für Wort vor und schwöre beim Barte des Profanen nichts weggelassen und auch nichts hinzugefügt zu haben!

Nun denn:

1: Chuck?

2: Jack?

1: Chuck!

2: Jack!

1: You are the cook, Chuck?

2: I'm the duckcook, Jack.

1: You're the duckcook, Chuck?

2: Yeah, and the chickcook.

1: And the chickcook, Chuck! So first: Check the duck, Chuck.

2: I've checked the chick, Jack.

1: You've checked the chick, Chuck?

2: Yeah. I've checked the chick, Jack.

1: But you shouldn't check the chick, you should check the duck before you cook, Chuck.

2: Fuck. The duck! Check, Jack.

1: Chuck, check the duck, not: fuck the duck.

2: Fuck, Jack. And what the hack is with the chick?

1: Fuck Chuck! The chick!

2: Check!

1: Look, Chuck! Suck the back of the duck, than check the chick!

2: The Kack-duck! Jack! I hug the chick, suck the duck and lick the back? Check!

1: You lick the back? It's a gag, Chuck.

2: Fuck.

1: No. Fuckbook.

2: Jack? What the hack …?

1: Chuck, if you don't know how to check the chick or to cook the duck, than look into a fuckbook.

2: A fuckbook, Jack? Not a cookbook?

1: A cookbook is a fuckbook, Chuck.

2: A cookbook is a fuckbook, Jack! But where is the cookfuckbook?

1: There, in the fuckbook-rack, Chuck.

2: Ah, this is the fuckbook-rack, Jack!

1: Check, Chuck. For cookbooks!

2: Shock, Jack! It's a cookfuckbook-rack!

1: Chuck, pack the cookfuckbook in your gigbag.

2: No Jack, too much Heckmeck with the gigbag.

1: So fuck the gigbag, Chuck. But cook the Kack-chick!

2: You're a Jeck, Jack!

1: Check.

2: Chuck.

1: Shook.

FINIS AFRICAE

Es war nicht seine sportliche Statur,
seine Beredsamkeit und Bildung,
nicht das teure Parfum,
nicht das geschliffene Parlieren,
nicht seine intellektuelle Präsenz oder seine laszive Körperlichkeit,
die tigerhafte Elastizität seiner Bewegungen,
die betörende Musikanz seiner Stimme, nein,
es war nur die Magie seines Blickes, die Frauen wehrlos machte, ja, sie gar zwang, im weitläufigen Gelände seiner Brust Schutz zu suchen vor den Unbilden und Nachstellungen des täglichen Einerlei,
willenlos,
glücklich,
entrückt.

Neuerscheinung:

Wieder besseres Wissen
– des Vademecums zwoter Teil

Gebundene Ausgabe, 210 Seiten

1. Auflage 2024
ISBN: 978-3-946207-91-7

Erscheint im September 2024

Wieder besseres Wissen – des Vademecums zwoter Teil ist der zweite Teil der *Gedrängten Wochenübersicht – ein Vademecum der guten Laune.*

Jochen Malmsheimer fragt sich, ob Humor als Wegweiser oder Rezept zur Errettung der Welt versagt hat – was den „Bemühungen professioneller Humorarbeiter:innen:eusen:anten, und damit auch mir, zwar ein Zeugnis ausstellt, aber eben nur eines allgemeiner Armut“ (Vorwort *Wieder besseres Wissen*) – und welchen Sinn oder Unsinn Kunst dabei hat.

Wobei dieser neue Band ein weiterer unterhaltsamer Beweis ist, dass Humor doch „ein treuer Freund, ein Gehilfe, eine Gehhilfe, ein Tröster, eben ein Begleiter durch die Fährnisse des Alltags“ (Malmsheimer) sein kann. Mit manchem Schachtelsatz und sich einiger Regeln der neuen Rechtschreibung widersetzend stellt Jochen Malmsheimer Homers Odyssee richtig *(Das Buch Herpes)*, beschreibt Heinrichs des IV Gang über die Alpen nach Canossa *(Zwei Füße für ein Halleluja)* und zeigt auch in *Statt wesentlich die Welt bewegt, hab ich wohl nur das Meer gepflügt* ..., dass er ein kunstvoller Meister des epischen Kabaretts und des gehobenen Unsinns ist. Und erschafft damit ein weiteres Vademecum der guten Laune.

Jochen Malmsheimer

Wieder besseres Wissen

Des Vademecums zwoter Teil

Das Buch Herpes - Von Epidermis d.J.
Ein apokryphes Hörbuch der Odyssee nach Homer

Hörspiel von Jochen Malmsheimer
Sprecher: Jochen Malmsheimer und Frank Goosen

Tresenlesen reloaded
Die Odyssee – eine Richtigstellung.
„Im Rahmen einer archäosophischen Bergungsgaktion in der Bibliothek des Athener Oinarchen Hepathites und seiner Gattin Ekzeme fand sich eine Niederschrift der Odyssee, deren Inhalt sich so gar nicht mit der des Homer decken will."
Malmsheimer „hebt den Schleier des Geheimnisvollen", den „Sumpf einer ungesicherten Entstehungsgeschichte" sowie die „spekulative Autorenschaft" dieses Jahrtausendwerks, auf dass es „in seiner ganzen Schönheit strahlen" möge. Und es strahlt, und wie!
Das Buch Herpes ist „ein apokryphes Hörbuch der Odyssee nach Homer" in einer Neuinterpretation von Jochen Malmsheimer, gelesen von ihm selbst und seinem langjährigen „Tresenlesen"-Kollegen Frank Goosen.

Das Buch Herpes entstand als „Küchenhörspiel" während des Corona-Lockdowns in Jochen Malmsheimers Küche.

Hörbuch CD, 1 CD, Laufzeit: ca. 50 Minuten
ISBN: 978-3-8371-6277-6
Erschienen am 20. Juni 2022
€ 15,00 [D]* inkl. MwSt. € 15,50 [A]* | CHF 21,50 * (* empf. VK-Preis)

Lies meinen Text! – Wilfried malmsheimert und Jochen schmicklert

Lesung mit Wilfried Schmickler und Jochen Malmsheimer

„Lies meinen Text!"– Das Tauschkonzept von WortArt

Abschreiben war früher, heute wird vorgelesen – und zwar die Texte des jeweils anderen! Ein großes Hörvergnügen und gleich doppelt gut wird es, wenn sich zwei vom selben Fach treffen, die sich auch noch gut verstehen.
In der ersten Folge der neuen WortArt-Reihe *Lies meinen Text* finden sich mit Wilfried Schmickler ein Meister des politischen Kabaretts und mit Jochen Malmsheimer ein Meister des epischen Kabaretts zusammen.

Hörbuch CD, 2 CDs, Laufzeit: ca. 120 Minuten
ISBN: 978-3-8371-5609-6
Erschienen am 17. Mai 2021
€ 15,00 [D]* inkl. MwSt. € 15,50 [A]* | CHF 21,50 * (* empf. VK-Preis)